Historia de los griegos

Indro Montanelli (Fucecchio, 1909-Milán, 2001), ejerció los oficios más diversos tras licenciarse en derecho y ciencias sociales: desde pescador de bacalao en Noruega hasta militar en Eritrea, pasando por granjero en Canadá. Ingresó como periodista en *Il Corriere della Sera*, periódico que lo envió como corresponsal de guerra a diversos frentes, entre ellos el de la guerra civil española. Al margen de su producción de tipo periodístico (*Personajes*, *Gente cualquiera*), su producción abunda en obras de corte histórico como *El buen hombre de Mussolini* (1947), *El general de la Rovère* (1959) (llevada al cine por V. de Sica), *Historia de Roma*, *Historia de los griegos*, *Historia de la Edad Media*, *La Italia de la Contrarreforma*, *Dante y su siglo*, *Italia en camisa negra*, *La Italia lictoria*, *La Italia del Eje*, *Corriente alterna*, o *Los sueños mueren de madrugada*, obras todas ellas en las que Montanelli evoca con gran amenidad la circunstancia humana de muchos personajes y hechos históricos. En 1979 se publicaron sus *Crónicas de guerra*, resumen de su corresponsalía durante la Segunda Guerra Mundial.

INDRO MONTANELLI

Historia de los griegos

Traducción de
Domingo Pruna

DEBOLS!LLO

Papel certificado por el Forest Stewardship Council®

MIXTO
Papel
FSC® C117695

Penguin
Random House
Grupo Editorial

Título original: *Storia dei Greci*

Primera edición con esta presentación: febrero de 2026
Primera reimpresión: abril de 2026

© 1959, Rizzoli Editore, Milano
© 1961, 2026, Penguin Random House Grupo Editorial, S. A. U.
Travessera de Gràcia, 47-49. 08021 Barcelona
© Domingo Pruna, por la traducción
Diseño de la cubierta: Penguin Random House Grupo Editorial / Marta Pardina
Imagen de la cubierta: © Isa Loureiro

Printed in Spain – Impreso en España

ISBN: 978-84-663-9043-9
Depósito legal: B-23.231-2025

Impreso en QP Print

P390439

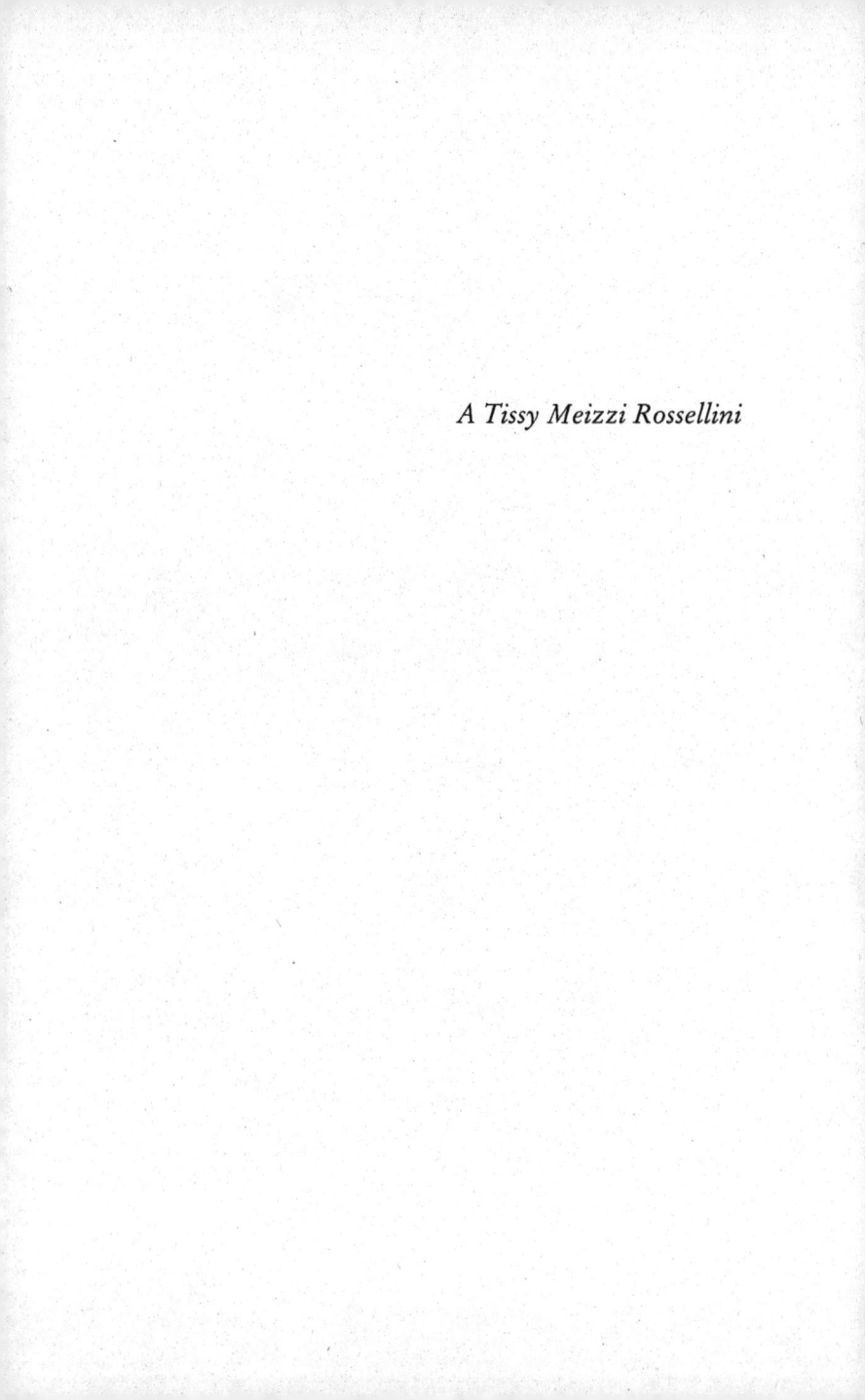

A Tissy Meizzi Rossellini

A LOS LECTORES

Me sería más fácil enumerar los vicios y defectos de este libro que sus méritos y cualidades.

Antes de escribirlo, sabía que llegaría fatalmente a tal conclusión, pero lo escribí igualmente porque me divertía hacerlo, porque espero que alguien se divertirá leyéndolo y porque pienso que, pese a todas sus lagunas, llenará aquella, mucho mayor, que nuestros profesores olvidaron colmar: narración sencilla, relato cordial.

La he llamado HISTORIA DE LOS GRIEGOS porque, a diferencia de la de Roma, es una historia de hombres, más que una historia de pueblo, de nación o de Estado.

Por esto he reducido a lo esencial la trama de los acontecimientos políticos para dar preferencia a los que determinaron el desarrollo de la civilización y jalonaron sus grandes etapas. En este libro, los poetas y los filósofos cuentan más que los legisladores y los caudillos, la huella dejada por Sócrates y Sófocles me parece más profunda que la dejada por Temístocles y Epaminondas.

No pretendo haber dicho algo nuevo ni haber dado, a lo que ya es sabido, una interpretación original. Y ni siquiera me lo había propuesto. Mi ambición ha sido la de proporcionar a los lectores un medio para acercarse sin fatiga, y sobre todo sin aburrimiento, a los antiguos griegos.

Espero haberlo logrado.

INDRO MONTANELLI

Milán, setiembre de 1959.

ENTRE HISTORIA Y LEYENDA

Capítulo primero

MINOS

Hace unos sesenta años que un arqueólogo inglés, llamado Evans, hurgando en ciertas tiendecitas de anticuarios, en Atenas, halló algunos amuletos femeninos provistos de jeroglíficos que nadie logró descifrar.

A fuerza de conjeturas, estableció que debían proceder de Creta, se fue allí, compró una parcela de terreno en el lugar donde se creía que estaba sepultada la ciudad de Cnosos, contrató a una cuadrilla de excavadores, y después de dos meses de labor topó con el resto del palacio de Minos, el famoso Laberinto.

Poetas e historiadores de la Antigüedad, desde Homero hasta nuestros días, habían dicho que la primera civilización griega había nacido, no en Micenas, o sea en el continente, sino en la isla de Creta, y que había tenido la máxima floración en tiempos del rey Minos, doce o trece siglos antes de Jesucristo. Minos, contaban, había tenido varias mujeres que habían intentado en vano darle un heredero: de sus entrañas no nacían más que serpientes y alacranes. Tan sólo Pasifae, por fin, logró darle hijos normales, entre ellos Fedra y la rubia Ariadna. Desgraciadamente, Minos ofendió al dios Poseidón, quien se vengó

13

haciendo que Pasifae se enamorase de un toro, pese a ser éste un animal sagrado. A satisfacer ésta su pasión la ayudó un ingeniero llamado Dédalo, llegado a la isla procedente de Atenas, de donde tuvo que huir por haber matado por celos a un sobrino suyo. De aquel connubio nació el Minotauro, extraño animal, mitad hombre y mitad toro. Y a Minos le bastó con mirarle para comprender con quién le había engañado su mujer.

Ordenó entonces a Dédalo que construyese el Laberinto para alojar en él al monstruo, pero dentro dejó prisioneros también al constructor con su hijo Ícaro. No era posible encontrar el camino para salir de aquel intrincamiento de corredores y galerías. Pero Dédalo, hombre de infinitos recursos, construyó para sí y para su chico unas alas de cera, con las que ambos huyeron elevándose en el cielo. Ebrio de vuelo, Ícaro olvidó la recomendación de su padre de no acercarse demasiado al sol: la cera se derritió, y él se precipitó al mar. No obstante su tremendo dolor, Dédalo aterrizó en Sicilia, adonde llevó las primeras nociones de la técnica.

Mientras, en el Laberinto seguía girando el Minotauro, exigiendo cada año siete muchachas y siete jóvenes para comérselos. Minos se los hacía entregar por los pueblos vencidos en las guerras. Se los reclamó también a Egeo, rey de Atenas. El hijo de éste, Teseo, por bien que príncipe heredero, pidió formar parte de aquellos hombres, con el propósito de matar al monstruo, desembarcó en Creta con las demás víctimas y, antes de internarse en el laberinto, sobornó a Ariadna, la cual le entregó un ovillo de hilo para que, desenrollándolo, le permitiera volver a encontrar el camino de salida. El valeroso joven logró su intento, salió afuera y, fiel a la promesa que le había hecho, se casó con ella y se la llevó. Pero en Naso la abandonó dormida en la playa y prosiguió el viaje solo con sus compañeros.

Los historiadores modernos habían recusado esta historia como inventada de raíz, y hasta ahora acaso tenían razón. Y aun habían acabado negando que en Creta hubiese florecido, dos mil años antes de Jesucristo y mil antes que en Atenas, la gran civilización que le atribuía Homero. Y en eso se equivocaban ciertamente.

Atraídos por los descubrimientos de Evans, arqueólogos de todo el mundo –entre ellos los italianos Paribeni y Savignoni–, acudieron a los lugares, iniciaron otras excavaciones, y pronto de las entrañas de la tierra salieron los monumentos y documentos de aquella civilización cretense que, por el nombre del rey Minos, fue llamada *minoica*.

Todavía hoy los estudiosos se están peleando acerca de su origen, pues unos consideran que vino de Asia y otros de Egipto. De todos modos, fue con certeza la primera que se desenvolvió en una tierra europea, alcanzó altas cimas e influyó en la que después se formaría en Grecia y en Italia. Fue en Creta donde Licurgo y Solón, los dos más grandes legisladores de la Antigüedad, buscaron el modelo de sus Constituciones, donde nació la música coral adoptada por Esparta, donde vivieron y trabajaron los primeros maestros de la escultura, Dipeno y Chili.

Estudiando las excavaciones, los competentes han dividido la civilización minoica en tres *eras*, y cada una de éstas en tres *períodos*. Dejémosles en estas distinciones demasiado sutiles para nosotros, y contentémonos con comprender globalmente en qué consistía la vida cretense de hace cuatro mil años. Por el modo con que son representadas en sus pinturas y bajorrelieves, eran gentes más bien bajas y delgadas, de piel color pálido las mujeres y bronceada la de los hombres, hasta el punto que les llamaban *Foinikes*, que quiere decir «pieles rojas». Éstos se tocaban con turbantes y aquéllas con sombreros que podrían muy bien reaparecer en cualquier exhibición de moda contemporánea en París o en Venecia. Unos y otras tenían un ideal de belleza triangular, pues llevaban túnicas estrechamente ceñidas en el talle. Y las mujeres dejaban sus senos al descubierto, lo que hace pensar que solían tenerlos prósperos. Una de ellas, según aparece en una pintura, es tan coqueta y provocativa, que los arqueólogos, pese a su proverbial austeridad, la han llamado *La parisienne*.

En un principio, Creta debió de estar dividida en varios Estados o reinos que guerreaban con frecuencia entre sí. Pero en un momento dado, Minos más hábil y fuerte que los demás, redujo a sumisión los rivales y unificó la isla, dándole por capital su ciudad, Cnosos. ¿Era Minos su nombre personal, o el que se daba al cargo que ostentaba, como en Roma se llamaba *César* y en Egipto *Faraón*? No se sabe. Sábese solamente que quien ejecutó aquella obra de unificación y al que la leyenda atribuye a Pasifae como esposa con todas las desdichas que ésta le acarreó, vivió y reinó trece siglos antes de Jesucristo, cuando en todo el resto de Europa no brillaba aún el más remoto fuego de civilización.

De dar crédito a Homero, Creta tenía el esplendor de noventa ciudades, algunas de las cuales competían con la capital en cuanto a población, desarrollo y riqueza. Festo era el gran puerto donde se concentraba el comercio marítimo con Egipto: Palaikastro era el barrio residencial; Gurnia el centro manufacturero y la «capital moral», como hoy lo es Milán en Italia; Hagia Tríada, residencia estival del rey y del gobierno, según demuestra la villa real desenterrada. Las casas son de dos, de tres, y hasta de cinco plantas, con escaleras interiores bien acabadas. Y en las pinturas y bajorrelieves que adornan las paredes se ve a los inquilinos varones jugando al ajedrez bajo la mirada aburrida del ama de casa, que teje lana. Suelen estar de regreso de cacerías, y a sus pies yacen, fatigados, los animales que les han ayudado a ojear el oso o el jabalí: canes ágiles y delgados, semejantes a lebreles, y gatos salvajes que debían ser deliberadamente instruidos para ese cometido. Otro deporte en el que destacaban los cretenses era el pugilato. Los de peso ligero se batían con las manos desnudas, y también usaban los pies para golpearse, como aún ahora hacen los siameses; los de peso medio usaban casco y los de peso pesado también guantes.

El dios de aquella gente se llamaba Vulcano, y correspondía al que entre los griegos fue Zeus y con los romanos Júpiter. Era un personaje omnipotente e iracundo, y cuando se ponía tonto sus fieles invocaban a la diosa Madre, como quien dice a la Virgen María, para que le calmase. La gran fuerza de Minos, en tanto que rey, fue la de descender de aquél, o por lo menos, de haber logrado hacérselo creer a sus súbditos. Cuando publicaba una ley decía que Vulcano se la había sugerido la noche anterior, y cuando requisaba un quintal de trigo o un hato de ovejas, decía que era para hacerle un regalo a Vulcano. Estos regalos, naturalmente, el dios se los dejaba en depósito a Minos, que había hecho construir por sus ingenieros inmensos apriscos en el palacio real para conservarlos; y eran lo que los impuestos entre nosotros, pues en Creta, donde no se conocía el dinero, los tributos se pagaban en especies al dios, no al gobierno.

Era un pueblo de guerreros, navegantes y pintores. Y a estos últimos debemos el hecho de haber podido reconstruir en parte su civilización que, precisamente bajo Minos, alcanzó la más alta cima. No se consigue comprender qué cosa provocó su decadencia, que, a juzgar por las ruinas, debió de ser muy rápida. ¿Fue un terremoto seguido de incendios lo que en un momento determinado destruyó Cnosos con sus bellos palacios y teatros? Por las excavaciones diríase que casas y tiendas fueron sorprendidas repentinamente por la muerte, mientras sus moradores se hallaban en plena y normal actividad.

Es probable que esta decadencia hubiese comenzado mucho tiempo antes y que alguna catástrofe hubiese precipitado su conclusión. Muchos signos revelan que la de Creta, nacida seguramente bajo el signo del estoicismo siete u ochocientos años antes, era ya en tiempos de Minos una civilización epicúrea, o sea agradable y llena de pus como un forúnculo maduro. Los bosques de cipreses habían desaparecido, el malthusianismo había ocasionado vacíos en la población y el colapso de Egipto enrareció el comercio. Tal vez, como remate de tantas desdichas, hubo también un terremoto. Pero es más probable que la desventura definitiva fuese en forma de invasión: la de los aqueos, que precisamente por aquellos años habían caído sobre el Peloponeso desde Tesalia, haciendo de Micenas su capital. En Creta lo destruyeron todo, hasta el idioma, que bajo Minos no era ciertamente el griego, como demuestran las inscripciomes que han perdurado.

Por ellas, pese a que nadie ha logrado descifrar su sentido, diríase que los cretenses habían tenido orígenes egipcios, o en cualquier caso orientales. No podemos confirmarlo ni desmentirlo. Pero sí podemos repetir que la de Creta fue la primera civilización de Europa, y que Minos fue nuestro primer «ilustre conciudadano».

Capítulo II

SCHLIEMANN

El mejor modo de pagar a nuestro contemporáneo Enrique Schliemann los enormes servicios que nos ha prestado reconstruyendo la civilización clásica, creo que es incluirle entre sus protagonistas, como él mismo mostró desear ardientemente, eligiendo, en pleno siglo XIX, a Zeus como dios, elevando a él sus oraciones, poniendo de nombre Agamenón a su hijo, Andrómaca a su hija, Pélope y Telamón a sus servidores, dedicando a Homero toda su vida y su dinero.

Era un loco, pero alemán, o sea organizadísimo en su vesania, que la buena fortuna quiso recompensar. La primera historia que, cuando tenía cinco o seis años, le contó su padre no fue la de Caperucita Roja, sino la de Ulises, Aquiles y Menelao. Tenía ocho años cuando anunció solemnemente en familia que se proponía redescubrir Troya y demostrar, a los profesores de Historia que lo negaban, que esa ciudad había existido realmente. Tenía diez cuando escribió en latín un ensayo sobre este tema. Y dieciséis cuando pareció que toda esta infatuación se le había pasado del todo. Efectivamente, se colocó de dependiente en una droguería, donde con seguridad no había descubrimientos arqueológicos que realizar, y a poco embarcó no hacia la Hélade, sino hacia América, en busca de fortuna.

Tras pocos días de viaje, el buque se fue a pique y el náufrago fue salvado en las costas de Holanda. Quedóse allí, viendo en aquel episodio una señal del destino, y dedicóse al comercio. A los veinticuatro años era ya un comerciante acomodado, y a los treinta y seis un rico capitalista, del cual nadie había sospechado jamás que entre un negocio y otro hubiese seguido estudiando a Homero. Debido a su profesión se había visto precisado a viajar mucho. Y había aprendido la lengua de todos los países donde estuvo. Sabía, además del alemán y el holandés, francés, inglés, italiano, ruso, español, portugués, polaco y árabe. Su Diario está redactado, efectivamente, en la lengua del país donde sucesivamente está fechado. Pero en la que siempre seguía pensando era el griego antiguo.

De improviso cerró Banco y tienda y comunicó a su mujer, que era rusa, su propósito de ir a establecerse en Troya. La pobre mujer le preguntó dónde estaba aquella ciudad de la que jamás había oído hablar y que, en realidad, no existía. Enrique le mostró en un mapa dónde suponía que estaba, y ella pidió el divorcio. Schliemann no hizo objeciones y puso un anuncio en un periódico pidiendo otra esposa, a condición de que fuese griega. Y de entre las fotografías que le llegaron eligió la de una muchacha que tenía veinticinco años menos que él. Se casó con ella según un rito homérico, la instaló en Atenas en una villa llamada de Belerofonte, y cuando nacieron Andrómaca y Agamenón, la madre tuvo que sudar tinta para inducirle a bautizarlas. Enrique se avino a ello sólo a condición de que el cura, además de algún versículo del Evangelio, leyese durante la ceremonia alguna estrofa de la *Ilíada*. Sólo los alemanes son capaces de estar locos hasta tal punto.

En 1870 se encontraba en aquel asolado y sediento rincón noroeste del Asia Menor donde Homero afirmaba, y todos los arqueólogos negaban, que Troya se hallaba sepultada. Necesitó un año para obtener del gobierno turco permiso para iniciar las excavaciones en una ladera de la colina de Hisarlik. Pasó el invierno, con un frío siberiano, practicando hoyos con su mujer y sus excavadores. Tras doce meses de esfuerzos inútiles y de gastos delirantes, como para desanimar a cualquier apóstol, un buen día un pico chocó con algo que no era la piedra de costumbre, sino una caja de cobre que, al ser abierta, reveló a los ojos exaltados de aquel fanático lo que él llamó enseguida «el tesoro de Príamo»: miles y miles de objetos de oro y plata.

El loco Schliemann despidió a los excavadores, llevó toda aquella fortuna a su barraca, encerróse en ella, adornó a su mujer con los collares, los confrontó con la descripción de Homero, convencióse de que eran aquellos con que se habían pavoneado Helena y Andrómaca, y telegrafió la noticia a todo el mundo.

No le creyeron. Dijeron que fue él quien llevó allí toda aquella mercancía, tras haberla acopiado en los bazares de Atenas. Tan sólo el gobierno turco le dio crédito, pero al objeto de procesarlo por apropiación indebida. Sin embargo, algunas lumbreras más escrupulosas que las demás, como Doerpfeld, Virchow y Burnouf, antes de negar, quisieron investigar sobre el terreno. Y, por muy escépticos que fuesen, tuvieron que rendirse a la evidencia. Continuaron las excavaciones por cuenta propia y descubrieron los restos, no de una, sino de nueve ciudades. La única duda que permaneció en sus mentes no era *si* Troya había existido, sino *cuál* de las nueve era aquella que el pico había desenterrado.

Mientras tanto, el loco estaba devanando con su habitual lucidez el lío jurídico en que se había enzarzado con el gobierno turco. Convencido de que en Constantinopla iban a malograr sus preciosos descubrimientos, mandó a escondidas el tesoro al Museo del Estado de Berlín, que era el más calificado para custodiarlo debidamente. Pagó daños y perjuicios al gobierno turco, que tenía más interés por el dinero que por aquella quincalla. Después, armado del más antiguo de todos los Baedeker, el *Periégesis*, de Pausanias, quiso demostrar al mundo que Homero no sólo había dicho la verdad acerca de Troya y de la guerra que en ella se había desarrollado, sino sobre sus protagonistas. Y con gran entusiasmo se puso a buscar, entre las ruinas de Micenas, la tumba y el cadáver de Agamenón.

Nuevamente el buen Dios, que siente debilidad por los lunáticos, le compensó de tanta fe, guiando su pico por los sótanos del palacio de los descendientes del rey Atreo, en cuyos sarcófagos fueron hallados los esqueletos, las máscaras de oro, las alhajas y la vajilla de aquellos monarcas que se consideraba no habían existido más que en la fantasía de Homero. Y Schliemann telegrafió al rey de Grecia: *Majestad, he hallado a sus antepasados*. Después, seguro ya de su camino, quiso dar el golpe de gracia a los escépticos del mundo entero y, sobre las indicaciones de Pausanias, fuese a Tirinto, donde desenterró las murallas ciclópeas de palacio de Proteo, de Perseo y de Andrómaca.

Schliemann murió casi setentón en 1890, tras haber trastornado desde los fundamentos todas las tesis e hipótesis sobre las que hasta entonces se había basado la reconstrucción de la prehistoria griega, inclinada a exiliar a Homero y a Pausanias en los cielos de la pura fantasía. En el hervor de su entusiasmo, acaso demasiado apresuradamente, atribuyó a Príamo el tesoro descubierto en la colina de Hisarlik y a Agamenón el esqueleto hallado en el sarcófago de Micenas. Sus últimos años los pasó polemizando con los que dudaban de ello, y en estos litigios aportó más violencia que fuerza persuasiva. Pero el hecho es que él se consideraba contemporáneo de Agamenón y trataba a los arqueólogos de su tiempo desde la altura de tres milenios. Su vida fue una de las más bellas, afortunadas y plenas que un hombre haya vivido jamás. Y nadie podrá negarle el mérito de haber aportado la luz en la oscuridad que envolvía la historia griega antes de Licurgo.

Las excavaciones que, siguiendo su ejemplo, fueron emprendidas por Wace, Waldstein, Müller, Stamatakis y muchos más en Fócida y Beocia, en Tesalia y en Eubea, han demostrado que era cierto lo que Schliemann aprendiera de Homero: a saber, que contemporáneamente a la de Creta, e independientemente de ésta, se había desarro llado una civilización en el continente griego, aunque menos avanzada, que tuvo sus centros en Argos y Tirinto. Se llamó *micénica* por la ciudad que fue capital. La construyó Perseo dieciséis siglos antes de Jesucristo, y no se sabe a qué raza adscribir su población. Sólo se sabe que en aquella época Grecia se componía de numerosos Estados: Esparta, Egina, Eleusis, Orcómenes, Queronea, Delfos, etc. Y sus habitantes se llamaban genéricamente *pelasgos*, que significaría «pueblo del mar», acaso porque por mar habían llegado, probablemente del Asia Menor. Tuvieron contactos con Creta y algo copiaron de su cultura, sin conseguir, empero, emularla. Tuvieron industria, pero no tan desarrollada como lo fuera en Gurnia. En cuanto a su lengua, no se sabe nada, como de la de Creta; sólo que nada tiene que ver con el griego.

El griego vino después de la invasión de los aqueos, una tribu del Norte que se puso en movimiento hacia el Peloponeso en el siglo XIII, lo sometió, lo unificó e implantó aquellos reinos, de cuyas cortes Homero fue el trovador vagabundo. Él no nos habla de tal invasión, que representa tan sólo una hipótesis. Su historia comienza después de haber producido aquélla, y hasta antes de Schliemann su relato fue considerado pura fantasía e imaginarios los protagonistas.

Mas ahora, tras los descubrimientos del loco alemán, no tenemos ya derecho a poner en duda la realidad histórica de Agamenón, de Menelao, de Helena o de Clitemnestra, de Aquiles y de Patroclo, de Héctor y de Ulises, aunque sus aventuras no hayan sido exactamente las que Homero describió, elevándolas de tono. Schliemann ha enriquecido la historia, y ha empobrecido la leyenda con algunas decenas de personajes de primer término. Gracias a él, algunos siglos que antes permanecían en las tinieblas han entrado en la luz, aunque no sea más que la incierta del alba. Y sólo llevados de su mano podemos explorarlos.

He aquí por qué hemos querido satisfacer su deseo: el de alinearse, en la reconstrucción de la civilización griega, al lado de Homero y de sus héroes.

Capítulo III

LOS AQUEOS

Si hemos de escuchar a los historiadores griegos que, hasta cuando hubieron alcanzado la edad de razón (y nadie la tuvo jamás más clara y límpida que ellos), siguieron creyendo en las leyendas, la historia de los aqueos comienza directamente por un dios llamado Zeus, que les dio su primer rey en la persona de su hijo Tántalo. Éste era un gran pillastre que, tras haberse aprovechado de su parentesco con los dioses para divulgar sus secretos y robar el néctar y la ambrosía en sus despensas, creyó aplacarles ofreciéndoles en sacrificio su propio vástago, Pélope, tras haberle cortado a lonjas y hervido. Zeus, afectado en su sentimiento de abuelo, juntó de nuevo a su nietecito y precipitó en el infierno al hijo parricida, condenándole a babear de hambre y de sed ante inapresables fuentes de mantequilla y copas de vino.

Pélope, que heredó de su desnaturalizado padre el trono de Frigia, no tuvo suerte en política porque sus súbditos le depusieron y le exiliaron a Élida, en aquella parte de Grecia que después, por él, se llamó Peloponeso. Allí reinaba Enómaos, gran aficionado a las carreras de caballos, en las que era imbatible. Solía desafiar a todos los cortejadores de su hija Hipodamia prometiendo al vencedor la mano de la muchacha y al perdedor la muerte. Y ya muchos «buenos partidos» habían dejado la piel en ellas.

Pélope, que en algunas cosas debía parecerse un poco a papá Tántalo, se puso de acuerdo con el caballerizo del rey, Mirtilo, proponiéndole repartirse son él el trono si hallaba el modo de hacerle vencer. Mirtilo apretó el cubo de rueda del carro de Enómaos, quien se cayó y se rompió la cabeza en el incidente. Pélope, habiendo desposado a Hipodamia, le sucedió en el trono, pero, en vez de compartirlo con Mirtilo como había prometido, arrojó al mar a éste, quien, antes de desaparecer en los remolinos de agua, lanzó una maldición contra su asesino y todos sus descendientes.

Entre éstos hubo Atreo, del cual después la dinastía tomó el nombre definitivo: átrida. Sus hijos, Agamenón y Menelao, casaron respectivamente con Clitemnestra y Helena, hijas únicas del rey de Esparta, Tíndaro. Pareció un gran matrimonio. Y efectivamente, cuando Atreo y Tíndaro murieron, los dos hermanos, Agamenón como rey de Micenas y Menelao como rey de Esparta, fueron los dueños de todo el Peloponeso. Ellos no recordaban, o tal vez ignoraban, la maldición de Mirtilo. Y, sin embargo, la tenían en casa, personificada en las respectivas esposas.

En efecto, algún tiempo después, Paris, hijo de Príamo, rey de Troya, pasando por aquellos parajes, se enamoró de Helena. Y aquí no se sabe ya con precisión cómo ocurrieron las cosas. Hay quien dice que Helena le correspondió y siguió a su cortejador. Hay quien dice que él la raptó, y ésta fue la versión que de todos modos dio el pobre Menelao para salvar ya la reputación de la esposa, ya la propia. Y todos los aqueos exigieron al unísono el castigo del culpable.

El resto de la historia la contó Homero, a quien no nos proponemos hacer la competencia. Todos los griegos útiles se agruparon en torno de sus señores aqueos, y en mil naves arribaron a Troya, la asediaron durante diez años y al final la expugnaron, saqueándola. Menelao recuperó la esposa, pero más bien avejentada, y nadie le quitó ya de encima la fama de cornudo. Agamenón, vuelto en casa, halló su sitio junto a Clitemnestra ocupado por el emboscado Egisto, quien, junto con ella le envenenó. Su hijo Orestes vengó más tarde al padre matando a los dos adúlteros, se volvió loco, pero como consecuencia pudo reunir bajo su cetro los reinos de Esparta y de Argos. Ulises se dio a la buena vida, completamente olvidado de Ítaca y de Penélope. En suma, la guerra de Troya señaló a la vez el apogeo del poderío aqueo y el comienzo de su declive. Agamenón, que lo personificaba, era un poco un rey de mentirijillas. Para expugnar la ciudad enemiga había perdido buena parte de sus tropas, con muchos de sus más hábiles capitanes. En el camino de regreso, una tempestad sorprendió a la flota, destruyendo buena parte de ella y arrojando a la tripulación náufraga en las islas del Egeo y las costas de Asia Menor. Los aqueos ya no se recobraron de estos golpes. Y cuando un siglo después un nuevo invasor vino del Norte, no tuvieron fuerza para resistirle.

¿Quiénes eran aquellos aqueos que, durante tres o cuatro siglos fueron sinónimo de griegos, porque dominaron completamente el país?

Hasta todo el siglo pasado, historiadores, etnólgos y arqueólogos convinieron que fueron tan sólo una de las tantas tribus locales, de raza pelásgica como las otras, que en un momento determinado tomaron el poder y desde su cuna, Tesalia, cayeron sobre el Peloponeso constituyendo en todas partes una clase dirigente y patronal. Según esta tesis habrían sido los continuadores de la civilización micénica, desarrollándose sobre el modelo de la minoica de Creta, de la cual tan sólo representaron un estadio más avanzado.

Fue otro arqueólogo, esta vez inglés, quien derribó los castillos construidos sobre esta hipótesis. El señor William Ridgeway descubrió que entre la civilización micénica y la aquea había diferencias sustanciales. La primera no había conocido el hierro y la segunda sí. La primera enterraba a los muertos y la segunda los incineraba. La primera rezaba mirando a lo alto porque creía que los dioses moraban en la cumbre del Olimpo, o entre las nubes. De lo cual Ridgeway deduce que los aqueos no eran en absoluto una población pelásgica como las otras de Grecia, sino una tribu céltica de Europa central, que cayó sobre el Peloponeso no «desde» Tesalia, sino «a través» de ésta, sometió a los indígenas y, entre los siglos XIV y XIII antes de Jesucristo, se fusionó con ellos creando una nueva civilización y una nueva lengua, la griega, pero siguiendo como clase dirigente.

Es muy probable que esta hipótesis sea cierta o al menos contenga varias verdades. Sin duda los aqueos, a diferencia de los pelasgos, fueron gente de tierra; lo cierto es que hasta la guerra de Troya no intentaron empresas por mar, y que cada vez que lo encontraban se detenían. Ni siquiera intentaron poner pie en las islas más cercanas del continente, y todas sus capitales y ciudadelas se levantaban en el interior. Bajo su dominio, Grecia se limitaba al Peloponeso, Ática y Beocia; mientras que para las poblaciones pelásgicas de la civilización micénica, que eran marineras, aquélla englobaba también todos los archipiélagos del Egeo.

En cuanto a las gestas que Homero atribuye a los aqueos, hasta hace un siglo eran consideradas pura leyenda, incluida la guerra de Troya, de la que incluso se negaba hubiera tenido lugar. En cambio Troya existía, como hemos visto, y significaba una rival peligrosa para las ciudades griegas, porque dominaba los Dardanelos, a través de los cuales había que pasar para alcanzar las ricas tierras del Helesponto. Los aqueos habían inventado una leyenda para estimular a sus súbditos contra Troya: la de los argonautas, o sea la de los navegantes que a bordo del *Argos* y bajo el mando de Jasón, habían partido a la reconquista del Vellocino de Oro en Cólquida. Formaban parte de la expedición Teseo –el del Minotauro–, Orfeo, Peleas, padre de Hércules, y el propio Hércules, quien, cuando Troya intentó detener la nave en la entrada del estrecho, desembarcó, saqueó la ciudad él solo y mató al rey Laomedonte con todos sus hijos, excepto Príamo. La expedición se llevó a cabo gracias a Medea. Y en la mente del pueblo llano quedó el Vellocino de Oro como símbolo de las riquezas del Helesponto y del mar Negro. Mas para llegar allí había que destruir Troya, que controlaba el paso obligado y seguía enriqueciéndose por el comercio que allí se desarrollaba, imponiendo probablemente tributos a los transeúntes.

No se sabe quiénes fueron con exactitud los troyanos. Les llamaban también dárdanos. Pero la hipótesis más atendible es que se tratase de cretenses emigrados a aquel territorio del Asia Menor, en parte para fundar una colonia, en parte tal vez para sustraerse a las catástrofes, fueran las que fuesen, que habían azotado la isla y destruido la civilización minoica. Según Homero, hablaban la misma lengua de los griegos y, como éstos, veneraban el monte Ida, «de las muchas fuentes». Es probable que cretense sólo lo fuera la población ciudadana, mientras que el campo era asiático. Lo cierto es que era un gran emporio comercial del oro, la plata y la madera. Llegaba incluso el jade de China.

Los griegos, tras haberla metódicamente destruido, fueron muy caballerosos al juzgar a sus habitantes. En su *Ilíada*, Príamo es más simpático que Agamenón, y Héctor resultó un perfecto caballero en comparación con aquel canallita que era Ulises. Hasta Paris, aunque voluble, es amable. Y si un pueblo puede ser juzgado según la Casa real, hay que decir que la de Príamo era más digna, más limpia y más humana que la de Micenas.

Como he dicho, hasta hace un siglo la guerra de Troya, sus protagonistas y la misma existencia de la ciudad eran considerados como puramente imaginarios, fruto de la fantasía de Homero y de Eurípides. Schliemann fue quien les dio consistencia histórica. Ahora puede decirse que lo de Troya fue el primer episodio de una guerra destinada a perpetuarse en milenios y no resuelta aún: la guerra del Oriente asiático contra el Occidente europeo.

Por medio de la Grecia de los aqueos el Occidente europeo ganó el primer *round*.

Capítulo IV

HOMERO

No sabemos nada de Homero. No sabemos siquiera si verdaderamente existió. Según la leyenda más comúnmente aceptada, fue un «trovador» ciego del siglo VIII antes de Jesucristo, que los señores contrataban para oírle cantar sus maravillosas historias. Ellos no podían leerlas porque eran analfabetos, y el tiempo lo pasaban únicamente guerreando, cazando y saqueando. Pero también Homero, tal vez, era analfabeto. Recogió la materia de sus poemas directamente de labios del pueblo y la transformaba, con su inagotable fantasía, según el gusto de los aristócratas auditores.

Con todo el respeto por su genio, debía de ser un gran filón, porque en sus historias los que le daban hospitalidad encontraban con qué satisfacer su propio orgullo. Cada uno de ellos, además de ver exaltadas las gestas de sus antepasados, hallaba un árbol genealógico que le unía más o menos directamente a un dios. Él se ganaba el pan halagándoles y tal vez pasó una vida feliz, de parásito de lujo, y si bien no había de ser fácil contentarles a todos a causa de los odios y las rivalidades que les dividían, parece ser que lo logró.

Ciertamente, lo que él nos ha dejado de la sociedad aquea, que era tan sólo una restringida clase dominante, no es un retrato digno de atención, porque todos sus trazos están transfigurados y embellecidos, no sólo por el estro poético del autor, sino también por la necesidad de agradar a los clientes, muchos de los cuales eran descendientes de aquélla. Es un retrato comparable a lo que ahora se llama estilo *pompier*. Pese a todo, aun cuando este retrato se parece más a lo que aquella sociedad deseaba ser o tenía nostalgia de volver a ser, que a lo que era en realidad, desde el punto de vista documental tiene gran valor y nos permite hacernos un cuadro de su mundo.

Homero dice que el aqueo era un pueblo de gran belleza física: atletas todos los hombres y reinas de belleza todas las mujeres. No es verdad, probablemente. Pero ello basta para hacernos comprender que la belleza física era su máximo ideal, es más, acaso el único. Eran escrupulosamente elegantes. Y por bien que la industria de la moda se hallase en un estadio rudimentario, con lo poco que tenían hacían milagros. El único tejido que usaban, varones y hembras, era de lino. Lo llevaban en forma de saco, con un agujero para pasar la cabeza, pero cada uno le añadía guarniciones y bordados, a veces costosísimos, para darle un toque personal. Y le concedían tal importancia, que Príamo, para lograr la restitución del cadáver de Héctor por Aquiles, ofreció a éste a cambio su vestido, como la más preciosa de las propinas.

Las casas eran de adobe y paja las de los pobres, y de ladrillo con basamento de piedra las de los ricos. Se entraba en ellas por una puerta central, y en la mayoría de los casos no había divisiones de aposentos ni ventanas. La cocina no existió hasta mucho después. Se guisaba en medio de la única estancia, que tenía un agujero en el techo para que saliera el humo. Solamente los grandes señores tenían cuarto de baño. Y fueron señaladas como extravagancias de millonarios la de Penélope, que se encargó una silla con brazos, y la de Ulises, que construyó para ambos una cama doble. Verdad es que debía tener que compensarla de los veinte años de viudez en que la había dejado. ¡Pero la cosa, según parece, ocasionó cierto escándalo!

No hay templos. Aunque muy religiosos, los señorones aqueos derrochan mucho para sus propios palacios, mas se preocupan poco para hospedar dignamente a sus dioses, es más, les dejan al raso, incluso en invierno. Ulises, que después de tantas aventuras, en la vejez fue sedentario y casero, se construyó incluso un patio con arriates, árboles y caballeriza. Y Paris, el seductor de Helena, se hizo construir una *garçonnière* por los más expertos arquitectos de Troya, pero no sabemos cómo era.

Además de la casa y la indumentaria, las dos clases –dominadores y dominados– se diferenciaban en la alimentación. Los generales de la guerra de Troya son carnívoros y tienen predilección por los lechones; suboficiales y soldados son vegetarianos, y se alimentan de trigo tostado, y cuando lo encuentran, de pescado. Los primeros beben vino y usan la miel como azúcar. Los segundos beben agua. Ni unos ni otros conocen los cubiertos. Usan solamente las manos y el cuchillo. Ninguno es propietario de tierras a título personal. La propiedad es de la familia, en cuyo seno rige una especie de régimen comunista. Ella es la que vende, compra y distribuye honores y ganancias, asignando a cada cual su tarea. Dado que habitualmente es muy numerosa y la articulación de la sociedad en categorías y oficios es aún rudimentaria, la familia, en general, se basta a sí misma aun desde el punto de vista artesano y profesional. Siempre hay un hijo albañil, otro carpintero, otro zapatero. Y esto sucede incluso en las casas de los señores, hasta en la corte, donde el rey siega, acepilla, cose y clava tachuelas.

No se labran metales, es más, ni siquiera se buscan mediante excavaciones mineras. Se prefiere importarlos del Norte ya manufacturados, y fue precisamente esta carencia lo que provocó la catástrofe de los aqueos el día que se encontraron frente a los dorios, más bárbaros que ellos, pero provistos de instrumentos de acero. La vida se estanca en estos microcosmos domésticos de horizontes limitados. Grecia está erizada de cadenas montañosas que tornan difíciles los viajes y contactos. Faltan caminos. Y como medio de transporte existe el carro, tirado por mulos o por hombres. Pero, a la sazón, poseer un carro era como poseer hoy un yate.

Dentro de la familia, además de quien forma parte de ella por sangre o por matrimonio, hay también los esclavos, pero menos numerosos y mucho mejor tratados de lo que serán en Roma. En general son mujeres, y se acaba por considerarlas como de casa. El dinero es solamente un medio de cambio, no un índice de riqueza, que se mide únicamente en bienes naturales materiales, hectáreas de tierra y ganado. La única moneda que se conoce es, por lo demás, un lingote de oro, el talento, pero al que se recurre sólo en las transacciones importantes. De lo contrario, se sirven del acostumbrado pollo, o la medida de trigo, o el cerdo.

Moralmente, estamos más bien bajos. Ulises, presentado como ejemplo y modelo, es uno de los más descarados embusteros y embrollones de la historia. Y la medida de su grandeza la proporciona solamente el éxito, que debía ser la verdadera religión de aquella gente, prescindiendo de los medios para alcanzarlo. El trato que da Aquiles al cadáver de Héctor es ignominioso. La única virtud respetada y practicada es la hospitalidad. Debía imponerse la aspereza del país, los peligros que se corrían, y, por tanto, la utilidad de conceder asilo para poder disfrutar de él a su vez en caso de necesidad. La estructura de la familia es patriarcal, pero la mujer ocupa un sitio superior al que le asignarán los romanos. El hecho de que para entusiasmar al pueblo y llevarle a morir bajo las murallas de Troya, hubiera que inventar una historia sentimental, basta para decir cuánto contaba el amor en la sociedad aquea. Para el matrimonio, la muchacha no tiene elección. Tiene que aceptar la de su padre, que en general la contrata al padre del novio, en términos de vacas y pollería. Una muchacha guapa vale hasta un rebaño entero o una manada entera. La fiesta nupcial, en la que participan las dos familias, es de carácter religioso, pero se celebra sobre todo a copia de comilonas y de danzas al son de la flauta y de la lira. No obstante, una vez convertida en ama de casa, la esposa lo es en serio. No tiene derecho a quejarse de las infidelidades del marido, que solían ser frecuentes, pero hace las comidas con él, goza de su confianza, le ayuda en el trabajo y cuida de la educación de los hijos, que por los demás se reduce a la sola disciplina, pues nadie se preocupa de aprender o de enseñar a leer y a escribir. Un rasgo curioso, y que subraya la domesticidad de esta vida, es que en la cocina regularmente están los hombres, no las mujeres. Éstas tejen y cosen. En general son muchachas castas y esposas fieles. El caso de Clitemnestra y de Helena puede ser considerado sensacional y monstruoso.

La *polis*, o sea la ciudad propiamente dicha, no ha nacido aún. Así se llama solamente el palacio o el castillo del señor aqueo, que al principio tiene un poder muy limitado sobre los *geni* circundantes. Los *geni* son los que en Roma serán las *genti*: grupos de familias que se reconocen un antepasado común. Es la amenaza exterior lo que crea la unidad. Frente al peligro de una invasión, los cabezas de familia se estrechan en torno al señor que les reúne en asambleas y toma con ellos, democráticamente, las decisiones del caso. Pero a poco, de esta Asamblea en la que tenían derecho a participar todos los ciudadanos libres y varones, se derivó un Consejo que fue una especie de Senado, en el que participaban solamente los capitanes de los *geni*. El «señor» comenzó a llamarse «rey», y tuvo todos los poderes religiosos, militares y judiciales, pero bajo el control del Consejo, que hasta podía deponerle.

La ley no existía: tal era considerado el veredicto del rey, que lo emanaba de su cabeza. Y ni siquiera había impuestos. El erario, que además era la caja personal del soberano, se alimentaba con «donativos» y, sobre todo, con los botines de guerra. Por esto los aqueos fueron conquistadores. Las guerras contra Creta y después contra Troya fueron seguramente impuestas también por agobios financieros. Sin embargo, sin bien todas fueron conquistas de ultramar, los aqueos no era un pueblo marinero, o por lo menos lo eran mucho menos que los fenicios, que a la sazón dominaban el Mediterráneo oriental.

Capítulo V

LOS HERÁCLIDAS

Entre las muchas leyendas que florecieron en tiempos de los aqueos, había la de Hércules, que ya hemos encontrado de pasada, como formando parte de la tripulación del *Argos*, la nave en que Jasón fue a la conquista del Vellocino de Oro. Pero es necesario decir algo más de él porque es uno de los personajes más importantes de la historia griega.

Era, hay que decirlo, hijo de Zeus, quien, antes de haber desposado a Hera, se concedía algunas libertades, y una vez perdió francamente la cabeza por una mujer vulgar, aunque de sangre aristócrata: Alcmena, mujer de un Anfitrión tebano, que después había de dar su nombre a una de las más simpáticas y benéficas categorías del género humano: el de la gente hospitalaria.

Zeus estaba tan apasionado por ella, que hizo durar veinticuatro horas, en vez de ocho, la noche en que fue a visitarla. Y el fruto de aquel abrazo fue en proporción a su duración. Hera, para vengarse, mandó dos serpientes a estrangular al neonato. Pero éste cogiéndolas entre el índice y el pulgar les aplastó la cabeza. Por esto le llamaron Hércules, que quiere decir «gloria de Hera».

Creció idóneo a sí mismo, y convirtióse en breve en el más popular de los héroes griegos por su carácter alegrote, vagabundo, cariñoso y amable, aunque de vez en cuando, creyendo hacerle una caricia, le rompía la columna vertebral a un amigo, y luego se echaba a llorar sobre el cadáver por su propio atolondramiento. Las hizo de todos los colores. Sedujo a las cincuenta hijas del rey de Tespias, mató con las manos a un león, cuya piel fue desde entonces su único vestido, enloqueció por una brujería de Hera, estranguló a sus propios hijos y fue a curarse a Delfos, donde le ordenaron retirarse a Tirinto y ponerse a las órdenes del rey Euristo, quien, para tenerle sujeto, le ordenó doce empresas dificilísimas y arriesgadísimas, esperando que en una de ellas dejase la piel. Pero Hércules las llevó a cabo.

Después de muerto, fue venerado como un dios, pero sus hijos, llamados heráclidas, que debían de ser millares dada la fuerza demográfica del papá y que habían heredado su carácter turbulento se convirtieron en los bandidos de Grecia. Uno de ellos, Hilo, retó, uno tras otro, a los soldados que el rey había movilizado para echarle con sus hermanos. La condición era que, si les vencía a todos, los heráclidas tendrían en premio el reino de Micenas. Si perdía, se marcharían, comprometiéndose a volver sólo después de transcurridos cincuenta años, o sea en las personas de sus hijos y nietos. Perdió, y la promesa fue mantenida. Los heráclidas partieron, pero sus descendientes de la tercera generación, al cumplirse el medio siglo, se presentaron puntualmente, mataron a los aqueos que intentaron resistir, y se adueñaron de Grecia.

Esto que la leyenda llama «el retorno de los heráclidas», en lenguaje histórico se llama «invasión doria», y aconteció hacia el año 1100 antes de Jesucristo. Sin duda fueron los mismos dorios, si no los que elaboraron de raíz esta leyenda, los que se la apropiaron. Deparaba un pretexto para el abuso y un blasón al señorío de los nuevos amos, haciéndoles pasar por acreedores en vez de ladrones.

Como de costumbre, no se sabe con precisión quiénes eran los dorios. Pero no hay duda de que procedían de la Europa central, porque llevaron a Grecia el don más precioso de aquella civilización que los etnólogos llaman «de Hallstatt», por el nombre de la ciudad austríaca donde se han descubierto las primeras huellas: el hierro.

También los aqueos habían conocido el hierro, pero no lo habían labrado jamás, limitándose a importarlo del Norte, manufacturado. Los dorios eran mucho más toscos y bárbaros que ellos; pero poseían hierro en gran cantidad; lo extrajeron hasta de las laderas de las montañas epirotas y macedonias a medida que avanzaban hacia el Sur en su marcha de conquista, y con él se proveyeron de armas contra las cuales las piedras y las mazas de los aqueos podían bien poco. Eran altos, de cráneo redondo y ojos azules, de un valor y una ignorancia a toda prueba. Se trataba, ciertamente, de una raza nórdica.

Cayeron a manadas, establecieron su primera fortaleza en Corinto, que dominaba el istmo, y pronto sometieron toda Grecia menos el Ática, donde los atenienses lograron resistir y rechazarlos. A diferencia de los aqueos, no eran solamente terrestres y no se limitaron al continente. Desembarcaron en las islas, y en Creta destruyeron los últimos restos de la civilización minoica.

Casi siempre, los conquistadores se cansan pronto de hacer de amos y, tras de un arrebato de prepotencia, suelen acabar como hicieron los aqueos: llegando a un compromiso con la población local, con la que se mezclan y de la que aceptan del todo o en parte las costumbres. Pero los dorios tenían una fea enfermedad: el racismo. Y hasta en esto se confirma que se trataba de nórdicos, que el racismo lo llevaron siempre y siguen llevándolo en la sangre: todos, hasta los que de palabra lo niegan. Por bien que fuesen mucho menos numerosos que los indígenas, o acaso precisamente por ello, defendieron su integridad biológica, a menudo con auténtico heroísmo, como en Esparta. La civilización griega, lejos de seducirles, en el primer momento les espantó. Aceptaron la lengua, mucho más evolucionada que la suya y rica ya de una literatura, aunque sólo fuese oral. Se adueñaron de la leyenda de los heráclidas, porque les era útil. Pero la paridad de derechos y los matrimonios mixtos los excluyeron aún mucho tiempo, y esto es lo que explica el caos que provocaron.

Hesíodo, que seguramente no era dorio y escribió algún tiempo después, llamó a ésta «la edad del hierro», y no sólo porque el hierro era por primera vez ampliamente usado, sino porque la vida se había vuelto dura y difícil. La inseguridad en el campo lo había despoblado. Todos llevaban armas para defenderse y atacar. El desarrollo artístico y cultural se había detenido porque, a diferencia de los aqueos, todos muertos o fugitivos, los nuevos señores no tenían sombra de mecenazgo. Todo esto tuvo, como veremos, fatales consecuencias.

SEGUNDA PARTE

LOS ORÍGENES

Capítulo VI

LA *POLIS*

Los acontecimientos que –tratando de desentrañar la historia de la leyenda, que en los cronistas griegos se confunden– hasta aquí hemos narrado, pertenecen a la Edad Media helénica, que se cierra con la invasión doria y con el caos que siguió. Trataremos ahora, antes de levantar el telón sobre la historia propiamente dicha, que comienza en el siglo VII antes de Jesucristo, de fijar sus características principales. Porque, además, en ellas reside la explicación de los acontecimientos sucesivos.

Como hemos dicho, el rasgo fundamental y permanente de los griegos fue el particularismo, que halló su expresión en las *polis*, es decir, en las «ciudades-estado», que no lograron jamás fusionarse en una nación. Lo que sobre todo lo impidió fue, más que la diversidad racial de los varios pueblos que se sobrepusieron unos a otros, su escasa permeabilidad. Me explicaré. Todas las nacionalidades son compuestas. El último en creer que las hay puras, y en fundar encima una doctrina y, lo que es peor, una política, fue Hitler. Y acabó como ha acabado. De hecho, la misma Alemania es una mezcolanza de germano y de eslavo, como una mezcolanza de céltico, de normando y de sajón es Inglaterra, como de céltico, de germánico y de latino es

Francia, por no hablar de Italia, donde hay de todo cabalmente. Quiero decir que en el mundo entero las invasiones que toda nación ha sufrido tarde o temprano, no han impedido la formación, a plazo más o menos largo, de un pueblo, que es precisamente el resultado de una fusión de sus distintos ingredientes étnicos.

Esto no ocurrió en Grecia por culpa de los dorios, que al invadir el país, no digo que destrozaron su unidad puesto que no existía, pero sí impidieron que se formase, permaneciendo apartados, con el sentimiento de una superioridad racial frente a los indígenas con los cuales no quisieron mezclarse. No se sabe exactamente cómo anduvieron las cosas. Pero yo creo que Heródoto, que fue el primero en tratar de ponerlo en claro, tiene sustancialmente razón cuando dice que los dorios se impusieron, reduciéndoles a la esclavitud a los aqueos, los cuales a su vez se habían impuesto, reduciéndoles a esclavitud, a los pelasgos, que por lo tanto, eran los verdaderos autóctonos de Grecia. Ésta resultó así compuesta por tres estados étnicos, o al menos por dos, pues cuando los dorios llegaron, en 1100, los aqueos, que les habían precedido en un par de siglos, se habían mezclado bastante con los pelasgos, o se estaban mezclando con ellos y precisamente por esto los dorios les despreciaban llamándoles «bastardos» como llamaban los alemanes nazis a los austríacos.

No es por nada que los atenienses decían ser uno de los dos pueblos griegos que quedaron de raza pura, o sea no contaminada por los dorios. El otro era Arcadia, el más inaccesible reducto alpino del Peloponeso, donde efectivamente es probable que los nuevos conquistadores no lograran jamás instalarse. Evidentemente, el racismo dorio provocó, por reacción, otro aqueo-pelasgo, que se llamó jónico, predominó en el Ática y en las islas de la Jonia, y que impelía a los atenienses a proclamarse «generados por la tierra», y a los árcades a sostener que sus padres se habían instalado en Arcadia antes de que en el cielo naciese la luna, a fin de tener un pretexto para tratar a los dorios como intrusos.

En este punto se impone una pregunta. Aquellos griegos litigantes, que no lograron jamás formar políticamente una nación, o sea, una comunidad, tuvieron, sin embargo, algo común y nacional: la lengua. Y visto que ésta no pudo nacer de una fusión que no se produjo, ¿cuál de los tres elementos la elaboró y la impuso a los otros? En suma, de las tres razas que poblaban Grecia, ¿cuál era la que hablaba griego?

Heródoto, gran buscador de curiosidades, cuenta haber hallado en sus exploraciones por todos los rincones del país, muchas poblaciones y tribus donde se hablaba una lengua incomprensible para él. Seguramente era la pelasga, que subsistió en algunas «bolsas» del interior hurtadas a la soberanía de los conquistadores aqueos primero, y después a la de los dorios. No se sabe qué lengua pudiera ser, como no se sabe de qué raza eran los pelasgos; pero seguramente era de origen meridional. Se deduce por la palabra que, extinguiéndose poco a poco, dejó a la lengua griega propiamente dicha: *thalassa*, por ejemplo, que quiere decir «mar». Jenofonte, cuenta que durante la famosa «Anabasis» de los diez mil guerreros griegos de Asia Menor, éstos no hacían más que preguntar a los indígenas que encontraban por la calle:

«¿Thalassa…? ¿Thalassa…?»

Y los indígenas comprendían, pues precisamente era una palabra de su lengua. Hay muchas más: en general todas las pertenecientes a cosas y hechos del mar. Lo que nos confirma que aqueos y dorios no entendían de mar, acaso porque no lo habían visto antes de llegar a Grecia, y, por lo tanto, no tenían siquiera un vocablo para denominarlo. Por esto adoptaron el de los pelasgos, que con el mar tenían, en cambio, gran confianza, como sugiere su nombre.

Por consiguiente, no puede haber duda: el griego fue una lengua importada, y no tiene mucho sentido discutir si la importaron los aqueos o los dorios. Por el simple motivo que salvo diferencias dialectales, la hablaban unos y otros, por cuanto unos y otros procedían del mismo tronco indoeuropeo, como los latinos, los celtas y los teutones.

Pero vayamos adelante. El hecho de que los dorios practicasen el racismo, suscitando otro no menos insensato en sus coinquilinos de Grecia, no basta para explicar la segmentación de ésta. Porque ellos no dominaban, en suma, más que el Peloponeso, donde siempre constituyeron una minoría, e igualmente en la misma Esparta, que era su castillo roquero. En las otras regiones, donde dominaba el cruce aqueo-pelasgo, o sea el jónico, algún Estado que fuese algo más que una ciudad con su suburbio podía formarse hasta para mejor resistir a la amenaza doria, y en cambio no se formó. ¿Por qué?

Hay que poner en guardia al lector ante la tentación de interpretar ciertos fenómenos de la Antigüedad según su experiencia moderna. Los antiguos historiadores reclutados por el servicio de propaganda de los dorios seguramente se equivocaban al imaginárselos nietos de los cincuenta hijos de Hércules, que retornaban a su patria de origen a recuperar su posesión en virtud de un pacto debidamente estipulado y suscrito. Pero nosotros no nos equivocaríamos menos atribuyendo a su invasión, que ciertamente fue tal, los métodos y la técnica de la alemana en Checoslovaquia o la rusa en Estonia. Más que verdaderas y propias conquistas, planificadas y programadas, fueron aluviones de tribus escasamente coaligadas entre sí. Y si el «grueso» se acuarteló en el Peloponeso, otros grupos dispersos se diseminaron un poco por todas partes, y en todas partes crearon confusión e inseguridad.

¿Qué sucedió? Sucedió que en toda Grecia los campesinos, no pudiendo defenderse solos en sus aislados caseríos, los abandonaron y comenzaron a agruparse en las cimas de ciertas colinas donde, juntos y con la ayuda de la naturaleza, podían resistir mejor. Estas cimas se llamaron *acrópolis*, que literalmente quiere decir «ciudad alta». Fortificadas, se convirtieron en el primer núcleo de la ciudad, que fue, como se ve, antes que nada un expediente estratégico.

Alguien objetará que esto no sucedió solamente en Grecia. Un poco en todas partes las ciudades nacieron por los mismos motivos, lo que no les impidió en determinado momento el fusionarse en Estados más grandes. Es verdad. Pero no en todas partes los motivos que obligaron a los griegos a despoblar los campos para agruparse en las acrópolis y permanecer en ellas, sin contactos con las demás acrópolis de Grecia, duraron mucho. El Medievo griego, o sea el período de las invasiones y de las convulsiones, iniciado por la llegada de los aqueos en el 1400 antes de Jesucristo, alcanza hasta el 800, o sea que se extiende durante seiscientos años. Seiscientos años representan veinticuatro generaciones. Y en veinticuatro generaciones se forma una mentalidad, costumbres y hábitos que nada logra ya destruir. El espíritu de la *polis*, o sea aquella fuerza coagulante que hace de cada griego un ciudadano tan sensible a lo que sucede dentro y tan indiferente a todo aquello que sucede fuera de la ciudad, es en estos seiscientos años cuando se desarrolla hasta hacerse indestructible. Incluso los grandes filósofos del Siglo de Oro no lograron concebir algo que superase la ciudad con su inmediata campiña. Es más, esta ciudad no la querían sino de cierta medida. Platón decía que no debía rebasar los cinco mil habitantes; y Aristóteles sostenía que todos debían conocerse entre sí, al menos de vista. Muchos se le echaron encima a Hipodamo cuando, encargado por Pisístrato de realizar el proyecto para circuir de murallas a Atenas hasta El Pireo, calculó que dentro del recinto debían caber diez mil personas: «¡Exagerado!», dijeron. En realidad, Atenas alcanzó después las doscientas mil almas. Pero en aquellos tiempos el alma era atribuida únicamente a las corporaciones de ciudadanos, que sólo representaban una décima parte de la población, de quien preocuparse en caso de invasión. Los demás podían quedarse fuera y dejarse aporrear. La sociabilidad del pueblo griego, su sentido comunitario y exclusivista con todos sus derivados, hasta los más menguados –murmuración, envidia, intrusión en la conducta ajena–, nacen de esta larga incubación.

«Evita la ciudad», dice Demóstenes de un enemigo suyo para significar que no participa de la vida de todos, lo que era la peor acusación que pudiera lanzarse contra un ateniense.

Este hecho acarrea otro: la colonización.

La diáspora de los griegos en toda la cuenca mediterránea, que les condujo a fundar sus características *poleis* un poco en todas partes, desde Mónaco y Marsella a Nápoles, a Reggio, a Bengasi, en las costas asiáticas y en el mar Negro, atravesó dos estadios. El primero fue el confuso y desordenado de la fuga pura y simple, escapando de las invasiones, y especialmente de la doria, y no obedecía a ningún plan ni programa. La gente no partía para fundar colonias: huía para salvar el pellejo y la libertad, y buscó refugio sobre todo en las islas de la Jonia y del Egeo porque eran las más cercanas a la tierra firme y porque ya estaban habitadas por una población pelasga. Es imposible decir qué proporciones alcanzó este fenómeno; pero debieron ser notables. Como fuere, un primer estrato de población griega con sus usos y costumbres estaba establecido ya en estos archipiélagos cuando en el siglo VII comenzó el flujo migratorio organizado.

Con seguridad, ello fue debido al aumento de la población en las *poleis* y a su carencia de aledaños donde alojarla. No había espacio donde desarrollar una sociedad campesina. Además, admitiendo que lo hubiese sido en el pasado, el griego que emergía de los seis siglos de vida en la ciudad no era ya un campesino; y hasta cuando poseía una granja, después de haber trabajado en ella todo el día, por la noche volvía a dormir, y sobre todo a charlar y a chismorrear, en la ciudad. Pero las murallas ciudadanas no podían contener gente más allá de cierto límite: además de una repugnancia espiritual, como hemos visto en Platón y Aristóteles, existía para la *polis* la imposibilidad material de transformarse en metrópoli. Y fue entonces, o sea en el siglo VIII, cuando se comenzó a disciplinar y a organizar la emigración.

«Colonia», en griego, se dice *apoikia*, que significa literalmente «casa afuera»; y ya la palabra excluye toda intención de conquista y toda reticencia imperialista. Eran solamente unos pobres diablos que se iban a poner casa. Y si bien su gobierno designaba al frente de aquellas expediciones un «fundador» que asumía el mando y la responsabilidad de la expedición, la *apoikia*, una vez constituida, no se convertía en dependencia, dominio o protectorado de la ciudad-madre, sino que conservaba con ésta tan sólo vínculos sentimentales. Algún privilegio era concedido a los viejos conciudadanos cuando iban de visita o por negocios; la lumbre en el hogar público era encendida con tizones traídos de la patria de origen; y a ésta era costumbre dirigirse para que designase un nuevo «fundador», si la colonia, superpoblada a su vez, decidía fundar otra. Pero no había servidumbre política. Es más, de vez en cuando estallaban guerras entre ellas, como tal ocurrió entre Corinto y Corfú. Y ni siquiera había servidumbre económica. La *apoikia* no era una base ni un emporio de la madre-patria, con la cual hacía solamente los negocios que le convenían. En suma, así como faltaba una ligazón nacional entre las *poleis*, también faltaba un vínculo imperial entre cada una de ellas y sus colonias. Y también esto contribuyó de manera decisiva a la dispersión del mundo griego, a su sublime desprecio de todo orden y criterio territorial Grecia nació a pesar de la geografía. De este desafío sacó muchas ventajas, pero del mismo le vino también la ruina.

Otros motivos que la obligaron a ellos fueron, se dice, los geofísicos y los económicos, o sea la configuración particular de la península, que hacía difíciles los contactos por vía terrestre. Pero nosotros creemos que ésta fue más bien una consecuencia que una causa. Ningún obstáculo natural impidió a los romanos, animados por una enorme fuerza centrípeta, el crear una imponente red de caminos aun a través de las regiones más impenetrables. Los griegos eran, y siguen siendo, centrífugos. Atenas no sintió jamás necesidad de una carretera que la uniese con Tebas, sencillamente porque ningún ateniense sentía el deseo de ir a Tebas. En cambio, tuvo una hermosísima con El Pireo porque El Pireo formaba parte de la *polis*, la cual a su vez no se sentía parte de nada más.

Los griegos podían concedérselo, por otra parte, porque en aquel momento ninguna fuerza externa enemiga les amenazaba, y ésta fue acaso su gran desventura. En Asia, el imperio de los hititas se había derrumbado: en su lugar había, a la sazón, los reinos de Lidia y de Persia, todavía en formación y, por tanto, sin fuerza agresiva. En África, Egipto decaía. El Occidente estaba sumido en las tinieblas de la prehistoria, Cartago era un puertecito de piratas fenicios, Rómulo y Remo no habían nacido, y los emigrantes griegos que se habían ido a fundar Nápoles, Reggio, Síbari, Crotona, Niza y Bengasi, no habían encontrado en los parajes más que tribus bárbaras y desunidas, incapaces, no digo ya de atacar, sino siquiera de defenderse. Al Norte, la península balcánica era tierra de nadie. Tras la invasión de los aqueos y la de los dorios, desde sus selvas y montañas no se había ya asomado ningún enemigo sobre Grecia.

En aquel vacío, la *polis* pudo tranquilamente entregarse a su vocación particularista y secesionista, sin ninguna preocupación de unidad nacional. Es bajo la amenaza del exterior cuando los pueblos se unen. Y por eso los dictadores modernos la inventan cuando no existen. Reyertas y pequeñas guerras se desarrollaban entre *poleis*, es decir, en familia, y, por consiguiente, en vez de unirla, contribuían a dividirla cada vez más.

He aquí, pues, el cuadro que nos presenta Grecia, políticamente, ahora que comienza su verdadera historia: una vía láctea de pequeños Estados diseminados a lo largo de todo el arco del Mediterráneo oriental y del occidental, cada uno de ellos ocupado en elaborar dentro de las murallas ciudadanas una propia experiencia política y una cultura autóctona. Intentemos recoger los primeros frutos en sus personajes más representativos.

Capítulo VII

ZEUS Y FAMILIA

La historia política de Grecia es, pues, la de muchos pequeños Estados, compuestos con mucha frecuencia de una sola ciudad con pocas hectáreas de tierra alrededor. Jamás constituyeron una nación. Pero a hacer de ellos lo que suele llamarse una civilización contribuyeron dos cosas: una lengua en común a todos, por encima de los dialectos particulares, y una religión nacional, por encima de ciertas creencias y cultos locales.

En cada una de estas pequeñas ciudades-estado, el centro estaba, en efecto constituido por el templo que se alzaba en honor del dios o de la diosa protectora. Atenas veneraba a Atenea, Eleusis a Deméter, Éfeso a Artemisa, y así sucesivamente. Sólo los ciudadanos tenían derecho a entrar en aquellas catedrales y de participar en los ritos que en ellas se celebraban: era uno de los privilegios que más apreciaban. Los más trascendentes acontecimientos de su vida –nacimiento, matrimonio y muerte– habían de ser consagrados en los templos. Como en todas las sociedades, cualquier autoridad –desde la del padre sobre la familia a la del *arconte* sobre la ciudad– había de ser «ungida por el Señor», o sea que era ejercida en nombre de un dios. Y dioses los había para personificar todas las virtudes y todos los vicios, todo fenómeno de la tierra y del cielo, cada éxito y cada desventura, cada oficio y cada profesión.

Los mismos griegos no lograron jamás poner orden y establecer una jerarquía entre sus protectores, en nombre de los cuales también se enzarzaron en muchas guerras entre sí, reclamando cada cual la superioridad del dios suyo. Ningún pueblo los ha inventado, maldecido y adorado jamás en tal cantidad. «No hay hombre en el mundo –decía Hesíodo, que, sin embargo, pasaba por ser competente– que pueda recordarlos todos.» Y esta plétora es debida a la mezcla de razas –pelasga, aquea y doria– que se superpusieron en Grecia, invadiéndola en oleadas sucesivas. Cada una de ellas traía consigo sus propios dioses, pero no destruyó los que ya estaban instalados en el país. Cada nuevo conquistador degolló un determinado número de mortales, pero con los inmortales no quiso líos y los adoptó, o por lo menos los dejó sobrevivir. De modo que la interminable familia de dioses griegos está dividida en estratos geológicos, que van de los más antiguos a los más modernos.

Los primeros son los autóctonos, es decir, los de las poblaciones pelasgas, originarias del territorio, y se reconocen porque son más terrestres que celestes. En cabeza figura Gea, que es la Tierra misma, siempre encinta u ocupada en amamantar como una nodriza. Y detrás de ella viene al menos un millar de deidades subalternas, que viven en las cavernas, los árboles y los ríos. Se lamentaba un poeta de aquellos tiempos: «No se sabe ya dónde esconder una fanega de trigo: ¡cada hoyo está ocupado por un dios!» En un dios se personificaba hasta cada viento. Fuesen gélidos como Noto y Euro, o tibios como Céfiro, se divertían enmarañando las cabelleras de náyades y nereidas que poblaban torrentes y lagos, acosadas por Pan, el robacorazones cornudo que las hechizaba con su flauta. Había divinidades castas, como Artemisa. Pero también indecentes como Deméter, Dionisio y Hermes, los cuales exigían prácticas de culto que hoy serían castigadas como otros tantos ultrajes al pudor. Y por fin había los más aterradores y amenazadores, como el ogro de la fábula: los que moraban bajo tierra. Los griegos trataban de congraciarse con ellos dándoles nombres amables y afectuosos; llamaban por ejemplo Miliquio, es decir «el benévolo», a un tal Ctonio, serpiente monstruosa y Hades, el hermano de Zeus, a quien éste había cedido en contrata los más bajos servicios, fue rebautizado Plutón y le nombraron dios de la abundancia. Pero el más espantoso era Hécata, la diosa del mal de ojo, a la que se sacrificaban muñecas de madera esperando que sus jetaturas se limitasen a ellas.

El Olimpo, o sea la idea de que los dioses moraban no en tierra, sino en el cielo, la llevaron a Grecia, como hemos dicho, los invasores aqueos. Estos nuevos amos, cuando llegaron a Delfos donde se alzaba el más majestuoso templo a Gea, la sustituyeron por Zeus, y poco a poco impusieron también en todo el resto del país sus dioses celestes a los terrestres que ya eran venerados, pero sin barrerlos. Así se formaron dos religiones: la de los conquistadores, que constituían la aristocracia dominante, con sus castillos y palacios, que rezaba mirando al cielo; y la del pueblo llano dominado, en sus chozas de adobe y paja, que rezaba mirando la tierra. Homero nos habla solamente de los olímpicos, o sea celestes, porque estaba a sueldo de los ricos: hoy día la gente de izquierdas le habrían llamado «el poeta de la Confindustria». Y de esta «religión para señores», Zeus es el rey.

No obstante, en el sistema teológico que poco a poco se fue instituyendo, tratando de conciliar el elemento celeste de los conquistadores con el terrestre de los conquistados, no es él quien creó el mundo, que existía ya. No es siquiera omnisciente y omnipotente, tanto es así que sus subalternos le engañan a menudo, y él tiene que sufrir las malicias de aquéllos. Antes de volverse «olímpico», o sea sereno, estuvo sujeto a crisis de desarrollo, tuvo pasiones terribles no sólo por diosas, sino también por mujeres comunes, y de este vicio no le curó tampoco la vejez. En general, se mostraba caballeroso con las seducidas, porque las desposaba. Pero luego era capaz también de comérselas, como hizo con su primera esposa, Metis, que, estando encinta, le parió dentro del estómago a Atenea, y él, para sacarla, tuvo que desenroscarse la cabeza. Luego casó con Temis, que le pagó al contado con doce hijas, llamadas Horas. Después Eurínome, que le dio las tres Gracias. Después, Leto, de quien tuvo Apolo y Artemisa. Después Mnemosina, que le hizo padre de las nueve Musas. Después su hermana Deméter, que parió a Perséfone. Y por fin Hera, que él coronó reina del Olimpo, sintiéndose ya demasiado viejo para correr otras aventuras matrimoniales: lo que no le impidió, sin embargo, dedicarse de pasada a pequeñas distracciones como aquella con Alcmena, de la que nació Hércules.

Como que la sangre no miente, cada uno de estos hijos tuvo otras tantas aventuras y dio a Zeus un ejército de nietos otro tanto desordenados. Sin embargo, no hay que creer demasiado a los poetas que se lo atribuyeron. Cada uno de éstos estaba al servicio de una ciudad o de un señor que, queriendo buscar en su propio árbol genealógico un vínculo con aquellos encumbrados personajes celestes, le pagaba para que se lo encontrase.

Este Panteón, litigioso, inquieto, chismoso y sin jerarquía definitiva, fue común a toda Grecia. Y aunque alguna de sus ciudades eligió como protector un dios o diosa diferentes a los demás, todas reconocieron la supremacía de Zeus y, lo que más cuenta, practicaron los mismos ritos. Los sacerdotes no eran los dueños del Estado, como sucedía en Egipto, pero los dueños del Estado se hacían sacerdotes para desarrollar las prácticas del culto, que consistían en sacrificios, cánticos, proposiciones, rezos y alguna vez banquetes. Todo estaba regulado con una precisa y minuciosa liturgia. Y en las grandes fiestas que anualmente cada ciudad celebraba en honor de su patrono, todas las demás mandaban sus representantes. Lo que constituyó uno de los pocos ligámenes sólidos entre aquellos griegos centrífugos, pendencieros y separatistas.

Los magistrados, en su calidad, de altos sacerdotes, se hacían ayudar por especialistas, para los cuales no existía ningún seminario, pero que se habían vuelto tales a fuerza de práctica. No constituían ninguna casta y no estaban sujetos a regla alguna. Bastaba con que conociesen el oficio. El más buscado era el de adivino, que cuando se trataba de mujeres se llamaban sibilas y tenían la especialidad de interpretar los oráculos. De estos oráculos los había en todas partes, pero los más célebres fueron el oráculo de Zeus en Dodona y el de Apolo en Delfos, que habían alcanzado grandísima fama hasta en el extranjero y conseguido una afectuosa clientela entre los extranjeros. También Roma, más tarde, solía enviar mensajeros para interrogarles antes de iniciar alguna empresa importante. Los oráculos eran atendidos por sacerdotes y sacerdotisas, y lo hacían de tal suerte que éstas resultasen siempre exactas.

Estas ceremonias sirvieron también mucho para crear y mantener vínculos de unión entre los griegos. Algunas ligas entre varias ciudades, como la anfictiónica, se formaron en su nombre. Los Estados que las componían se reunían dos veces al año en torno del santuario de Deméter: en primavera en Delfos, en otoño en las Termópilas.

Diógenes, que era mordaz, dijo que la religión griega era aquella cosa por la cual un ladrón que supiera bien el Avemaría y el Padrenuestro estaba seguro de salir mejor librado, en el más allá, que un hombre de bien que los hubiese olvidado. No se equivocaba. La religión, en Grecia, era tan sólo un hecho de procedimiento, sin contenido moral. A los fieles no se les pedía fe ni se les ofrecía el bien. Se les imponía solamente el cumplimiento de ciertas prácticas burocráticas. Y no podía ser de otro modo, visto que de contenido moral los mismos dioses tenían bien poco y no podía decirse ciertamente que ofreciesen un ejemplo de virtud. Con todo, fue la religión la que impuso aquellos fundamentales deberes sin los cuales ninguna sociedad puede existir. Convertía en sagrado, y por ende indisoluble, el matrimonio, moralmente obligatoria la procreación de hijos, y apremiante la fidelidad a la familia, a la tribu y al Estado. El patriotismo de los griegos estaba estrechamente ligado a la religión, y morir por el propio país equivalía a morir por los suyos y viceversa. Es esto tan verdad que, cuando estos dioses fueron destruidos por la filosofía, los griegos, no sabiendo ya por quién morir, cesaron de combatir y se dejaron subyugar por los romanos, que todavía creían en los dioses.

Capítulo VIII

HESÍODO

Algunos biógrafos de Homero han contado que, además de escribir poesías por su cuenta, se pasaba el tiempo juzgando las ajenas como presidente de las comisiones para los premios literarios, que también en aquellos tiempos –como se ve– apasionaban al mundo, o al menos a Grecia: y que en uno de esos concursos él hizo conceder el triunfo a Hesíodo, que efectivamente viene en seguida después de Homero en el afecto y la estima de los antiguos griegos. No es verdad, porque entre Homero y Hesíodo corren al menos un par de siglos. Pero nos gustaría creerlo.

Los atenienses, que fueron las lenguas más viperinas del mundo clásico, consideraron después a Beocia, donde Hesíodo nació, como patria de villanchones y cazurros, e hicieron de «beocio» un sinónimo de «tonto», por bien que beocios hayan sido escogidas personalidades como Epaminondas, Píndaro y Plutarco. En esta malevolencia existían sobre todo motivos políticos: Tebas, capital de Beocia, será durante siglos enemiga de Atenas, hasta el punto de llamar a los persas contra ésta. Pero hay que reconocer que una mano, a los denigradores de su país, se la echó también él, Hesíodo, el más célebre de sus hijos, describiéndolo de modo que justificaba plenamente la calumnia.

Por lo demás, no había nacido allí, pues su madre le puso en el mundo en Cime, en Asia Menor, donde su padre, pobre campesino, había emigrado en busca de trabajo, o tal vez mezclado con otros prófugos que buscaban zafarse del yugo de los invasores dorios. Pero era beocio de sangre, y en Beocia, donde le llevaron de niño, vivió el resto de su larga vida, labrando un campecillo poco generoso en Ascra, cerca de Tespias.

Visto con otros ojos, podía ser un paisaje encantador, lleno de sublimes inspiraciones. En el horizonte se recortan el Parnaso y el Helicón, el Hollywood de aquellos tiempos, donde se daban cita las Musas y donde Pegaso, el caballo alado, decíase que había emprendido el vuelo hacia el cielo. Y no lejos de allí gorgoteaba la fuente en la cual Narciso contemplaba su propia imagen, según algunos; o, según otros, buscaba la de su hermana muerta, de la que había estado incestuosamente enamorado.

Bellísimos motivos que, en manos de Homero, se hubiesen traducido en Dios sabe qué novelas de amor y de aventuras. Pero Homero era un poeta cortesano, que trabajaba por orden de príncipes y de princesas, clientes de alto rango que exigían productos confeccionados a su medida aristocrática y a su gusto togado, y que no podían conmoverse más que por las suertes de héroes semejantes a ellos, espléndidos, caballerescos y a quienes sólo el Hado podía vencer.

Hesíodo era campesino, hijo de campesinos. Jamás había visto príncipes ni princesas; tal vez nunca había ido a la ciudad; y aquella tierra que él no había ido a visitar como turista, sino que araba con sus manos, le pareció tan sólo avara, ingrata, gélida en invierno y candente en estío, como así efectivamente la describe.

Se desconoce, no digo el año, sino incluso el siglo en que nació. Créese generalmente que fue el séptimo antes de Jesucristo, cuando Grecia comenzaba a salir de las tinieblas en que la había sumido cuatro siglos antes la invasión doria, y a elaborar finalmente su civilización. Hesíodo nos da un cuadro nada poético, pero exacto, de aquellos tiempos y de aquellas miserias en *Los trabajos y los días*, que son una serie de consejos impartidos a su joven hermano Perseo, de quien lo menos que podemos pensar es que se trataba de un mozallón disoluto y más bien embustero. Al parecer, defraudó al pobre Hesíodo su parte de herencia y vivía disfrutando del trabajo de éste, dedicado sólo al vino y a las mujeres. Tenemos la sospecha de que no tuvo muy en cuenta las prédicas de su hermano mayor y que continuó toda su vida burlándose de su sensatez, que le reclamaba al trabajo y a la honestidad. Mas esto no desanimó a Hesíodo, que seguía propinándole sus sermoncetes, especialmente contra el bello sexo, con el cual hubiérase dicho que tenía el diente particularmente envenenado. Según él, fue una mujer quien trajo todos los males a los hombres, que hasta aquel momento habían gozado de paz, salud y prosperidad: Pandora. Y entre líneas da a entender que, rascando un poco, se encuentra una Pandora en cada mujer. De esto muchos críticos han deducido que debió de haber sido soltero. Nosotros creemos, en cambio, que cosas semejantes sólo pueden escribirlas los casados.

En su *Teogonía* nos ha contado cómo él y sus contemporáneos veían el origen del mundo. En principio fue el dios del Cielo, y Gea, diosa de la Tierra, los cuales, al casarse, procrearon a los Titanes, extraños monstruos con cincuenta cabezas y cien manos. Urano, al verles tan feos, se puso rabioso, y los mandó al Tártaro, o sea al infierno. Gea, que no dejaba de ser una mamá, se lo tomó a malas y organizó una conjura con sus hijos para asesinar a aquel padre desnaturalizado. Cronos, el primogénito, encargóse de la ruin tarea, y cuando Urano volvió trayéndose consigo a la Noche (Erebo) para acostarse con su mujer, de la que estaba enamoradísimo, se le echó encima con un cuchillo, le infligió la más cruel mutilación que se puede infligir a un hombre, y arrojó los restos al mar. De cada gotita de sangre nació una furia; y de las olas que había engullido aquel innominable pedazo del cuerpo de Urano emergió la diosa Afrodita, que precisamente por ello, no tenía sexo. Después Cronos subió al trono del derrocado Urano, se casó con su hermana Rea y, recordando que al nacer sus progenitores predijeron que él sería depuesto a su vez por sus hijos, se los comió a todos, menos uno que Rea logró sustraerle con engaños y llevarle a Creta. Éste se llamaba Zeus, quien después, habiéndose hecho mayorcito, derrocó verdaderamente a Cronos, obligándole a regurgitar los hijos que había engullido, pero que aún no había digerido, mandó definitivamente al infierno a sus tíos Titanes y quedóse, en la religión griega, como señor del Olimpo, hasta el día en que Jesucristo lo expulsó a él.

Tal vez en toda esta alegoría se halla condensada y resumida, en un estilo de fábula, la historia de Grecia: Gea, Urano, Cronos, los Titanes, etc., formaban parte de la teogonía terrestre de la primera población autóctona: la pelasga. Zeus era, en cambio, un dios celeste, que llegó a Grecia, como se diría ahora, «en la punta de las bayonetas» aqueas y dorias. Su definitiva victoria sobre el padre, los hermanos y los tíos señala precisamente el triunfo de los conquistadores provenientes del Norte.

Dígase lo que se quiera el único título de Hesíodo para la inmortalidad es su estado civil. Él es, después de Homero, el más antiguo autor de Grecia. Pero si bien escribiera en versos, no es seguramente un poeta. Hesíodo encarna un personaje tosco y mediocre que es de todos los tiempos y que está entre Bertoldo, Simplicissimus y Don Camilo. Pero su valor de testimonio consiste precisamente en habernos mostrado, en cronista escrupuloso y chato, la otra cara de aquella antigua sociedad, la proletaria y campesina de la cual Homero nos ha pintado solamente el áulico y aristocrático frontón. En sus descripciones opacas y a ras de tierra, sin un destello de lirismo, condimentadas tan sólo con un basto sentido común de hombre cualquiera, reviven los *peones* de la Beocia arcaica, los pobres villanos vejados por los latifundistas absentistas y rapaces, que no viven en el campo, que ni siquiera conocen, como la mayor parte de los barones del sur de Italia, nuestros contemporáneos. Las casas de Hesíodo son cabañas de adobe, de una sola estancia para bípedos y cuadrúpedos, donde en invierno se tirita y en verano se asa. Nadie viene de la ciudad a pedir el parecer de esta pobre gente, ni su voto. Tan sólo tiene que entregar una parte de la cosecha al amo, y otra parte al gobierno, alistarse en el ejército y morir, por motivos que no conoce e intereses que no le atañen, en las guerras entre Orcómenes y Tebas, o entre Tebas y Queronea. Porque la patria no es más que la región, o sea Beocia, vagamente unida por un vínculo confederal representado por los *beotarcas*.

La dieta es de las que se sustraen a todo cálculo de vitaminas y calorías. Grano torrefacto, cebollas, alubias, queso y miel, dos veces al día, cuando la cosa iba bien, e iba muy raramente. El paludismo causaba estragos en los terrenos pantanosos del lago Copais, hoy desecado. Para escapar de él, hacía falta retirarse a colinas pedregosas e inhóspitas, donde se moría de hambre. La moneda no existía. Tenían que juntarse cinco o seis familias para reunir el grano necesario para pagar un carro al carpintero que lo había construido. No había fuerzas ni tiempo que distraer de la lucha contra el apetito. Nadie soñaba en la instrucción. La categoría más alta y evolucionada era la de los pequeños artesanos de pueblo, que solamente hacía poco habían aprendido a labrar el hierro importado por los nuevos amos dorios, y fabricaban tan sólo objetos de uso común. En las ciudades, en torno de los señores, los había más refinados, que ya tiraban hacia lo decorativo; pero en el campo se estaba aún en el estadio más arcaico. El núcleo que hacía de puntal a la sociedad era la familia en cuyo cerrado ámbito los incestos eran frecuentes, lo que todos encontraban tan natural que también se los atribuían a sus dioses.

Hesíodo fue el cantor de este mundo, de esta Grecia

campesina, tiranizada por los conquistadores nórdicos que aún no se habían fusionado. Y tuvo un solo mérito: el de reproducirla fielmente en sus miserias, de las que personalmente participó: y se nota.

Capítulo IX

PITÁGORAS

Entre las más lozanas colonias que florecieron en aquellos años de los siglos VIII al VI antes de Jesucristo, hubo las de la Magna Grecia en las costas de la Italia meridional. Los griegos llegaron por mar, desembarcaron en Brindisi y en Tarento, y fundaron varias ciudades, entre ellas Síbari y Crotona, que pronto fueron las más pobladas y progresivas.

La primera, que en determinado momento tuvo –dícese– trescientos mil habitantes, alcanzó tal celebridad por sus lujos que de su nombre se ha inventado un adjetivo, *sibarita*, sinónimo de «refinado».

Trabajaban solamente los esclavos, pero a éstos les eran prohibidas todas aquellas actividades –de albañil o de carpintero, por ejemplo– que podían, con sus ruidos, estorbar las siestecitas de los ciudadanos. Éstos se ocupaban tan sólo en cocina, modas y deportes. Alcístenes se hizo confeccionar un vestido que después Diógenes de Siracusa revendió en quinientos millones de liras, y Esmíndrides hacíase regularmente acompañar en sus viajes por mil servidores. Los cocineros tenían derecho a patentar sus platos, conservaban el monopolio durante un año, y con ello

63

acumulaban un patrimonio que les bastaba para vivir de renta el resto de sus días. El servicio militar se desconocía.

Desgraciadamente, hacia el fin del siglo VI esta feliz ciudad, además del placer y la comodidad, quiso también la hegemonía política, que mal se acuerda con aquéllas, por lo que se puso en litigio con Crotona, menos rica, pero más seria. Y con un enorme ejército marchó contra esta ciudad. Los crotonenses –cuéntase– les esperaron armados con flautas. Cuando se pusieron a tocarlas, los caballos de Síbaris, acostumbrados, como los de Lipizza, más a la arena del circo que al campo de batalla, se pusieron a danzar. Y los toscos crotonenses destrozaron jovialmente a los jinetes dejados a la merced de sus cuadrúpedos. Síbaris fue arrasada tan concienzudamente que, menos de un siglo después, Heródoto, que fuera a buscar los restos, no encontró siquiera rastro. Y Crotona, una vez destruido el enemigo, se infectó, como de costumbre, de sus microbios y enfermó a su vez de sibaritismo.

Y por esto Pitágoras fue a establecerse allí. En la isla de Samos, donde nació en 580, había oído hablar de aquella lejana ciudad italiana como de una gran capital donde los estudios florecían con particular lozanía. Turista impenitente, había visitado ya todo el Próximo Oriente hasta –dícese– la dictadura de Polcrates, que detestaba: era demasiado dictador él mismo para poder aceptar otro. Y se trasladó a Crotona, donde fundó la más «totalitaria» de las academias.

Podían ingresar tanto varones como hembras: mas antes tenían que hacer voto de castidad y comprometerse a una dieta que excluía el vino, los huevos y las habas. El por qué se las hubiese con las habas, nadie lo ha comprendido jamás: tal vez porque a él no le gustaban. Todos debían vestir de la manera más sencilla y decente, estaba prohibido reír, y al final de cada curso escolar todos los alumnos estaban obligados a hacer en público la «autocrítica», o sea a confesar sus propios «desviacionismos» como dicen hoy en día los comunistas que, como se ve, no han inventado nada.

Los seminaristas estaban divididos en *externos*, que seguían las clases, pero volvían a casa por la noche, y los *internos*, que se quedaban en aquella especie de monasterio. El maestro dejaba a los primeros bajo la enseñanza de sus ayudantes, y personalmente sólo se ocupaba de los segundos, los *esotéricos*, que constituían el restringido círculo de los verdaderos iniciados. Pero también estos últimos veían a Pitágoras en persona solamente después de cuatro años de noviciado, durante los cuales él les mandaba sus lecciones escritas y autentificadas con la fórmula *autos epha*, el *ipse dixit* de los latinos, que significaba «lo ha dicho él», para dar a entender que no cabía discusión. Finalmente, tras esta poca espera preparatoria, Pitágoras se dignaba aparecer en persona ante sus seleccionadísimos secuaces, y a impartirles directamente los frutos de su sabiduría.

Empezaba con las Matemáticas. Pero no como las concebían los groseros y utilitarios egipcios que sólo las inventaron con objetivos prácticos, sino más bien como teoría abstracta para alentar las mentes hacia la deducción lógica, hacia la exactitud de las relaciones y a su comprobación. Sólo después de haber elevado los alumnos a este nivel, pasaba a la Geometría, que con él se articuló definitivamente en sus elementos clásicos: axioma, teorema y demostración. Sin conocer a Tales descubrió por sí mismo varios teoremas. Por ejemplo, que la suma de los ángulos de un triángulo es igual a dos ángulos rectos, y que el cuadrado de la hipotenusa de un triángulo rectángulo es igual a la suma de los cuadrados de los catetos. ¡Quién sabe cuántas otras verdades habría anticipado si no hubiese despreciado estas «aplicaciones», que consideraba demasiado humildes para su genio! Apolodoro cuenta que cuando descubrió el segundo de dichos teoremas, el de la hipotenusa, Pitágoras sacrificó cien reses en agradecimiento a los dioses. La noticia está absolutamente desprovista de fundamento. El maestro se ufanó toda la vida de no haber tocado jamás un pelo a un animal, obligaba a sus alumnos que hicieran otro tanto, y el único ejercicio que le procuraba goce no era la formulación de los teoremas, sino la especulación en los cielos abstractos de la teoría.

También la Aritmética, que constituía el tercer estadio, la concibió no como instrumento de contabilidad, sino como estudio de las proporciones. Y así fue como descubrió las relaciones de número que regulan la música. Un día, al pasar por una herrería, quedó impresionado por la rítmica regularidad del repicar del martillo sobre el yunque. De vuelta a su casa, ejecutó experimentos haciendo vibrar agujas de idéntico espesor y tensión, pero de distinta longitud. Concluyó que las notas dependían del número de vibraciones, lo calculó, y estableció que la música no era más que una relación numérica de ellas, medida según los intervalos. Hasta el silencio, dijo, no es sino una música, que el oído humano no percibe sólo porque es continua, es decir, que carece de intervalos. Es la «música de las esferas», que los planetas, como todos los demás cuerpos cuando se mueven, producen en su girar alrededor de la Tierra. Pues también la Tierra es una esfera, dijo Pitágoras dos mil años antes que Copérnico y Galileo. Gira sobre sí misma de Oeste a Este y está dividida en cinco zonas: ártica, antártica, estival, invernal y ecuatorial; y, con los demás planetas, forma el *cosmos*.

No hay duda de que estas intuiciones hacen de Pitágoras uno de los más grandes fundadores de la ciencia y el que más ha contribuido a su desarrollo, aunque en algunos de sus descubrimientos definitivos e inmortales injertara además algunas curiosas supersticiones difundidas en aquellos tiempos, o recogidas en sus viajes a Oriente. Sostenía, por ejemplo, que el alma, siendo inmortal, transmigra de un cuerpo a otro, abandonando al difunto purgándose durante cierto tiempo en el Hades, y reencarnándose; y que él, personalmente, recordaba muy bien haber sido antes una famosa cortesana, después el héroe aqueo Euforbo de la guerra de Troya, tanto que, estando en Argos, reconocio en el templo la coraza de hierro que había llevado en aquella expedición.

Sin embargo, son estas poco pitagóricas fantasías las

que nos acercan un poco al plano humano y nos inclinan a alguna simpatía para con este hombre de cerebro traslúcido y de corazón árido, que de otro modo nos sería francamente antipático. Timón de Atenas, que no obstante estaba en condiciones de alcanzar su grandeza e intelectualmente le estimaba, le describe como «un sabiazo de lenguaje solemne que logró adquirir importancia a copia de dársela». Sin duda, hay su verdad. Aquel «liberal» que había huido de Samos por culpa de la dictadura, instauró después una en Crotona que habría llenado de envidia a Sila, Hitler y Stalin. No se limitaba a practicar la virtud absoluta con una vida casta, con una dieta rigurosa, con una actitud contenida y sosegada, sino que hizo de ello un instrumento de publicidad también. Detrás de aquel su administrarse con parsimonia, haciéndose desear durante cuatro años por sus propios alumnos y concediendo la gracia de relaciones personales con él solamente a los que daban suficientes garantías de adorarle como a un Mesías, había una vanidad incomprensible. En su *autos epha* está el precedente de «el Duce tiene siempre razón». Y, en efecto, como todos los que siempre tienen razón, también él acabó en la plaza de Loreto.

Encerrado en su orgullo de casta, y convenciéndose cada vez más de estar constituyendo una clase selecta y predestinada por los dioses a poner orden en el pueblo de los hombres comunes, el Círculo de los pitagóricos decidió adueñarse del Estado y fundar en Crotona, sobre la base de las verdades filosóficas elaboradas por el Maestro, la república ideal. Como todas las repúblicas, aquélla había de ser una «tiranía ilustrada». Ilustrada, se comprende, por Pitágoras, jefe de una aristocracia comunística que, con una potente GPU, prohibiría a todos el vino, la carne, los huevos, las habas, el amor y la risa, obligándoles, en compensación, a la «autocrítica».

No sabemos si se trató de una verdadera y propia conjura ni cómo se desenvolvió. Sabemos solamente que en determinado momento los crotonenses se dieron cuenta de que todas las magistraturas estaban llenas de pitagóricos: gente austera, muy seria, aburrida, competente y sosegada, que estaba a punto de convertir a Crotona en lo que Pitágoras convirtiera su academia: algo entre fortaleza, cárcel y monasterio. Antes de que fuese demasiado tarde, rodearon el seminario, sacaron a los inquilinos y les zurraron. El Maestro huyó en calzoncillos, de noche, pero un destino vengador guió sus pasos hasta un campo de habas. Con el odio que las tenía, se negó a echarse en él para esconderse. Con lo que fue alcanzado y muerto.

Tenía, por lo demás, ochenta años, y ya había puesto a salvo sus *Comentarios*, confiándolos a su hija Damona, la más fiel de sus seguidores, para que los divulgase por el mundo.

Capítulo X

TALES

Una de las primeras ciudades que los griegos fundaron en la costa del Egeo fue Mileto. Llegaron primeramente, en calidad de pioneros, los veteranos de la guerra de Troya, y acaso no fueron absolutamente a propósito; sino tan sólo arrojados como náufragos de la tempestad que dispersó la flota de Agamenón y en la que andaba también Ulises.

Los griegos, cuando hacían *apoikia*, es decir, cuando ponían su casa en el extranjero, trataban a los antiguos inquilinos —que estaban mucho menos evolucionados que ellos— de modos diversos, que no eran jamás, empero, muy tiernos. Y en Mileto, por ejemplo, dado que llegaron solteros, usaron aquello de matar del primero al último a los hombres y casar con las viudas, que eran de sangre caria, o sea oriental, y —por lo que podemos presumir del gentil episodio— más bien guapetonas. Ellas lloraron a los maridos muertos, aceptaron a los vivos, absorbieron el idioma y la civilización y les dieron muchos hijos. Y a los cuatro siglos de aquel brusco cruce, ocurrido hacia el año 1000 antes de Jesucristo, Mileto era la ciudad más rica y evolucionada del mar Egeo. Como siempre, empezó haciéndose gobernar por un rey y, después por la aristocracia, y por fin por la democracia, que degeneró en la consabida dictadura.

En el siglo VII el dictador de turno se llamaba Trasíbulo, tirano prepotente, pero inteligente, bajo el cual Mileto convirtióse en capital, no sólo de la industria (sobre todo textil) y del comercio, sino también del arte, la literatura y la filosofía. La colonia había fundado a su vez otras ochenta colonias, entre grandes y pequeñas, en la costa y en las islas circundantes, y en todo el mundo griego se hablaba de ellas con acento escandalizado por mor de la riqueza, la libertad y el lujo de que disfrutaban. Sus marinos eran los más recelosos, sus mujeres las más refinadas, y su cultura la más avanzada.

Esta cultura había escapado a las manos de los sacerdotes, que en todas las demás partes detentaban aún el monopolio, y se había vuelto laica, escéptica y sometida al examen crítico del libre pensamiento. Mientras en el continente la ciencia se confundía aún con la mitología y había quedado en lo que enseñaran Homero y Hesíodo –por lo demás muertos hacía poco–. En Mileto había ya quien jubiló a los dioses con sus leyendas, y fundó sobre bases experimentales la primera escuela filosófica griega, la naturalista.

Era un llamado Tales, que nació en 640 de una familia no griega, sino fenicia. De niño tuvo reputación de divertido y zángano porque estaba siempre distraído e inmerso en sus pensamientos; tanto, que a menudo no sabía dónde metía los pies, y un día se cayó por las buenas dentro de un foso, provocando la hilaridad de sus conciudadanos que le consideraban como un inútil. Tal vez también porque, herido en su orgullo por aquellos sarcasmos, Tales se metió en la cabeza demostrar a todos que, si quería, también él sabía ganar dinero. Y, haciéndoselo prestar, probablemente por su padre, que era un mercader acomodado, compró todas las almazaras que había en la isla para el aceite. Érase un invierno, y los precios eran bajos por falta de demanda. Pero Tales, estudioso y competente en Astronomía, había previsto un buen año y una cosecha de aceitunas favorable que, en el momento oportuno, haría inapreciables aquellas zarandajas. Sus cálculos se confirmaron. Y el otoño sucesivo pudo imponer a los usuarios, como monopolizador, los precios que quiso. Con esto se tomó un bonito desquite sobre los que tanto le habían escarnecido, acumuló un discreto patrimonio que le permitía vivir de renta, y se dedicó enteramente al estudio.

Del científico tenía, además de la distracción, la curiosidad, la capacidad de observación y el espíritu de intuición. Habiendo estado en Egipto para ponerse al corriente de los progresos que allí habían hecho las Matemáticas, aplicó los resultados calculando la altura de las pirámides, que nadie sabía, con el método más sencillo y expeditivo: midió su sombra sobre la arena en el momento que él mismo proyectaba una de la misma longitud que su cuerpo. E hizo la proporción. Bastante tiempo antes de que Euclides, padre de la Geometría, viniese al mundo, Tales había formulado ya buena parte de los principales teoremas sobre los que se basa la ciencia. Había descubierto, por ejemplo, que los ángulos de la base de un triángulo isósceles son iguales; que son otro tanto iguales dos triángulos que tienen en común dos ángulos y un lado, que los ángulos opuestos, formados por el cruce de dos rectas, son también iguales.

En cuclillas sobre la cubierta de la embarcación que le transportaba de un puerto a otro del Mediterráneo, cavilaba acerca de todo ello. Y de noche estudiaba el cielo, tratando de darle un orden y una lógica, a la luz de cuanto había aprendido en Babilonia, donde los estudios de Astronomía estaban más desarrollados. Compartió muchos errores de su tiempo, se comprende, porque carecía de instrumentos para comprobar su falta de fundamento. Creyó, por ejemplo, que la Tierra era un disco flotante en una interminable extensión de agua, y personificó en el Océano a su creador.

Según él, todo procedía del agua y acababa en el agua. Aristóteles dice que esta idea le fue sugerida por la observación de que todo cuanto alimenta a animales y plantas es húmedo. Puede ser. Como fuese, Tales fue el primero en comprender que todo lo que forma lo creado tiene un principio único y común. Equivocóse al identificarlo con el agua. Mas, a diferencia de todos los que le precedieron y que habían hecho remontar el origen de las cosas a una pluralidad de otras cosas o personas, atisbó el origen único de todo, es decir, fue el primero en dar fundamento filosófico al *monismo* (de *monos*, que precisamente quiere decir *uno*).

Tales imaginó la vida como un alma inmortal, cuyas partículas se encarnaban momentáneamente ora en una planta, ora en un animal o un mineral. Lo que moría, según él, era solamente estas momentáneas encarnaciones, de las cuales el alma inmortal tomaba sucesivamente la forma y constituía la fuerza vital; para las cuales, entre vida y muerte no había diferencia sustancial. Y cuando le fue preguntado por qué, entonces al obstinarse en preferir la primera a la segunda, respondió: «Precisamente porque no hay diferencia.»

Tales era hombre de carácter tranquilo y bondadoso, que procuraba enseñar a sus conciudadanos y razonar correctamente, pero no se indignaba cuando aquéllos no le comprendían o se reían francamente de él. Para ellos fue una gran sorpresa el día que los otros griegos le incluyeron en la lista de los Siete Sabios al lado de Solón. Los milesios no se habían dado cuenta de que tenían en Tales un conciudadano tan ilustre e importante. Una sola vez lo sospecharon: fue cuando predijo el eclipse de sol para el 28 de mayo de 585, y el eclipse, en efecto, aconteció. Pero, en vez de admirarle, por poco le acusan de brujería.

Era un hombre agudo, que fue precursor de Sócrates en la técnica de rebatir las objeciones ajenas con respuestas que parecían bromas solamente a todos los necios, que creen que la seriedad es lo mismo que el engreimiento y la prosopopeya. Cuando le preguntaron cuál era, según él, la empresa más difícil para un hombre dijo: «Conocerse a sí mismo.» Y cuando le preguntaron qué era Dios, respondió: «Aquello que no comienza y que no acaba», que es todavía, después de dos mil quinientos años, la definición más pertinente. A la pregunta de en qué consiste, para un hombre virtuoso, la justicia, replicó: «En no hacer a los demás lo que no se quiere que sea hecho con nosotros.» Y en esto se anticipó en seiscientos años a Jesús.

Le llamaban *sopho*, es decir, sabio, aunque con un matiz de bondadosa ironía. Demostró serlo hasta en el más estricto sentido de la palabra, no molestando jamás a nadie, contentándose con poco y manteniéndose alejado de la política. Esto no le impidió ser amigo de Trasíbulo, que con frecuencia mandaba a llamarle porque se divertía con su conversación. La única cosa que le hacía olvidar la Filosofía era el deporte. El pacífico, distraído y sedentario Tales era un «hincha» rabioso, no perdía un espectáculo en el estadio y allí murió viejísimo, durante una competición de atletismo, acaso de dolor al ver perder a su «equipo preferido».

Dejó un alumno, Anasimandro, que continuó sus indagaciones y perfeccionó algunas, contribuyendo a asentar sobre bases científicas la *Física* de Tales y anticipándose a las teorías de Spencer. Pero no tenía la originalidad y el genio del Maestro. Vivió en una Mileto que estaba decayendo con rapidez, política y económicamente, después del lozano florecimiento de los tiempos de Trasíbulo y de Tales. En 546 la isla fue anexionada por Ciro al Imperio persa, y la cultura griega entró en agonía. Tales hubiera dicho que la cosa no tenía importancia porque también la cultura y el Imperio no son más que formas pasajeras del alma inmortal. Pero sus compatriotas no compartieron tal opinión.

Capítulo XI

HERÁCLITO

Otro de los grandes centros de la cultura griega en el siglo VI antes de Jesucristo fue Éfeso, célebre por su espléndido templo de Artemisa, protectora de la ciudad, por la cantidad de túnicas que llevaban sus mujeres (que, sin embargo, por lo que decían las malas lenguas, no bastaban para protegerles la virtud), y por sus poetas. Entre estos últimos había el dulce y melancólico Calino, al cual se deben las primeras elegías de la literatura griega, y el agresivo y sarcástico Hiponates, a quien se deben las primeras sátiras. Éste era cojo, raquítico y tuerto. No tuvo suerte en amores y se vengó de ello diciendo que la mujer da al hombre solamente dos días de felicidad: cuando se casa y aquel en que le deja viudo. Se befó de todos sus conciudadanos, desde los más ilustres hasta los más oscuros, pero luego les compensó suicidándose en medio del general alborozo.

Pero no fue Hiponates el único personaje excéntrico de Éfeso, la cual debía tener un poco la especialidad de los caracteres extraños. Heráclito lo fue aún más que él, a juzgar por lo poco que sabemos de su vida y de los ciento treinta fragmentos de su obra que se han conservado. Estos últimos están escritos en un estilo tan retorcido que le valieron el nombre de Heráclito *el Oscuro*. Los modernos exegetas, aun confesando que no han logrado comprender el sentido exacto en muchos puntos, están concordes en decir que bajo aquella oscuridad brilla el genio. Aceptemos, pues, el veredicto y tratemos de ver en qué consiste tal genio.

Heráclito pertenecía a una familia noble, y, al parecer, nació en 550 antes de Jesucristo. Pero apenas llegado al uso de razón empleó ésta para condenar, dentro de sí mismo, todo aquello que le rodeaba: casa, padres, ambiente, hombres, mujeres, Estado y política. No sabemos qué fue lo que le inspiró tantas antipatías. Nos agrada imaginarle como una especie de Leopardi que, en vez de en la poesía, buscase, como se dice hoy, una evasión en la filosofía. Y debió refugiarse en ella con empeño y estudiar no poca y con agudo sentido crítico para escribir: «La gran cultura sirve de poco. Si bastase para formar genios, lo serían hasta Hesíodo y Pitágoras. La verdadera sapiencia no consiste en aprender muchas cosas, sino en descubrir aquella sola que las regula todas en todas las ocasiones.»

Para alcanzar él mismo esta meta, el joven Heráclito plantó familia, posición, comodidades, ambiciones sociales y políticas, se retiró a una montaña y en ella vivió el resto de su vida como eremita, siempre a la búsqueda de aquella idea que regula todas las cosas en todas las condiciones. Sus meditaciones y conclusiones están reunidas en un libro titulado *Sobre la naturaleza*, que, cuando estuvo terminado, depositó en el templo de Artemisa para desesperación de la posteridad, que ha tenido que devanarse los sesos para comprender algo. Pues su desprecio de los hombres era tal que escribió adrede de modo que no le comprendiese nadie. Heráclito sostenía que la Humanidad era una bestia irremisiblemente hipócrita, obtusa y cruel, a la cual no valía la pena intentar enseñarle nada. Mas no debió de ser del todo sincero, pues en tal caso no habría perdido tanto tiempo escribiendo, es decir, intentando comunicar con ella. Como en muchos sucesores suyos, grandes despreciadores de la gloria, tenemos la sospecha de que también bajo su desprecio incubaba una infinita ambición.

Heráclito dice que el mundo aparece cambiante sólo a los ojos de los estúpidos; en realidad lo que varía son tan sólo las formas de un solo elemento, siempre el mismo: el fuego. De éste se desprenden gases. Los gases se precipitan en el agua. Y de los residuos del agua, tras la evaporación, se forman cuerpos sólidos que constituyen la tierra y que los tontos toman por realidad, cuando la realidad verdadera es una sola: el fuego, con sus atributos de condensación y rarefacción. Este continuo transformismo del gaseoso al líquido, al sólido y viceversa es la única verdadera, indiscutible realidad de la vida, en la que nada es, todo *se torna*.

Habiendo descubierto, pues, qué son las cosas y cómo cambian, Heráclito llega a la más desesperada y desalentadora de las conclusiones: o sea, que todo presupone su propio contrario. Existe el día porque existe la noche en la cual se transforma y viceversa. Existe el invierno en cuanto que existe el estío. Y hasta la vida y la muerte se condicionan recíprocamente, siendo en el fondo la misma cosa. Y también el bien y el mal. Pues no es más que una fluctuación ora en un sentido, ora en el otro, del mismo elemento eterno: el fuego. Y así como la tensión de una cuerda crea aquellas vibraciones que se llaman, según su frecuencia, «notas», y produce la música, así la alternancia de lo opuesto (frío y calor, blanco y negro, guerra y paz, etc.), crea la vida y le confiere su significado. Ésta es una lucha eterna entre opuestos: entre hombres, entre sexos, entre clases, entre naciones, entre ideas. Aquellos que no admitan al propio enemigo o tratan de destruirlo, son suicidas. Porque sin él, también ellos serán muertos.

Transportada al plano religioso, esta concepción alcanza el ateísmo total. ¿De qué serviría un dios, inmóvil y por tanto negación de lo mutable, si el fuego monopoliza ya todos sus atributos y poderes? Dios no existe y sus estatuas solamente son pedazos de piedra con las cuales es inútil entablar conversaciones y a los que es perder el tiempo sacrificar animales. ¿Y por qué el hombre habría de ser inmortal? Lo es el fuego, del que él no representa más que una débil llamita. Pero la llamita, en sí, está destinada a apagarse con la muerte; la cual, como el nacimiento cuando la candela se enciende, no representa más que una omisible fase de aquel continuo cambio del Todo de gaseoso en líquido, de líquido en sólido y de sólido nuevamente en gaseoso, bajo el estímulo del fuego eterno. Démosle, pues, por comodidad, el nombre de dios, a este fuego. Pero no le alteremos los atributos. Todo lo que decimos y hacemos en su nombre corresponde a nuestros prejuicios y convenciones, no a las suyas. Para él no existen cosas buenas ni cosas malas, porque cada una de ellas, teniendo en sí y equivaliendo al propio contrario, está igualmente justificada. Lo que nosotros llamamos «el Bien» es lo que sirve a nuestros intereses, no a los del dios. El cual nos juzgará, pero como juzga precisamente el fuego, destruyendo todas las candelas, sin discriminar entre buenas y malas, para encender otras que a su vez serán destruidas.

Pero, con todo, no se crea que el fuego haga esto sin un orden y un criterio. El verdadero sabio, o sea no aquel que ha copiado muchas nociones en su cerebro, sino el que sabe mirar el mundo y la vida en panorama, recoge una Razón, o sea una Lógica. El Bien, o la Virtud, consiste en adecuar a ella la propia vida individual. Consiste en aceptar sin rebeldía las leyes de este continuo y eterno cambiar, o sea hasta la propia mortalidad. Quien haya comprendido la necesidad de todas las oposiciones soportará el sufrimiento como inevitable alternativa del placer y perdonará al enemigo, reconociendo en éste el complemento de sí mismo. No podrá lamentarse de las luchas que habrá de sostener, porque es justamente la lucha el resorte de todos los cambios o sea la madre de la misma vida. La lucha convierte al vencedor en un amo y al vencido en un esclavo. Es normal. Y siendo normal, es también moral. ¿Cómo podría existir la libertad de unos sin la servidumbre de otros? El sentido de la riqueza nos la dan los mendigos, y de la buena salud los enfermos. Un día todo quedaría devorado igualmente por idéntico fuego.

Ésta fue, en resumen, la gran idea que regula todas las cosas en todas las ocasiones, que Heráclito fue a buscar en la montaña, y cuyo descubrimiento nos relató en aquel hermético libro, una parte del cual ha llegado hasta nosotros. Y fue una gran idea, pues todos los filósofos posteriores a él se atuvieron a ella plenamente a manos llenas. Los estoicos se apropiaron el concepto de la equivalencia de cada cosa con su opuesto, los racionalistas pescaron en ella la idea de la Razón; y los cristianos de la palingenesia o Juicio universal. Pero esto, además de su gran intuición, es debido también a la diabólica astucia de Heráclito quien, escribiendo en aquel estilo retorcido y nebuloso, pronunció veredictos que se prestaban a las más diversas interpretaciones y en los que cada cual podía hallar lo que más le acomodara. Efectivamente, no ha habido filósofo en el mundo, desde Hegel a Bergson, a Spencer y a Nietzsche, que no haya citado en propia ayuda a Heráclito. Este despreciador de los hombres es uno de los hombres que los otros hombres más han honrado. Es lástima que sus contemporáneos no lo hayan previsto y no hayan dejado de él alguna detallada biografía.

Tan sólo Diógenes Laercio le dedicó pocas y distraídas palabras. Nos cuentan que Heráclito, en la montaña, pasaba todo el tiempo meditando, escribiendo, paseando y buscando hierbas para comer crudas. Esta dieta vegetariana le hizo daño y le produjo hidropesía. De haber seguido sus propias teorías, no hubiera debido quejarse ni ver en aquella dolencia más que lo correspondiente a la buena salud, su necesario opuesto. En cambio no logró soportarla, y tratando de cuidarse y de sanar, bajó de sus solitarias rocas volviendo a la ciudad. Consultó un médico tras otro, en busca de alguno que le diese una receta para secar toda aquella agua que le quemaba el cuerpo y en la que hubiese debido ver una de las muchas fases momentáneas del eterno cambio de lo gaseoso en líquido, de lo líquido en sólido y de lo sólido nuevamente en gaseoso. Pero nadie entendió nada. Y entonces él se encerró en un redil de ovejas, esperando que el calor de los lanudos cuerpos llegase a desecar el suyo. Pero tampoco en esta cura halló remedio; y así murió, desesperado de morir, tras setenta años de vida gastada solamente en pensar y escribir que la muerte no era nada diferente de la vida.

Capítulo XII

SAFO

Mitilene, en la pequeña isla de Lesbos, de la cual convirtióse en capital, era famosa por sus comercios, por sus vinos y por sus terremotos.

También ella comenzó, como todos los demás Estados helénicos, por una monarquía que después se convirtió en oligarquía aristocrática, hasta que una coalición de burgueses y propietarios la derribó instaurando la democracia a través de acostumbrado dictador. Éste fue Pítaco, que después tuvo el honor de verse alineado al lado de Solón en la lista de los Siete Sabios. Era un hombre tosco, valeroso, honesto y animado de las mejores intenciones, pero sin demasiados escrúpulos en la elección de los sistemas para realizarlas. No se limitó a echar a los patricios del poder; les echó del país, mandando muchos de ellos al destierro. Y entre éstos, también a dos poetas: uno varón, Alceo; y otro hembra, Safo.

Por lo que respecta a Alceo, no vacilamos en creer que subsistiesen buenos motivos políticos. Era un joven aristócrata, turbulento y fanfarrón, con cierto talento para el libelo y la calumnia, una especie de «escuadrista» a lo Malaparte. Caminaba abombando el pecho y no perdía ocasión para impresionar a la gente. Pero, como siempre ocurre a los petulantes, cuando se trató de combatir de veras y de arriesgar el pellejo, tiró el escudo, echó a correr y no volvió a encontrar su valor más que para componer una poesía loando sus propias gestas y presentándolas como manifestación de sensatez y de modestia.

El exilio le favoreció porque, haciéndole evaporar de la cabeza sus ambiciones políticas, le dio su verdadera dimensión, obligándole a aceptar su propia naturaleza: que no era la de un hombre de Estado, legislador o guerrero, sino la de un archiliterato más construido para exaltar las empresas ajenas que para llevar a cabo las propias. Era un virtuoso de la poesía e inventó una métrica personal, que más tarde fue precisamente llamada «alcaica» por su nombre. Y probablemente habría pasado a la posteridad como el más grande poeta de su tiempo –el tercero después de Homero y de Hesíodo–, si no hubiese tenido la desventura de ser contemporáneo de su compañera por parte de política y de exilio: Safo.

De esta curiosa y fascinante mujer que se asomó a la celebridad como una especie de Françoise Sagan de hace dos mil quinientos años, Platón escribió: «Dicen que hay nueve Musas. ¡Los desmemoriados! Han olvidado la décima: Safo de Lesbos.» Y Solón, que había conservado la nostalgia de la poesía porque era la única cosa que no había conseguido hacer, cuando su sobrino Esecéstides le hubo leído una de aquélla, exclamó: «¡Ahora puedo incluso morir!» Ella era la «poetisa» por antonomasia, como Homero era por antonomasia «el poeta».

Había nacido a finales del siglo VII antes de Jesucristo, al parecer en 612, en Ereso, una pequeña ciudad cercana a la capital. Pero sus padres, que eran nobles y acomodados, la llevaron de pequeña a Mitilene, precisamente en el momento en que Pítaco iniciaba allí su afortunada carrera. ¿Estuvo ella verdaderamente implicada en la conjura para derrocar al dictador? Nos parecería un poco extraño. Por bien que perteneciese a un ambiente noble donde las mujeres contaban algo y no tenía que ocuparse tan sólo en lana que tejer y en los platos que aderezar –como sucedía en la burguesía y más aún en el proletariado–, ello no nos sugiere la idea de una intrigante política. Sus ambiciones debían de ser muy otras y de carácter más femenil.

No parece que fuese muy bella. Frágil y menuda de cuerpo, semejaba un carboncillo encendido por mor de la piel, el pelo y los negrísimos ojos. Mas, como todos los carboncillos encendidos, ardía ante cualquiera que se le acercase. Tenía, en suma, aquello que hoy se llama *sex-appeal* y aquella falta de cerebro y de sensatez que en las mujeres y los niños constituye una fascinación irresistible. Ella misma se proclamaba «una cabecita casquivana» y reconocía tener «un corazón infantil». Y aun esto no nos permite verla como una Aspasia o una Cornelia.

Más que la política fue sin duda la moralidad lo que aconsejó a Pítaco determinarse a confinarla en la vecina ciudad de Pirra. El dictador era, como todos los dictadores, austero, y Safo debía de haber cometido algún estropicio, no obstante la digna y vagamente retórica respuesta que había dado a Alceo, quien le escribió una carta galante, lamentando que el pudor le impidiese decirle lo que quería decirle. «Si tus deseos, Alceo, fuesen puros y nobles y tu lengua adecuada para expresarlos, ningún recato te impediría hacerlo.» Pero se trataba de literatura, entre dos que sabían que sus escritos llegarían a la posteridad. Pues Alceo, en realidad, de recato tenía poco. Y Safo, ninguno. Él compuso aún algunos versos más en honor de ella, que no le contestó. Y todo acabó ahí. Por los demás, los poetas, no suelen casarse entre sí. Se limitan a odiarse de lejos.

Apenas había regresado del exilio en Pirra, cuando Pítaco la echó de nuevo, esta vez a Sicilia. Pero aquí casó con un industrial rico, como sucede a las «divas» de todos los tiempos, que eligen por marido a un caballero millonario. Y tuvo una niña: «que no cambiaría –escribió– por toda la Lidia y ni siquiera por la adorable Lesbos». El industrial, después de habérsela dado, cumplió también con el postrero de sus deberes de buen marido:

la dejó viuda y dueña de toda su hacienda. «Necesito del lujo como del sol», reconoció ella lealmente. Y volvió a gozar de uno y otro en Lesbos, adonde después de cinco años de confinamiento pudo regresar rica y sin compromisos conyugales.

Disfrutó de ello ampliamente a lo que parece. Primeramente, además de la hijita, dedicóse con maternal afecto al hermanito Carasso. Mas éste la decepcionó enamorándose de una cortesana egipcia. Safo, emotiva y mujer que era, tuvo un ataque de celos, le arañó y no quiso volver a verle. Después instituyó un colegio para muchachas en el que se inscribieron desde el principio todas las de la mejor sociedad de Mitilene. Ella las llamaba «hetairas», o sea, «compañeras», les enseñaba música, poesía y danza, y fue, según parece, una maestra incomparable. Pero luego comenzaron a cundir extraños rumores sobre las costumbres que ella introdujo en aquella escuela. Y un día los padres de una hetaira llamada Atti acudieron, con el rostro ensombrecido a llevarse a su hijita, que era justamente la preferida de la maestra.

Esta desdicha de Safo fue, para la poesía, una gran suerte, pues el dolor de la separación inspiró a la poetisa algunos de los mejores versos de la lírica de todos los tiempos. El *Adiós a Atti* sigue siendo un modelo por la sinceridad de la inspiración y la sobriedad de la forma, y demuestra que –desgraciadamente– para la buena poesía no son necesarios en absoluto los buenos sentimientos. En su «agridulce tormento», como ella lo llamó, cada cual puede reconocer los propios.

Como sucede con frecuencia a las pecadoras, Safo tuvo una vejez muy decorosa y casi edificante. Según una leyenda, creída y recogida hasta por Ovidio, ella recomenzó a amar a los hombres, perdió la cabeza por el marino Faón y, no correspondida por éste, se mató precipitándose desde un peñón de Léucade. Pero parece ser que la heroína de esta tragedia fue otra Safo, una cortesana. Un fragmento de sus prosas, descubierto en Egipto, nos la presenta en cambio muy diferente y serenamente resignada. Es su respuesta a una petición de matrimonio: «Si mi pecho pudiese aún dar jugo y mi regazo frutos, me encaminaría sin temblar hacia un nuevo tálamo. Pero el amor ha grabado ya demasiadas arrugas en mi piel y el amor ya no me acosa más con la fusta de sus exquisitas penas.» Y en otra frase, difundida a los siglos: «Irremediablemente, como la noche estrellada sigue al rosado ocaso, la muerte sigue a toda cosa viviente, y al final la arrebata.»

Por razones morales la posteridad fue severa para con Safo. Hace novecientos años, la Iglesia condenó a la hoguera su obra, reunida en nueve volúmenes. Fue por casualidad, a fines del siglo pasado, que dos arqueólogos ingleses descubrieron en Oxicorrinco algunos sarcófagos envueltos en tiras de pergamino, en una de las cuales eran aún legibles seiscientos versos de Safo.

Es todo lo que nos queda de ella, pero basta para catalogarla entre los más grandes poetas, acaso el más grande, del siglo VI, como por los demás la consideraron unánimemente sus contemporáneos y, lo que es más extraño, hasta sus rivales. Entre estos últimos los había de buena calidad, como Mimnermo. Pero acaso el único que puede parangonársele fue Anacreonte, excelente artesano de la rima, pero carente del apasionamiento y del ímpetu lírico que constituyen el hechizo de Safo. Anacreonte era un poeta de la corte, a quien le agradaba estar entre señores y hacerse mantener. Nació en Teo y cuidó sobre todo de vivir bien. Lo consiguió, pues vivió hasta los ochenta y cinco años, y seguramente hubiese llegado a los cien si un gajo de uvas no se le hubiese atragantado, ahogándole. Para evitarse disgustos no se comprometió jamás en nada: ni en política, ni en amor. Pero precisamente esto impide a su poesía meterse dentro de la piel de sus lectores. Está magníficamente construida desde el punto de vista métrico. Y ha constituido un modelo: precisamente el de las odas «anacreónticas». Mas a diferencia de Safo, que pagó con exceso toda inspiración con goces y tormentos extenuadores, para Anacreonte la poesía fue sobre todo, si no únicamente, un oficio. Como Vincenzo Monti, escribía con facilidad, comía con apetito, bebía en abundancia y no tenía problemas sentimentales ni casos de conciencia.

Dícese que de viejo se enamoró en serio y que aprendió a conocer el sufrimiento de los celos. Pero era ya demasiado tarde para renovar en él su musa ligera, cuyo egoísmo le había impedido el calar hondo en los sentimientos humanos.

Capítulo XIII

LICURGO

Quien desde la costa remonta el Peloponeso hacia el Norte, halla en un punto determinado el valle de Lacedemonia, o Laconia, engarzado entre montañas tan impenetrables que su capital, Esparta, jamás tuvo necesidad de construir murallas para defenderse. Domina a todos los demás el pico nevado del Taigeto, de donde se precipita, hervoroso, el torrente Eurotas.

Esparta quiere decir «la esparcida», y hoy tendrá más o menos cinco mil habitantes. Fue llamada así porque fue el resultado de la fusión de cinco poblados que entre todos contarían unos cincuenta mil habitantes. Esta fusión no fue espontánea. La impusieron a la fuerza los conquistadores dorios, cuando bajaron del Norte en seguimiento de sus reyes heráclidas. Éstos dominaban desde las montañas circundantes el Peloponeso, e iniciaron su conquista atacando Mesene. Pausanias cuenta que el rey de la ciudad, Aristodemo, corrió a Delfos para consultar al oráculo sobre la manera de salir de aquel apuro. Apolo le sugirió que sacrificara su hija a los dioses. Aristodemo, que seguramente tenía en sus venas un poco de sangre napolitana, dijo que sí, pero en el último momento, a escondidas, puso en lugar de su hija a otra muchacha, esperando que los dioses no lo notarían. Luego fue a la guerra y quedó derrotado. Cincuenta años después, su sucesor Aristómenes se rebeló contra el yugo. Perdió vida y trono y sus súbditos la libertad. Éstos fueron equiparados a los indígenas de Esparta, que se llamaban «ilotas», y que a su vez estaban equiparados a los esclavos, los cuales debían entregar, gratis, a los ciudadanos la mitad de sus rentas y cosechas. Sobre esa masa de desheredados, que entre la ciudad y el campo sumaban cerca de trescientas mil almas, incluyeron los «periecos», que eran los ciudadanos libres pero privados de derechos políticos, sobrenadaba la minoría guerrera de los treinta mil conquistadores dorios, únicos que gozaban de los derechos de ciudadanía y que ejercitaban los políticos. Era natural que éstos hicieran por manera de cortar el paso a las ideas progresistas de justicia social para no perder sus privilegios patronales. Las montañas que circundaban el valle les ayudaron, al dificultar los contactos con las otras ciudades, y especialmente donde la democracia triunfaba. Licurgo añadió a aquellas ideas un conjunto de leyes que petrificaban la sociedad en sus dos estratos de siervos y amos.

No se sabe si Licurgo ha existido efectivamente jamás. Los que lo creen, conforme a los testimonios de los antiguos historiadores griegos, dudan respecto a las fechas. Algunos creen que vivió novecientos años antes de Jesucristo; otros ochocientos; otros setecientos, y otros, seiscientos, que es lo más probable. No era un rey. Era tío y tutor del joven soberano Carilao. Dícese que fue a buscar el modelo de su famosa Constitución a Creta, y que para hacerla aceptar por sus compatriotas contó, a su regreso, que fue el oráculo de Delfos en persona quien se la sugirió en nombre de los dioses. Ésta imponía una disciplina tan severa y sacrificios tan grandes, que no todos se mostraban dispuestos a aceptarla. Un joven de la aristocracia, Alcandro, enfurecióse hasta tal punto al discutirla que le tiró una piedra a Licurgo y le dio en un ojo. Plutarco cuenta que, por sustraer el culpable al furor de los circunstantes, Licurgo se lo hizo entregar y que por todo castigo se lo llevó a cenar consigo. Y entonces, entre plato y plato, mientras se ponía compresas sobre el ojo lastimado, explicó a su agresor cómo y por qué se proponía dar a Esparta leyes tan duras. Alcandro quedó convencido y, admirado por la generosidad y la cortesía de Licurgo, convirtióse en uno de los más celosos propagandistas de sus ideas.

Alguien sostiene que las leyes de Licurgo no fueron escritas jamás. De todos modos, fueron observadas hasta que se volvieron consuetudinarias y formaron las costumbres de aquel pueblo. Su autor reconocía que su esencia era «el desprecio de lo cómodo y de lo agradable» y, para hacerlas aprobar, propuso un plazo, obligándose sus conciudadanos a mantenerlas en vigor hasta el día siguiente de su retorno. El día siguiente partió a Delfos, se encerró en el templo y se dejó morir de hambre. Así las leyes no fueron jamás derogadas y se tornaron consuetudinarias.

Según ellas, los reyes debían sentarse por parejas en el trono de modo que uno pudiese vigilar al otro, y que la rivalidad entre ambos la aprovechase el Senado para erigirse en árbitro de la situación. El Senado se componía de veintiocho miembros, todos de más de sesenta años. Cuando alguno moría (y, dada la edad, debía de suceder a menudo), los candidatos a la sucesión desfilaban en fila india por la sala. El que recibía más aplausos quedaba elegido, así como en las discusiones ganaba la proposición el que sabía gritar con voz más potente.

Debajo del Senado estaba la Asamblea, una especie de Cámara de Diputados, abierta a todos los ciudadanos de treinta años para arriba. Ésta nombraba, previa aprobación del Senado, a los cinco *éforos*, o ministros, para la aplicación de las leyes. En esa división de poderes, Esparta no difería sustancialmente de los otros Estados de la Antigüedad. Pero lo que le dio aquel carácter que, de entonces acá se ha llamado «espartano», fueron la regla ascética y los criterios de disciplina militar que, por voluntad de Licurgo, imprimieron la vida y sobre todo la educación de los jóvenes.

Esparta no *tenía* un ejército; lo *era*. Además, sus habitantes eran tan sólo *súbditos* y no tenían derecho a ejercer la industria ni el comercio porque debían reservarse sólo para la política y la guerra, no conocieron nunca el oro ni la plata porque estaba prohibido importarlos, y hasta sus monedas fueron solamente de hierro. Una comisión gubernamental examinaba a los recién nacidos y mandaba arrojar a los cortos de talla desde un pico del Taigeto, haciendo dormir a los demás al raso, aun en invierno, de modo que sólo los más robustos sobreviviesen. Se tenía libertad de elegir mujer. Pero quien se casaba con una poco apta para la reproducción, pagaba una multa, como le sucedió incluso a un rey, Arquidamo. El marido estaba obligado a tolerar la infidelidad si la adúltera la cometía con un hombre más alto y fuerte que él: Licurgo había dicho que en estos casos los celos eran ridículos e inmorales.

A los siete años el niño era arrancado a la familia y entraba en el colegio militar, a costa del Estado. En cada clase se nombraba *paidónomo* –o, como dirían los alemanes, *Führer*– al más valeroso, o sea al que había zurrado más y mejor a sus compañeros, resistido mejor las desolladuras y los latigazos de los instructores, y más brillantemente soportado las noches en el chiquero. A los alumnos se les enseñaba a leer y escribir, pero nada más. La única evasión era el canto. Pero estaba prohibido el individual, admitiéndose tan sólo el coro, que consolidaba la disciplina. Los coros son un signo característico de las sociedades militares y guerreras: a coro cantan los alemanes y los rusos, en tanto que franceses e italianos cantan cada cual por su cuenta. Esparta amaba la música como la amaba la Prusia del siglo pasado. Y dado que la educación que daba a sus jóvenes no permitía desarrollar entre ellos a musicógrafos, los importaba del extranjero, como hacemos nosotros con los futbolistas. El más célebre, Terpandro, fue llevado a Lesbos, y recibió tal nombre, que significa «deleitador de hombres», porque compuso himnos patrióticos donde nadie podía cantar un solo.

Hasta los reyes, que participaban en los cantos, tenían que atenerse a su parte y basta. Y uno de ellos que quiso lanzar un *do* de pecho fue multado. Después de Terpandro vino Timoteo, que trató de perfeccionar la lira aumentando las cuerdas de siete a once. Los *éforos*, que no querían novedades en ningún terreno, ni en el musical, se lo prohibieron.

El espartano seguía viviendo militarmente bajo tiendas o en barracas hasta los treinta años, sin conocer camas ni otras comodidades caseras. Se lavaba poco, ignoraba la existencia del jabón y de los ungüentos, y tenía que procurarse la comida por sus propios medios, robando, pero sin que le descubrieran, porque en tal caso era duramente castigado. Si después de veintitrés años de esa vida no había muerto aún, podía volver a su casa y tomar esposa. Las chicas que aguardaban no tenían secretos que esconderles porque estaban obligadas a contender desnudas en las palestras, de modo que todos podían escoger la más florida y sana. El celibato era un delito. Se castigaba obligando a quien caía en él a la desnudez hasta en invierno y al canto de un himno en el que reconocía haber desobedecido la ley.

Hasta los sesenta años se comía a la mesa pública, donde la dieta era rigurosa. Quien engordaba hasta rebasar un límite, era confinado. Todo lujo era considerado como un ultraje a la sociedad. El rey Cleómenes mandó repatriarse a un embajador en Samos porque usaba vajilla de oro. Nadie podía ir al extranjero sin un permiso del gobierno, muy difícil de conseguir. Como todos los Estados totalitarios de régimen policial, también Esparta tuvo su «telón de acero». Detrás de éste vivían trescientos mil siervos de treinta mil esclavos. Un sibarita que estuvo de visita, exclamó: «Apuesto a que los espartanos son soldados valerosos. Llevando esta vida, ¿qué miedo pueden tenerle a la muerte?»

Esparta ha tenido y sigue teniendo numerosos ensalzadores: especialmente los filósofos, desde Platón acá, que aspiran al Estado omnipotente y predican el sacrificio del individuo a la colectividad, han sufrido su fascinación. Por «virtud» los espartanos entendían, en efecto, la total sumisión a las leyes e intereses de la patria. Cuando iban a la guerra sus mamás les acompañaban cantando un estribillo: «Vuelve con el escudo o encima de él.» Porque el escudo era tan pesado que, para huir, había que tirarlo, y en caso de muerte servía de ataúd.

Ciertamente, fue una formidable potencia militar que durante siglos hizo temblar de miedo a los vecinos. Toda Grecia puso unos ojos como platos cuando se enteró de que el pequeño ejército de Epaminondas la había derrotado. Parecía imposible que hombres que lo habían sacrificado todo a la fuerza, pudieran ser vencidos por la fuerza. Un poco menos imposible, es más, totalmente normal, pareció el hecho de que, perdido el ejército, en Esparta no quedase nada más. La fuerza centrípeta de su sociedad y sus costumbres heroicas la mantuvieron en pie más tiempo que a Atenas. Pero las leyes que se habían dado no le permitían ninguna evolución. Hoy, quien vaya a visitarla, no halla más que un villorrio sin carácter de cinco mil almas, en cuyo pobrísimo Museo no hay un resto de estatuas ni un pedazo de columna que atestigüen la existencia de una civilización espartana.

Habría que mandar a visitarla a todos los discípulos de Hitler y de Stalin, los cuales fueron a su vez modestos imitadores de Licurgo, verdadero jefe de escuela de los totalitarios y el más respetable de todos, porque el sacrificio del individuo a la colectividad no tan sólo lo predicó: lo puso en práctica dando el ejemplo.

Capítulo XIV

SOLÓN

El Ática es —como lo era también hace tres mil años— una de las más pequeñas y más pobres regiones de Grecia. Toda ella son colinas pedregosas, como el Carso, sólo tiene bueno el aire, terso y luminoso. Pero en aquellos tiempos también el aire estaba enfermo de paludismo. De suerte que sus únicos atractivos eran los puertos naturales, adecuados para el comercio. Nacieron de ellos en cada ensenada por iniciativa de aquel pueblo pelasgo, típicamente mediterráneo, con el que se mezclaron, tras la caída de Micenas, los aqueos jónicos huyendo del Peloponeso y Beocia, ante los invasores dorios, que el Ática siempre odió y rechazó.

Según la tradición, fue el rey Teseo quien, veterano superviviente de la empresa del Minotauro, unificó aquellos poblados dispersos en una sola ciudad, Atenas, que por esto tuvo un nombre plural y cada año celebraba fiestas en honor de la diosa Sinacia (que quiere decir literalmente «unión de las casas»). La ciudad empezó a desarrollarse a una decena de kilómetros del mar de El Pireo, entre las colinas de Himeto y del Pentélico y a la sombra de la

93

acrópolis fundada por los aqueos de Micenas, donde los habitantes podían hallar refugio en caso de ataque. Del de los dorios la salvó otro rey, Codro, inmolándose.

Muerto éste, y disipado de momento el peligro, los atenienses dijeron que no había disponible otro hombre de tales cualidades que pudiera sustituirle, abolieron la monarquía y proclamaron la república, entregando el poder a un presidente, que se llamó *arconte*, elegido de por vida. Luego encontraron demasiado largo este plazo y lo redujeron a diez años, para finalmente dividir las atribuciones entre nueve arcontes elegidos por un año. Había el arconte basileo que tenía las funciones de papa, el polemarca que era el comandante en jefe del ejército, el epónimo que redactaba el calendario y daba el nombre al año, etc.

Esta Constitución correspondía a la estructura de la sociedad, dominada por una aristocracia hereditaria, la de los *eupátridas*, que quiere decir «bien nacidos», o patricios. Éstos tenían el monopolio del poder y lo ejercían sobre una población dividida en tres rangos o clases: los que por el hecho de poseer un caballo se llamaban *hippes* o caballeros, como tales se alistaban en el ejército y correspondían a la alta burguesía; los que poseían un par de bueyes y con sus carros formaban las tropas acorazadas blindadas y los asalariados que no tenían nada y en la guerra constituían la infantería. Ciudadanos lo eran tan sólo los pertenecientes a los dos primeros rangos, como también sucedía en la antigua Roma, donde por *populus* se entendía solamente patricios y caballeros. El sistema feudal produjo sus deletéreas consecuencias, restringiendo cada vez más la riqueza en manos de pocos privilegiados y haciendo cada vez más desesperada una plebe día a día más numerosa. En el siglo VII, el arconte *tesmotetes*, o sea legislador, Dracón, intentó poner remedio a ello con leyes que hicieron de su nombre un sinónimo de «severidad». Pero Dracón fue draconiano solamente por los castigos con que conminaba a los transgresores. Pues en cuanto al resto, sus leyes no cambiaban nada; al revés, petrificaban el orden existente, basado sobre injusticias, y dejaban el poder en manos del *areópago*, o sea el Senado, compuesto sólo de eupátridas.

Eupátrida era el mismo Solón, y hasta de sangre real porque descendía de Codro, quien a su vez se decía que era descendiente del dios Poseidón. De joven fue tan sólo un hijo de familia; en vez de trabajar se divertía escribiendo poesías –que por lo demás debían de ser más bien malas– y pasaba el tiempo entre jovenzuelos y chicas de costumbres fáciles, enamorándose imparcialmente de unos y de otras. Pero en un momento dado papá cesó de darle cuartos porque había perdido los suyos en negocios arriesgados. Y entonces Solón sentó cabeza de pronto, enderezó la desfalleciente hacienda y en pocos años consiguió un gran patrimonio y una sólida reputación de sagacidad y honradez. Estaba al margen de la política. Tanto, que habiendo estallado en aquel período una revolución, no quiso participar en ella ni a favor ni en contra del gobierno. Acaso porque hubiera tenido que elegir entre una traición a su clase y una complicidad con su poderío.

Esto no impidió a la clase media de Atenas designarle candidato a una elección de arconte epónimo. Habiéndole conocido en los negocios, aquellos artesanos y comerciantes le estimaban y veían en él al único eupátrida que pudiese arrancar el consentimiento del Areópago para las necesarias reformas sociales. Solón, que tenía entonces cuarenta y cinco años, fue elegido, abolió la esclavitud libertando a los que habían caído en ella por deudas, que fueron canceladas, y devaluó la moneda, cuya unidad se llamaba dracma a fin de facilitar los pagos de aquéllos incluso en el futuro.

Era una auténtica revolución que hacía perder un montón de dinero a los acreedores, todos ellos de las clases altas y conservadoras. Solamente Plutarco, al contar la historia aquélla muchos años después, dijo con su habitual candor que, desvalorizando la moneda, Solón había favorecido a los deudores sin perjudicar a los acreedores porque éstos recibían, en el fondo, la misma cantidad de dracmas que habían prestado. Lo que nos demuestra cuánto entendía de economía el ilustre historiador.

Pero la gran revolución de Solón fue la de subdividir la población según el censo. Todos los ciudadanos eran libres y sujetos a las mismas leyes. Pero sus derechos políticos variaban según los impuestos que cada uno pagase. Era el fisco, no ya los blasones, lo que les graduaba, y esto era progresivo como lo es hoy en todos los países civilizados. Quien más contribuía al erario, más años había de servir en el ejército, y más altos puestos de mando le incumbían en la paz y en la guerra. O sea, que el privilegio era medido con el metro del servicio que cada cual rendía a la colectividad.

Dividida así en cuatro clases de ciudadanos, Atenas se convirtió en una democracia que sirvió de modelo a todas las demás ciudades. De la primera clase se extraían los miembros del Areópago y los arcontes, que eran elegidos, empero, por la asamblea en la que se reunían todos los ciudadanos. Ésta podía someter a expediente a cualquier funcionario y ejercía de tribunal de casación para todos los veredictos de los tribunales inferiores, que a su vez eran emitidos por jurados elegidos entre seis mil ciudadanos de buena conducta procedentes de todas las clases.

Pero Solón reformó también el código moral, calificando el ocio de crimen y condenando a la pérdida de la ciudadanía a quienes en las revoluciones permanecían neutrales, como él mismo hiciera muchos años antes. Algunos se sorprendieron de que legalizase la prostitución. Él contestó que la virtud consistía, no en abolir el pecado, sino en mantenerlo en su *sede*; prescribió una ligera multa para quien seducía a la mujer ajena, y se negó a infligir penas a los célibes: «Pues –dijo–, todo sumado, una esposa es un buen fastidio.»

En estos detalles está todo el carácter del hombre que amaba la justicia, pero sin acritudes moralizadoras y con mucha indulgencia para las debilidades de sus semejantes. A diferencia de Licurgo en Esparta y de Numa en Roma, no pretendió en absoluto haber recibido de Dios el texto de aquellas leyes, y aceptó todas las críticas que le fueron dirigidas. Cuando Anacarsis, que aunque amigo suyo le asaeteaba con sus sarcasmos, le preguntó si las considera-ba como las mejores en sentido absoluto, Solón contestó: «No, solamente las mejores en sentido ateniense.»

Su fuerza de persuasión y su capacidad diplomática debieron de ser inmensas para permitirle imponer aquel código hasta a quienes lesionaba sus intereses y para man-tenerse en el cargo veintidós años consecutivos. Pero cuando le ofrecieron quedárselo de por vida y con plenos poderes, declinó: «Pues –dijo– la dictadura es uno de esos sillones de los que no se logra bajar vivo.» Retiróse a los sesenta y cinco años, en 572. «Ya es hora –dijo–, que me ponga a estudiar algo.» Y habiendo recabado a sus con-ciudadanos la promesa de que no cambiarían de leyes du-rante diez años, partió para Oriente. Heródoto y Plutarco cuentan que en Lidia fue invitado por Creso, quien le pre-guntó si le consideraba entre los hombres felices. Solón le contestó: «Nosotros los griegos, Majestad, hemos recibi-do de Dios una sabiduría demasiado casera y limitada para poder prever qué ocurrirá mañana y proclamar feliz a un hombre todavía empeñado en su batalla.»

El rey diplomático permanecía tal frente al rey. Pero eso no quita que fuese sincero cuando hablaba de «sabi-duría casera y limitada» e identificaba el genio griego, o por lo menos el ateniense, en la conciencia de estos lími-tes. Toda su vida demuestra que él la tuvo clarísima, y a esto se debe su éxito personal y el de su reforma, de la cual cinco siglos después Cicerón pudo comprobar la supervi-vencia en aquella ciudad decadente, donde la democracia había degenerado en una continua reyerta. Cuando le preguntaron en qué consistía, según él el orden, respon-dió: «En el hecho de que el pueblo obedezca a los gober-nantes, y que los gobernantes obedezcan a las leyes.»

Volvió a la patria viejísimo, después de haber aprendi-do un montón de cosas, de entre las cuales la que más le había impresionado era la historia, que le contaran en He-liópolis, de la Atlántida, el continente sumergido. No hacía sino volverla a contar a todos casi como una monomanía, como a menudo les sucede a los ancianos, y sus conciudadanos, un poco aburridos, se sonreían. Nos agrada pensar que fuese un poco chocho cuando comenzaron las agitaciones, el pueblo dejó de obedecer a los gobernantes y los gobernantes dejaron de obedecer a las leyes. De lo contrario él hubiera debido deducir que las leyes sirven de poco, o sea reconocer la inutilidad de su obra.

Solón fue inscrito por sus contemporáneos en la lista de los Siete Sabios, que era un poco el premio Nobel de la época, pero mucho más serio. Y si se le quisiese atribuir un lema, habría que elegir aquel que él mismo hizo grabar en el frontón del templo de Apolo: *meden agan*, que quiere decir: «Sin excesos.»

Capítulo XV

PISÍSTRATO

La democracia que Solón había introducido en Atenas se había articulado en tres partidos, cuyas luchas pronto demostraron cuán difícil es practicarla. Había el de la «Llanura», conservador, o sea de derechas, donde iban a parar los latifundistas eupátridas, o sea aristócratas. El de la «Costa», porque estaba dominado por los ricos mercaderes y armadores y agrupaba la pequeña y alta burguesía. Y por fin, había el partido de la «Montaña», o sea del proletariado urbano y campesino.

Un día el jefe de estos últimos se presentó en el Areópago, alzó un pico de su toga, mostró una herida a los circunstantes diciendo que los enemigos del pueblo se la habían infligido con el propósito de asesinarle, y pidió que se le permitiera contratar una banda de cincuenta hombres armados para defenderse.

La pretensión era revolucionaria, pues en aquella ciudad sin ejército permanente ni fuerzas de policía, la ley prohibía a todos tener una guardia de corps privada, con las que hubiera sido fácil a cualquiera imponerse sobre un pueblo inerme. Fue llamado Solón, quien acudió. A pesar de ser viejo, comprendió enseguida de lo que se trataba y previno a los circunstantes: «Escuchadme bien, atenienses: yo soy más sabio que muchos de vosotros, y más valeroso que muchos otros. Soy más sabio que los que no ven la malicia de este hombre y sus fines ocultos; y más valeroso que los que, aun viéndola, fingen no verla por evitarse líos y vivir en paz.» Y, notando que no le hacían caso, añadió, indignado: «Siempre sois iguales: cada uno de vosotros, individualmente, obra con la astucia de una zorra. Pero colectivamente sois una bandada de gansos.»

Al gran anciano, que veía en peligro toda su reforma le era fácil comprender los planes de aquel tribuno, que se llamaba Pisístrato. Pues éste era primo suyo, y Solón había aprendido a medirle, desde pequeño, la sagacidad, la ambición y la falta de escrúpulos. Desgraciadamente, además de la «Montaña», Solón tenía también en contra la «Llanura», dominada por aquellos aristócratas retrógrados y santurrones a los que él había suprimido del monopolio del poder. Apesadumbrado y desilusionado, se encerró en su casa, atrancando la puerta en la que colgó, como se usaba entonces, las armas y el escudo, para significar que se retiraba de la política.

También Pisístrato era aristócrata y de familia rica. Pero había comprendido que la democracia, una vez instaurada, es irreversible y va siempre hacia la izquierda. Por lo que hacía tiempo que cifraba sus ambiciones en el proletariado, habiéndose puesto al frente de él con ese espíritu demagógico y ese cinismo que es lo que precisamente prefiere el proletariado. Su petición fue aprobada. Pisístrato, en vez de cincuenta hombres, enroló y armó a cuatrocientos, se adueñó de la Acrópolis, y proclamó la dictadura. En nombre y para bien del pueblo, claro está, como todas las dictaduras.

La «Costa», o sea las clases burguesas, que hasta aquel momento le habían apoyado, se asustaron, se coaligaron con la «Llanura», derribaron al tirano y le obligaron a huir. Pero Pisístrato volvió pronto al ataque. Heródoto cuenta que un día del año 550, se presentó a las puertas de la capital un imponente carro con guirnaldas de flores, en el cual sentábase majestuosamente una bellísima mujer con las armas y el escudo de Palas Atenea, protectora de la ciudad. Naturalmente, la acogieron con aplausos y hosannas. Y cuando los heraldos que precedían al vehículo anunciaron que la diosa había venido personalmente para restaurar a Pisístrato, el pueblo se inclinó. Y Pisístrato compareció al frente de sus hombres que habían permanecido ocultos entre el cortejo.

¿Fue la rabia de haberse dejado engañar con una estratagema tan burda lo que impelió a los burgueses de la «Costa», a coaligarse con los barones de la «Llanura» contra el dictador de ascendencia aristocrática, pero de ideas progresistas? No se sabe. Sábese solamente que la coalición se hizo y se llevó la mejor parte, volviendo a arrojar al exilio a Pisístrato. Pero éste no era hombre para aceptar la derrota. Tres años después del segundo derrocamiento, o sea en 546, hele aquí de nuevo con sus hombres a las puertas de una ciudad que, evidentemente, no había encontrado de su gusto la restauración del antiguo régimen y que se las abrió sin resistencia. Pisístrato volvió a ser dictador, y siguió siéndolo, casi sin molestias, durante diecinueve años, o sea hasta su muerte.

Este curioso y complejo personaje parece creado aposta por la Historia para confundir las ideas a todos aquellos que creen tenerlas clarísimas y que, basándose en ellas, han decidido que la democracia es *siempre* una fortuna, y que la dictadura es *siempre* una desgracia. Apenas se lo volvieron a encontrar encima, todos sus enemigos –que seguían siendo muchos– temblaron ante la idea de una purga. En cambio, Pisístrato, que durante la lucha había sabido dar la cara, en la victoria derrochó generosidad. Se desembarazó rápidamente, confinándoles, tan sólo de aquellos que se encarnizaban en una aversión irreductible; mas para los demás hubo indulgencia plenaria. Todos esperaban que modificase la Constitución de Solón para dar una base jurídica al propio poder personal; y, en cambio, los retoques fueron escasos y superficiales. Nada en régimen policial, nada de denuncias, nada de «leyes especiales», nada de «culto de la personalidad». Pisístrato quiso elecciones libres, aceptó a los arcontes que el voto popular designó y se sometió al control del Senado y de la Asamblea. Y cuando un particular le acusó de asesinato, se querelló simplemente ante un tribunal común. Ganó la causa porque el adversario no se presentó. Pero la contumacia fue sugerida a ésta por el conocimiento de sostener una tesis impopular. Pues la inmensa mayoría de atenienses, tras haberle hostigado y tenido por sospechoso mucho tiempo, se habían vuelto sinceramente afectos a Pisístrato, que poseía un arma formidable: la simpatía.

Le llamaban *tirano*, pero la palabra no tenía en aquellos tiempos el amenazador y peyorativo significado que tiene en el nuestro. Venía de *tirra*, que quiere decir *fortaleza*, pero también era el nombre de la capital de Lidia, donde el rey Giges había establecido precisamente un clásico régimen dictatorial. El tirano Pisístrato era un hombre cordial que, eso sí, hacía lo que quería, pero después de haber convencido a los demás de que lo que él quería era lo que ellos querían también. Pocos eran los que lograban oponer argumentos a sus argumentos, y eso también porque él sabía exponerlos de la manera más persuasiva. Tenía eso que los franceses llaman *charme*, conocía el arte de aliñar los discursos sobre las materias más difíciles con anécdotas divertidas, de atraerse a los oponentes sin ofenderles, es más, fingiendo darles la razón, y exponía sus tesis con llaneza, sin engreimiento, haciéndolas comprensibles a todos. Y de estas cualidades se sirvió para llevar a cabo una obra fenomenal. Su reforma agraria fue tal, que el Ática no tuvo necesidad de otra durante siglos. El latifundio quedó destruido y en su lugar surgió una miríada de cultivadores directos que, sintiéndose propietarios, sentíanse también ciudadanos y, como tales, interesados en el destino de la patria. Su política fue «productivística» y de pleno empleo de la mano de obra, a través de grandes empresas de obras públicas que absorbieron a los desocupados e hicieron de Atenas la verdadera capital de Grecia.

Hasta aquel momento había sido de hecho una ciudad como muchas otras, de segundo plano con respecto a Mileto y Éfeso, mucho más desarrolladas desde el punto de vista comercial, cultural y arquitectónico, tanto, que Homero apenas habla de ella. Pisístrato empezó por el puerto, fundando astilleros que pronto construyeron las más modernas y poderosas naves de la época.

Había comprendido que el destino de Atenas, circuida por áridas y pedregosas montañas por la parte de tierra, estaba en el mar. La iniciativa, además de conciliarle la burguesía de la «Costa», formada principalmente por armadores y mercaderes, le procuró el dinero para la reforma urbanística. Fueron sus geólogos los que descubrieron, en los contornos, plata y mármol. Y fue con estos materiales que, en el lugar de las cabañas de adobe, se elevaron los palacios, y en la Acrópolis, el viejo templo de Atenea fue embellecido con el famoso peristilo dórico. Pues Pisístrato, el hombre de hierro, era además culto y de gustos refinados. Y, en efecto una de las primeras cosas que hizo apenas llegado al poder, fue instituir una comisión para la compilación y ordenamiento de la *Ilíada* y de la *Odisea*, que Homero había dejado desparramadas en episodios fragmentarios confiados a la memoria oral del pueblo. Y hasta qué punto la comisión reuniera y modificara también el texto, es difícil saberlo.

En política exterior, Pisístrato no perdió de vista solamente dos cosas: evitar la guerra, y dar a Atenas, sin que las demás ciudades se diesen cuenta, una posición de capital moral sobre Grecia, en espera de convertirla en capital política. Lo consiguió, a pesar de las molestias que causó a mucha gente con su flota omnipresente y entrometida y con las «colonias» que fundó un poco en todas partes, en casa ajena, pero especialmente en los Dardanelos. Escultores, arquitectos y poetas acudieron a Atenas también porque reconocían en Pisístrato a un intelectual como ellos. Y los juegos «panhelénicos» que él instituyó en la ciudad se convirtieron en motivo de encuentro no sólo para los atletas, sino también para los hombres políticos de toda Grecia. Pero más lejos no se llegó. Celoso cada uno de la propia «patria chica», representada por una ciudad sola y sus aledaños, eran constitucionalmente refractarios a concebir otra más grande.

Pisístrato vio los inconvenientes, pero tuvo el buen sentido de no forzar con la violencia una unidad antinatural. Como Renan, creía que una nación se funda por el deseo de sus habitantes de vivir juntos; y que cuando este deseo falta, no hay política que pueda sustituirlo. Fue un gran hombre. Su dictadura, presentada como la negación de la Constitución de Solón, le procuró en cambio el medio de llevar a cabo su obra y de resistir a las pruebas posteriores. El tirano supo rehuir todas las tentaciones del poder absoluto, menos una: la de dejar el «cargo» en herencia a sus hijos Hipias e Hiparco. El amor paternal impidióle ver con su habitual claridad que los totalitarismos no tienen herederos y que el suyo se justificaba solamente como una excepción a la democracia, para asegurar el orden y la estabilidad. Lástima.

Capítulo XVI

LOS PERSAS A LA VISTA

Pisístrato había muerto en el 527 antes de Jesucristo. Veintiún años después, o sea en 506, hallamos a uno de sus dos hijos, designados por él para sucederle, Hipias, en la Corte del rey de Persia, Darío, para sugerirle la idea de declarar la guerra a Atenas y a Grecia entera. Los grandes hombres no deberían dejar nunca viudas ni herederos. Son peligrosísimos.

Este Hipias no había debutado mal, después que su padre hubo sido depositado en la fosa. Era un mozalbete despierto que, a fuerza de estar junto al papá, había aprendido muchas de sus triquiñuelas, y se había apasionado por la política, a diferencia de su hermano Hiparco, que en cambio tan sólo se interesaba por el amor y la poesía, de modo que entre ambos ni siquiera había rivalidades peligrosas. Y, sin embargo, quien provocó las desventuras que condujeron a la caída de la dinastía fue precisamente Hiparco.

Probablemente éste no era, en cuanto a moralidad, peor que muchos de sus coetáneos y en materia sentimental seguía sus ideas, entre las cuales figuraba la de una absoluta imparcialidad en lo que atañe a los dos sexos. Hiparco tuvo la desgracia de tropezar con un bellísimo joven llamado Harmodio, que un tal Aristógiton –aristócrata cuarentón, influyente y celoso– consideraba propiedad suya. Éste concibió la idea de desembarazarse de su rival con el puñal y, para imprimir al asesinato una etiqueta más limpia que lo hiciese popular, pensó en extenderlo también al hermano Hipias, haciéndolo así pasar por «delito político» en nombre de la libertad y contra la tiranía. Organizó en ese sentido una conjura con otros nobles latifundistas y, con ocasión de una fiesta, intentó el golpe, que sólo resultó bien a medias: Hiparco dejó el pellejo en él, mientras que Hipias se salvó. Y desde aquel momento, un poco por rencor y otro poco por miedo a otros complots, el hijo y discípulo de Pisístrato, dictador liberal, indulgente e ilustrado, convirtióse en un *tirano* auténtico.

Los efectos de su política persecutoria no se hicieron esperar. Aristógiton, que había intentado el golpe por motivos personales y más bien sucios, y que de momento no había encontrado ningún apoyo moral en el pueblo, tardó poco, en la fantasía de la gente, indignada por los abusos de Hipias, en convertirse en un adalid de la libertad, en tanto que Harmodio adquiría la semblanza de un mártir, como si hubiese sido una muchacha inmaculada y acosada; y hasta la cortesana Lena, su amante, fue aureolada de leyenda. Decíase que, detenida y torturada por la policía para que revelase los nombres de los cómplices, se había cortado la lengua de un mordisco, escupiéndola a la cara de sus verdugos.

El descontento del pueblo enfureció a Hipias, que a su vez enfureció al pueblo. Y cuando el divorcio entre ambos fue total, los exiliados, que mientras tanto se habían concentrado en Delfos, armaron un ejército, llamaron a los espartanos en su ayuda, y junto con éstos marcharon contra Atenas. Hipias se refugió en la Acrópolis con sus seguidores. Mas, para poner a salvo sus hijitos, trató de hacerles expatriar secretamente. Los sitiadores los capturaron. Y el infeliz padre, por salvar la vida de los hijos y la suya propia, capituló y marchó voluntariamente al destierro. No hay que olvidar, empero, que por sus venas corría aún la sangre de Pisístrato, o sea de un hombre pronto siempre a sacrificar la posición por la familia, pero jamás dispuesto a resignarse a la derrota.

El que mandaba a los rebeldes, al frente de los cuales entró en la ciudad, era Clístenes, un aristócrata por quien los demás aristócratas sentían poca simpatía porque tenía ideas progresistas. Por lo que, como los vencedores eran ellos, impugnaron su candidatura para las elecciones siguientes, y en su sitio pusieron a Iságoras, un latifundista retrógrado que pretendía que la república se volviese a tragar todas sus conquistas sociales. Al cabo de cuatro años fue depuesto por una insurrección popular, contra la cual nada pudieron ni siquiera los espartanos, acudidos nuevamente para apuntalar un orden constituido que, a ellos, reaccionarios encallecidos, les gustaba en extremo.

Clístenes, que había capeado la revuelta, asumió el poder y lo ejerció un poco dictatorialmente, también, pero en nombre de la democracia. Llevó a término la reforma igualitaria de Pisístrato, duplicó el número de ciudadanos con derecho a voto, destruyó desde los cimientos algunas agrupaciones en *tribus* que constituían la fuerza de clientela de la aristocracia y que correspondía un poco a nuestro colegio uninominal; e inauguró aquel sistema de autodefensa de las instituciones democráticas que se llama *ostracismo*. Cada miembro de la Asamblea popular, de la que formaban parte seis mil personas, o sea prácticamente todos los cabezas de familia de la ciudad, podía inscribir en una pizarra el nombre del ciudadano que, según él, constituyese una amenaza para el Estado. Si esta anónima denuncia venía avalada por tres mil colegas, el denunciado se veía mandado al destierro por diez años sin necesidad de un proceso que testificase sus culpas.

Era un principio injusto y por lo demás peligroso, pues se prestaba a toda clase de abusos. Pero los atenienses lo practicaron con moderación, si bien no siempre atinadamente, pues en los casi cien años que estuvo en uso, fue aplicado tan sólo en diez casos. Y el colmo de la sabiduría acaso la pusieron de manifiesto haciendo blanco de ello precisamente a quien lo había inventado. Un día en que el presidente de la Asamblea, según el enjuiciamiento habitual, preguntó a la asistencia: «¿Se halla entre vosotros alguno que consideréis peligroso para el Estado? Y si está, ¿quién es?», muchas voces respondieron: «Clístenes.» La denuncia reunió los tres mil sufragios exigidos por la ley, con lo que el inventor del ostracismo fue «ostracizado» por aquel pueblo al que había devuelto la libertad y que, con sabia ingratitud, la usó para librarse de él, quien, con muchos méritos en su haber, podía sentirse tentado a hacer de ellos un título para legitimar una nueva tiranía.

No conocemos las reacciones del pobre proscrito. Pero el hecho de que la Historia no las haya registrado, demuestra que fueron menos enérgicas que aquellas a las que se hubiese entregado un Pisístrato o un Hipias. Acaso Clístenes tuvo bastante lucidez para darse cuenta de que la ingratitud, jamás excusable en el plano humano, a menudo lo es en el plano político. Y en el hecho de que los atenienses, convertidos por él en partícipes de la soberanía del Estado, se mostrasen enseguida tan celosos de usarla en perjuicio suyo, vio probablemente el triunfo de su propia obra y gustosamente sacrificó a ella su destino personal. Ya que el ostracismo no implicaba más persecución que el exilio, nos agrada pensar que Clístenes vivió el tiempo suficiente para poder ver con qué heroico encarnizamiento los atenienses defendieron las libertades que él les había dado, cuando para amenazarlas se perfiló, por consejo de Hipias –viejo, pero aún robusto y, a diferencia de Clístenes, incapaz de perdón y de resignación–, el ejército de Darío.

En este punto hemos de hacer un pequeño inciso.

Algo había cambiado, desgraciadamente, desde los tiempos en que las *poleis* griegas podían libremente abandonarse a sus fuerzas centrífugas y separatistas porque ningún enemigo les amenazaba. Al Norte, las bárbaras

tribus ilirias, de la que habían descendido aqueos y dorios, habían dejado de caer sobre la Hélade. Al Sur, el poderío egipcio seguía declinando. Al Oeste, Roma y Cartago todavía estaban en los albores.

Mas el peligro provenía del Este, donde hasta aquel
momento, sólo había existido el reino de Lidia, fruto más
que nada de la diplomacia de un gran soberano: Creso, el
amigo de Solón, el cual, por bien que hubiese anexionado
varias islas griegas de la Jonia, era favorable a los griegos,
de los que había absorbido la cultura. Tanto, que precisamente esto fue acaso su equivocación. Pues, ocupado y
preocupado solamente por ellos, no se fijó en la Persia
que le crecía a las espaldas; y cuando se dio cuenta del peligro, era ya demasiado tarde.

El nuevo rey de aquel país, Ciro *el Grande*, había conquistado ya Babilonia y la Mesopotamia, cuando Creso le
declaró la guerra. Pero justamente el día de la batalla hubo
un eclipse de luna. Los dos ejércitos se espantaron tanto
que se negaron a combatir. Poco después, Creso fue a
Delfos para consultar al oráculo. Y éste le contestó que, si
lograba atravesar con sus tropas el río Halys, destruiría un
poderoso Imperio. La profecía se cumplió. Creso atravesó el río Halys, presentó batalla, y perdió un poderoso
Imperio: el suyo. Heródoto cuenta que, al capturarle,
Ciro le puso sobre una parrilla para «sacrificarle a los dioses», como entonces se decía gentilmente, asado en su
punto. En aquel momento, Creso se acordó de Solón
quien, aunque con mucha diplomacia, le había exhortado
a la prudencia, e invocó su nombre por tres veces. Ciro
quiso saber quién era aquel Solón. Y una vez oída su historia, quedó tan impresionado que mandó desatar al prisionero. Demasiado tarde, pues el fuego ya ardía. Pero algún dios misericordioso envió un buen temporal que
apagó la hoguera.

Así narraba Heródoto los grandes acontecimientos
históricos. Según él, no solamente Creso se puso a salvo,
sino que se hizo amigo de Ciro y gozó toda la vida de su
hospitalidad. El trono, empero, no lo recuperó. Y la

anexión de la Lidia permitió a Persia asomarse el Mediterráneo, justo frente a Grecia, que se las daba de dueña con la flota ateniense.

A la sazón la corona de Ciro la ceñía Darío, un *condottiero* de ejércitos más que un verdadero hombre de Estado, y, como tal, propenso a calibrar la importancia de un Imperio por su extensión. De conquista en conquista, se había introducido ya en el continente europeo, engullendo Tracia y Macedonia e instalándose así en la vertiente montañosa de la Grecia meridional.

Los historiadores dicen que Darío había concebido el grandioso proyecto de imponer al mundo la civilización oriental, destruyendo todos los centros de la occidental. Lo dudamos, porque, cuando Hipias, al refugiarse en su corte tras el exilio, empezó a atizarle contra la propia patria, Darío contestó: «Pero, ¿quiénes son estos atenienses?» Evidentemente, era la primera vez que oía hablar de ellos. No era hombre de grandes concepciones estratégicas. Seguía una lógica militar propia, la sencillísima de todos los generales desde que el mundo es mundo, y, según la cual, la conquista de un país no está afirmada si no es seguida por la de los países limítrofes. Había sido la aplicación de este principio lo que le llevó a anexionarse también las islas del Egeo oriental, porque éstas amenazaban las costas de Asia Menor donde se había instalado.

Entre sus conquistas, hubo también la de Mileto, que soportó mal el yugo persa. Aristágoras, uno de los irredentistas más encendidos, fue a solicitar ayuda de Esparta, que declinó. Era una ciudad de campesinos que no veían más allá de sus narices. Aristágoras se trasladó a Atenas y halló buena acogida. Los atenienses eran armadores y mercaderes, para los cuales el mar lo significaba todo. Las ciudades del Egeo eran casi todas colonias jonias, o sea fundadas y pobladas por gente del Ática. Y Aristágoras era un gran orador: cualidad que para los buenos gustadores de Atenas era muy apreciada.

Tal vez los sucesores de Clístenes no sabían con exactitud lo que, en el llamado equilibrio de fuerzas mundiales, representaba Darío. Y de todos modos, tampoco tuvieron una idea exacta de la importancia histórica que entrañaba la decisión de atajarle el paso. Tan sólo hoy, ante los hechos consumados, podemos decir que gracias a aquello fue posible el nacimiento de Europa. Si Darío hubiese pasado entonces, el Occidente se habría quedado como tributario del Oriente quién sabe durante cuántos siglos y con qué consecuencias. Pero de momento es lícito pensar que los atenienses fueron tentados solamente por la idea de contribuir al rescate de algunas ciudades que constituían sus Trento y Trieste. Y fue tal vez con cierta ligereza que decidieron enviar allí a una pequeña flota de veinte naves en ayuda de los insurgentes.

Acabó mal porque, en la flota de la liga jónica que se formó para la ocasión, el contingente de Samos desertó en el momento de la batalla que se libró en aguas de Lade y que significó para los griegos una derrota colosal. Los persas reconquistaron Mileto, mataron a todos sus habitantes varones y redujeron las islas jónicas a tales condiciones que no volvieron a recobrarse nunca más. Y, con gran alegría de Hipias, declararon la guerra a Atenas.

Capítulo XVII

MILCÍADES Y ARÍSTIDES

El destino de Grecia, que muy poco después había de desaparecer como nación por el hecho de no haber logrado serlo, fue preanunciado por el espectáculo que ofreció en aquel año 490 antes de Jesucristo, cuando seiscientas naves y doscientos mil soldados persas se asomaron a sus puertas. Los Estados septentrionales se rindieron cada uno por su cuenta; Eubea se sometió; Esparta pidió consejo a los dioses, que le dieron el de evitar los «líos». Total: que al lado de Atenas sólo formó la pequeña Platea, ciudad de segundo orden, que mandó su modesto ejército a alinearse junto al que con gran prisa había preparado Milcíades.

Era éste un caudillo que hubiese hecho muy buena figura también en la Italia del siglo XV, de esos que, cuando nacen en el momento justo, o sea en el del peligro, representan una bendición para su país. Había en él algo que recuerda a McArthur, y debía conducirle a los mismos éxitos y a los mismos excesos. Con veinte mil hombres someramente armados, sintéticamente adiestrados y con escasa tradición militar, Milcíades tenía que afrontar a doscientos mil y en condiciones particularmente difíciles a causa de un reglamento que le imponía compartir los turnos de mando con otros nueve generales. Los atenienses no querían que de una guerra volviesen a casa «héroes», dispuestos a la vez a sacar provecho de los méritos militares para una carrera política. Pero en determinados casos ciertas preocupaciones acarrean la parálisis.

La gran suerte de Milcíades fue que el día de la batalla en la llanura de Maratón, el turno de mando le tocase a Arístides, el cual, reconociendo, como hombre honrado que era, la superior capacidad de su colega, renunció en su favor. Milcíades había comprendido cuál era el punto flaco de los persas: eran valientes soldados individualmente, pero no tenían ninguna idea de la maniobra colectiva. Y sobre ésta apostó. De dar crédito a los historiadores de la época –que desgraciadamente eran todos griegos–, Darío perdió siete mil hombres y Milcíades ni siquiera doscientos. No nos parece muy creíble. Pero lo cierto es que fue una gran y sorprendente victoria. Todos sabemos cómo el mensajero mandado a anunciarla a Atenas, Fedípides, cayó muerto, con los pulmones reventados, dando un ejemplo que ningún maratoniano, hasta Zatopek, ha vuelto a tener la fuerza y el valor de seguir. Mientras corría, llegaron también a Maratón los espartanos. Estaban sinceramente apenados por su retraso y pidieron humildemente perdón por él a los vencedores.

Henchido de orgullo y con el pecho cubierto de medallas, Milcíades pidió setenta naves. Los atenienses no comprendieron qué quería hacer con ellas, pero, por gratitud, se las dieron. El general, convertido en almirante, las condujo a Paros a cuyos habitantes intimó que le entregasen cien talentos, algo así como quinientos millones de liras.

He aquí lo que quiso hacer con aquella flota: cobrarse el servicio que había prestado a su patria, la cual se había olvidado de pagárselo. El gobierno lo reclamó, pero le impuso entregar tan sólo la mitad de lo que se había embolsado. Milcíades no llegó a tiempo de restituirlo porque la muerte se lo llevó, por suerte suya y de su país. A saber cuántas cosas habría imaginado si hubiese quedado con vida.

Sobrevivióle Arístides, cuyas vicisitudes nos demuestran, desgraciadamente, que la honestidad en política no encuentra siempre su recompensa, y que la historia, como las mujeres, siente debilidad por los bribones.

Era el hombre hacia el cual todo el público volvió la mirada cuando una noche, en el teatro, un actor declamó ciertos versos de Esquilo que decían: «Él no pretende parecer justo, sino serlo. Y de su ánimo no germinan, como trigo de fértil gleba, más que sabiduría y mesura», pues cada uno vio en esta descripción su retrato. Era el hombre que no sólo había cedido su turno de mando a Milcíades, sino que después de la batalla, habiendo recibido en custodia las tiendas del enemigo, dentro de las cuales se acumulaban cuantiosas riquezas, las había entregado intactas al gobierno; cosa que también en aquellos tiempos, como se ve, causaba gran impresión. Su rectitud era tan universalmente reconocida que, cuando Atenas y sus aliados convinieron en formar una liga e instituir un fondo común en Delos, fue él, por votación unánime, designado para administrarlo.

No nos maravilla, porque había sido amigo y discípulo de Clístenes. Y había pasado la juventud combatiendo, en nombre del orden democrático, la corrupción política y las malversaciones de sus funcionarios. Desgraciadamente, son cualidades que la gente admira, pero no ama. Y acaso le faltaba a Arístides aquel don de la «simpatía» que había sido la fuerza de Pisístrato y le había permitido hacerse perdonar su cinismo. El hecho es que fue batido por su adversario Temístocles, del que tal vez le separaba más bien una rivalidad sentimental que una oposición ideológica. Habían estado ambos perdidamente enamorados de la misma muchacha, Estesilao de Ceo. A la sazón, ella había muerto. Pero los rencores habían sobrevivido, y la mala fortuna quiso que las buenas cualidades, entre los dos, estuviesen equitativamente repartidas: al superior carácter de Arístides se oponía la superior inteligencia de

Temístocles, orador brillante y hombre político de recursos inversamente proporcionales a los escrúpulos. «No había –dice Plutarco de él– aprendido gran cosa, cuando los maestros trataron de enseñarle cómo hay que *ser*; pero había aprovechado ampliamente las lecciones cuando le instruyeron sobre los métodos de *triunfar*.»

Venció él, y con escasa caballerosidad propuso el ostracismo para Arístides. Era el único medio de librarse de semejante hombre de bien. Y no dice mucho a favor de los atenienses el hecho de que los tres mil votos se encontraron también en esa ocasión. Los motivos de esta desdichada medida los expresó con claridad un pobre rústico analfabeto, que el día de la votación, se dirigió a Arístides sin saber quién era éste, para rogarle que inscribiese en la pizarra su aprobación a la propuesta de Temístocles. «¿Por qué quieres mandar al exilio a Arístides? ¿Te ha hecho algo?», preguntó Arístides. «No me ha hecho nada –respondió el otro–, pero no puedo aguantar más oírle llamar "el Justo". ¡Me ha roto los cascos con su justicia!» Arístides sonrióse de tanto rencor, típico de la mediocridad contra lo sobresaliente, e inscribió el voto de aquel hombre contra él. Y tras haber oído el veredicto condenatorio, dijo sencillamente: «Espero, atenienses, que no volváis a tener ocasión de acordaros de mí.» Así, después de Clístenes, que lo había inventado, también su mejor amigo y alumno caía víctima del ostracismo. Pero también esta vez había un motivo, aunque cruel e injusto: Atenas, en aquel momento, necesitaba más de Temístocles que de Arístides. Los persas se hallaban de nuevo a sus puertas.

Esta vez los conducía Jerjes, que sucediera a su padre en 485 y ardía en deseos de vengar la única derrota de éste. Empleó cuatro años en preparar la expedición. Y lo que en 481 se puso en marcha para el gran castigo era un ejército que Heródoto calculó en más de dos millones y medio de hombres, apoyado por una flota de mil doscientas naves. «Cuando se paraban a beber en un sitio, los ríos se secaban», añade el historiador para hacer más creíbles sus cifras. Los espías griegos que Temístocles mandó para procurarse informaciones fueron descubiertos. Pero Jerjes ordenó que se les soltase. Prefería que los griegos se enteraran y que, sabiendo, se rindiesen.

Los Estados del Norte lo hicieron. Al ver a los ingenieros fenicios y egipcios construir un puente de setecientas barcas, sobre el que extendieron encima una capa de troncos de árbol y tierra, y excavar después un canal de dos kilómetros para atravesar el istmo del monte Atos, aquellos pobres campesinos pensaron que Jerjes debía ser una encarnación del dios Zeus y que, por lo tanto, era inútil resistirle. Como de costumbre, al lado de la temeraria Atenas, de momento sólo estuvo Platea. A ésta se agregó Tespias. Y, poco después, Esparta decidióse finalmente a unirse a la coalición. Su rey, Leónidas, condujo en las Termópilas un extenuado grupo de trescientos hombres, todos viejos, pues los jóvenes tenían que quedarse a actuar de simiente en casa. Y de dar crédito a los historiadores griegos, aquéllos hubieran rechazado solos a los dos millones y medio de enemigos, si unos traidores no hubiesen guiado a éstos, por un sendero oculto, cogiendo de revés a Leónidas. Éste cayó con doscientos noventa y ocho de los suyos, tras haber causado veinte mil muertos al enemigo. De los dos supervivientes, uno se suicidó por vergüenza y el otro se rehabilitó, cayendo en Platea.

Una lápida fue colocada en conmemoración del episodio. En ella está escrito: «Ve, extranjero, y di en Esparta que nosotros caímos aquí en obediencia a sus leyes.»

La noticia del desastre llegó a Temístocles el día siguiente de la batalla naval de Artemisium, donde, si bien se encontrase a uno contra diez, logró no perder. La víspera, los otros almirantes querían retirarse. Mas los eubeos, temerosos de un desembarco persa, le habían enviado treinta talentos –algo así como cien millones de liras– para que él les decidiera a batirse. Temístocles les dio la mitad. El resto de la propina se la guardó. El desastre de las Termópilas no le permitió reanudar la batalla el día siguiente. Era preciso mandar la flota a Salamina para embarcar a los atenienses, que comenzaban a huir ante el ejército de Jerjes en marcha hacia la ciudad. Ésta no se rindió. Un diputado que lo había propuesto fue muerto en la Asamblea, y su esposa y sus hijos lapidados por las mujeres.

Los persas saquearon una ciudad desierta, y creyeron haber vencido porque, mientras tanto, su flota había entrado también en la rada.

En este punto se vio quién era Temístocles. No pudiendo oponerse a sus colegas que, unánimes, querían huir, mandó a escondidas un esclavo suyo a Jerjes para informarle del plan de retirada que había de efectuarse la noche siguiente. Si aquel mensaje hubiese sido descubierto, Temístocles habría pasado por un traidor. En cambio, llegó a su destino. Jerjes, para que el enemigo no le rehuyese, le cercó, y Temístocles alcanzó su objetivo: el de obligar a los griegos a batirse.

Jerjes, desde tierra firme, asistió a la catástrofe de su flota, que perdió doscientas naves contra cuarenta griegas. Los únicos de entre sus marineros que sabían nadar eran también griegos, que se unieron al enemigo. Los demás se ahogaron.

Así, por segunda vez desde Maratón, Atenas salvóse a sí misma y a Europa en Salamina. Corría el año 480 antes de Jesucristo.

Capítulo XVIII

TEMÍSTOCLES Y EFIALTES

Cuando, una vez consumados los hechos, los generales y almirantes griegos se reunieron para decidir quién, entre ellos, había sido el mayor artífice de la victoria y recompensarle, cada uno dio dos votos: uno a sí mismo y el otro a Temístocles.

Éste había continuado, aun después de Salamina, haciendo de las suyas. Después de la batalla naval, había vuelto a mandar el mismo esclavo, de absoluta confianza, a informar a Jerjes que él había logrado disuadir a sus colegas de que persiguiesen a la flota derrotada. ¿Lo había hecho realmente? ¿Y por qué motivo advertía de ello a su adversario? Tal vez porque no se sentía seguro y prefería que ése se retirase. Pero la continuación de sus vicisitudes nos hace vislumbrar más graves sospechas. Sea como fuere, también esta vez Jerjes le hizo caso. Dejó en Grecia trescientos mil hombres bajo el mando de Mardonio. Y con los demás, entre los que la disentería causaba estragos, se retiró desalentado a Sardes. Hubo un año de tregua porque en ambas partes sentíase necesidad de recobrar alientos. Después, un ejército griego de cien mil hombres conducidos por el rey de Esparta, Pausanias, fue a alinearse en Platea frente al persa. El encuentro tuvo lugar en agosto de 479, y de nuevo nos hallamos ante cifras poco dignas de crédito. Heródoto dice que Mardonio perdió doscientos sesenta mil soldados, y esto puede ser. Pero añade que Pausanias perdió ciento cincuenta y nueve, y esto ya nos parece inverosímil.

De todos modos, fue una gran victoria terrestre, a la que pocos días después se añadió otra marítima, en Micala, donde la flota persa quedó destruida. Como después de la guerra de Troya, los griegos fueron de nuevo dueños del Mediterráneo. O mejor dicho, lo fueron los atenienses, que eran los que habían dado la mayor contribución. Temístocles, el hombre de las «emergencias» y de los «hallazgos», supo aprovechar para sí aquella posición. Organizó una confederación de ciudades griegas de Asia y del Egeo, que se llamó «Delia» porque se escogió como protector al Apolo de Delos, en cuyo templo se convino depositar el tesoro común. Pero pidió y obtuvo que Atenas, además de ser su guía, contribuyese no ya con dinero, sino con naves. Así ésta tuvo un pretexto para desarrollar aún más su flota, con la que reforzó el dominio naval que ya ostentaba.

Temístocles leía con claridad el destino de su patria. Sabía que de la parte de tierra no había que esperarse nada bueno, y no sosegó hasta que hizo aceptar al gobierno el proyecto de encerrar la ciudad hasta el puerto de El Pireo –que es un buen trecho de camino–, dentro de una enorme valla, y que ésta fuese abierta sólo sobre el mar, donde su fuerza era ya suprema. Preveía las luchas con Esparta y con los demás Estados del interior, celosos del poderío ateniense. Y al mismo tiempo tomó la iniciativa de los tratados de paz con Jerjes porque quería el mar despejado y abierto al comercio.

Mas, al igual que Milcíades, se proponía hacerse pagar también los servicios que prestaba, y lo hizo sin reparar en los medios. La democracia había enviado al exilio a muchos aristócratas conservadores y propietarios, poseedores de conspicuas fortunas. Propuso hacerles llamar, se embolsó las gratificaciones y les dejó en el destierro. Un día se presentó con la flota en las islas Cícladas y les impuso una multa por la ayuda que, obligados con violencia, habían prestado a Jerjes. Con escrupulosa exactitud entregó el total al gobierno; pero guardó en su bolsillo las sumas que algunas de aquellas ciudades le habían deslizado en él para quedar eximidas del castigo.

Si la guerra hubiese continuado, los atenienses tal vez se lo habrían perdonado. Pero la gran borrasca había pasado ya y todos deseaban volver a la normalidad que significaba, sobre todo, honestidad y orden administrativo. Por lo que la Asamblea recurrió otra vez el ostracismo para condenar a aquel que, apoyándose en el mismo, había hecho condenar al virtuoso Arístides.

Temístocles se retiró a Argos. Era riquísimo. Sabía gozar también de la vida al margen de las ambiciones políticas. Y acaso no habría vuelto a dar que hablar si los espartanos no hubiesen mandado a Atenas un legajo de documentos de los que resultaba que Temístocles había negociado secreta y traidoramente con Persia, de acuerdo con su regente Pausanias, que ellos habían condenado ya a muerte.

La Historia no ha puesto en claro si esta denuncia correspondía a la verdad. El «affaire» Temístocles semeja un poco al de Tukachevski, el mariscal soviético que los alemanes, para librarse de él, denunciaron como traidor a Stalin. Mas el brillante estratega, enterado de lo que estaba a punto de caerle encima, buscó refugio precisamente en la corte de Artajerjes, el sucesor de Jerjes. ¿No había preparado Temístocles, hombre previsor, el terreno, el día que mandó a los persas la famosa información que permitió su retirada tras el desastre de Salamina, con toda tranquilidad? Artajerjes le recompensó del favor con suntuosa hospitalidad, le aseguró una cuantiosa pensión, y prestó oído complaciente a los consejos que Temístocles le dio de reanudar la lucha contra Atenas, y a los criterios que había que seguir para llevarla a buen término.

La muerte, llevándose a los sesenta y cinco años, en

459, a aquel «padre de la patria» que se disponía a convertirse en el sicario, puso fin a la carrera de un inquietante personaje, que parecía encarnar todas las cualidades y los vicios del genio griego.

Mientras tanto, en Atenas se había creado una situación nueva. Los dos partidos –el oligárquico y el democrático, dirigido el primero por Cimón, hijo de Milcíades, y el segundo por Efialtes– no estaban ya equilibrados como antes, cuando se alternaban en el poder. Por dos motivos: en primer lugar porque la guerra había sido ganada por la flota, arma y feudo de la burguesía mercantil, a costas del Ejército que, arma y feudo de la aristocracia terrestre, casi no había tomado parte en ella. Y, además, porque la valla dentro de la cual Atenas proyectaba encerrarse y que ya estaba comenzada, acentuaba su vocación, burguesísima, de emporio marítimo. Cimón fue la víctima de esta situación. De su padre no había heredado ninguno de aquellos cínicos recursos que habían labrado su suerte. Era un hombre honesto, de gran carácter y políticamente desmañado. Pero no fue éste el motivo de su derrota, pues también su adversario era íntegro y esquinado.

De ese Efialtes, cuya acción fue decisiva, pues allanó el camino a Pericles e inauguró el período áureo de Atenas, sabemos solamente que era un hombre pobre, incorruptible, melancólico e idealista. Atacó a la aristocracia en su castillo roquero, el Areópago o Senado, o sea en el plano constitucional, revelando ante la Asamblea todos los manejos que se perpetraban en aquél para convertir prácticamente en inoperante la democracia. Sus acusaciones eran documentadas e incontrovertibles. Ellas pusieron a la luz todos los manejos y todas las intrigas a que se entregaban los senadores, con la colaboración de los sacerdotes, para imprimir un aval religioso a sus decisiones que tendían solamente a salvaguardar los intereses de casta.

El Areópago salió malparado de aquella campaña. No solamente no logró salvar a varios de sus miembros, condenados unos al destierro y otros a muerte, sino que se vio despojado de casi todos sus poderes y reducido a una posición subordinada con respecto a la Asamblea, o Cámara de diputados. Pero Efialtes pagó cara su victoria. Después de algunas tentativas infructuosas para corromperle, no les quedó a sus adversarios para desembarazarse de él, más que el puñal de un asesino. Fue muerto el 461. Pero, como de costumbre, el delito no «pagó». Al revés, hizo más aplastante e irrevocable el triunfo de la democracia y costó el ostracismo a Cimón, que probablemente nada tuvo que ver con el atentado.

Las perspectivas para Atenas no podían ser más brillantes cuando Pericles, sucesor natural de Efialtes, hizo su debut político. En el mismo año 480 que Atenas había derrotado a los persas en Salamina, los griegos de Sicilia habían batido en Himera a los cartagineses. En todo el Mediterráneo oriental el Occidente, representado por la flota ateniense, tomaba la delantera al Oriente, representado por los persas y los fenicios. Las victorias de Maratón, de Platea, de Himera y de Micala no eran definitivas.

Contra los persas se siguió combatiendo durante decenios, pero los teatros de la guerra se alejaban cada vez más hacia el Este. El Mediterráneo oriental estaba abierto ya para la flota de Atenas que podía disfrutarlo a su antojo.

La ciudad poseía todas las condiciones para convertirse en una gran capital. Mercaderías y oro afluían a ella. Y sobre todo afluían hombres de diversas civilizaciones para crear en ella aquel cruce de culturas del que salió una nueva: la que suele llamarse precisamente, «la civilización griega», la civilización del Partenón, de Fidias, de Sófocles, de Eurípides, de Sócrates, de Aristóteles y de Platón. Fue un florecimiento rápido y ágil, que en dos siglos dio a la humanidad lo que otras naciones no han dado en milenios.

TERCERA PARTE

LA EDAD DE PERICLES

Capítulo XIX

PERICLES

La mayor fortuna que puede tenerse en este mundo es nacer en el momento oportuno. Muy probablemente cada generación tiene sus Césares, sus Augustos, sus Napoleones y sus Washington. Pero si les toca actuar en una sociedad que no les acepta por demasiado acerba o demasiado marchita, acaban, habitualmente, en vez de en el poder, en la horca o en la oscuridad.

Pericles fue uno de los pocos venturosos. Tuvo de su parte tantas y tan felices circunstancias, se encontró dotado de cualidades que tan bien respondían a las necesidades de su tiempo, que la Historia –que siempre se inclina ante la suerte– ha terminado por dar su nombre al más glorioso y floreciente período de la vida ateniense. La *Edad de Pericles* es la Edad de Oro de Atenas.

Era hijo de Jantipo, un oficial de marina que en Salamina conquistó los galones de almirante y mandó la flota en la victoriosa batalla de Micala; y de Agarista, sobrina segunda de Clístenes. Era, pues, un aristócrata, pero ligado ideológicamente al partido demócrata: el de más seguro porvenir. Algo debía designarle desde niño a una posición de primer plano, porque desde entonces se hizo circular

127

sobre su origen una leyenda que ponía en causa la sobrenatural. Decíase que Agarista, poco antes de traerle al mundo, había sido visitada en sueños por un león.

En realidad, el pequeño Pericles no mostró mucha semejanza con el león. Era más bien delicado y débil, con una curiosa cabeza en forma de pera, que después se tornó en blanco de las malas lenguas y de los *chansonniers* de Atenas, que la hicieron objeto de infinitas burlas. Pero su familia le dio desde el principio una educación de príncipe heredero, y él la aprovechó con mucha inteligencia. Historia, economía, literatura y estrategia eran su yantar cotidiano. Se lo proporcionaban los más insignes maestros de Atenas, entre los cuales destacaba Anaxágoras, al cual el discípulo siguió después mostrando profundo afecto.

De chico, Pericles debió de ser prematuramente serio, precozmente imbuido de su propia importancia y con destacadas características de «primero de la clase», bien impopular entre sus coetáneos. Porque desde el primer momento que entró en la política –y entró muy pronto– no cometió ninguno de esos errores en los que habitualmente caen, por atolondramiento, los debutantes. Lo prueba el sobrenombre de Olímpico que enseguida le atribuyeron y que usaron también sus adversarios, aun cuando fuese con un asomo de ironía. Había verdaderamente en él algo que parecía provenir de lo alto. Tal vez era su modo de hablar que suscitaba esa impresión. Pericles no era un orador fecundo, enamorado de su propia palabra, como Cicerón o Demóstenes. Raramente pronunciaba discursos; cuando lo hacía era brevemente, y se escuchaba, eso sí, mas para controlarse, no para embriagarse. Tenía la lógica geométrica de la estatuaria y de la arquitectura de aquel período. En su fuero interno, no existían pasiones. Había solamente hechos, datos, cifras y silogismos.

Pericles era un hombre honesto, pero no a lo Arístides que de la honestidad había querido hacer una religión en medio de compatriotas estafadores, que querían ser administrados por un hombre de pro que, sin embargo, les dejase continuar sus latrocinios. Como Giolitti, Pericles fue honesto de sí, y, efectivamente, salió de la política con el mismo patrimonio con el que había entrado; mas para los demás se mostró tolerante. Y fue sobre todo por este buen sentido, creemos, que los atenienses no se cansaron de elegirle para los más altos cargos durante casi cuarenta años seguidos, desde 467 a 428 antes de Jesucristo, y reconocieron a su cargo de *strategos autokrator* más poderes que cuantos le reconocía la Constitución.

Demócrata auténtico, aunque sin gazmoñería, Pericles no cometió abusos. Para él, el régimen mejor era un liberalismo ilustrado y de progresivo reformismo, que garantizase las conquistas populares dentro del orden y excluyese la vulgaridad y la demagogia.

Es el sueño que acarician todos los hombres de Estado sensatos. Pero la suerte de Pericles consistió precisamente en el hecho de que Atenas, después de Pisístrato, Clístenes y Efialtes, estaba en condiciones de poderlo realizar y contaba con la clase dirigente adecuada para hacerlo.

La democracia, sancionada por las leyes, hallaba aún algunas dificultades de aplicación a causa del desequilibrio económico entre clase y clase. Pericles introdujo la «quinta» en el ejército, de modo que el servicio de las armas no acarreara, para los pobres, la ruina de la familia y concedió un pequeño estipendio a los jurados de los tribunales, a fin de que tan delicada función no fuese un monopolio de los ricos. Extendió la ciudadanía a varias categorías de personas que por una razón u otra estaban inhabilitadas para ella, pero impuso, o se dejó imponer, una especie de racismo que prohibía la legitimación de los hijos habidos con un extranjero. Medida absurda, que más tarde él mismo había de pagar.

Su mejor arma política fueron las obras públicas. Podía emprender cuantas quisiera, porque con los mares libres y con una flota como la ateniense, el comercio navegaba a toda vela y el Tesoro rebosaba dinero. Y, por lo demás, todos los grandes estadistas son también grandes constructores. Pero lo que distingue a Pericles de otros no es tanto el volumen como la perfección técnica y el gusto artístico que quiso imprimir a sus realizaciones. Disponía, desde luego, para llevar a cabo su obra, de hombres idóneos: maestros como Ictino, Fidias, Mnesicles. Pero fue Pericles quien les llamó a Atenas, seleccionándolos y supervisando los planes. Así, bajo su mandato, fue realizado el amurallamiento que Temístocles proyectaba para aislar, tierra adentro, la ciudad y su puerto. Viendo en él una fortaleza inexpugnable los espartanos mandaron un ejército para destruirla. Pero resistió. Pericles encontró algunas dificultades para convencer a sus conciudadanos de elevar el Partenón, la más grande herencia arquitectónica y escultórica que Grecia nos ha dejado. El presupuesto preveía un gasto de más de diez mil millones de liras. Y los atenienses, por mucho que amasen lo bello no estaban dispuestos a pagar tanto. Es característica de Pericles la estratagema a la que recurrió para convencerles. «Bien –dijo, resignándose–, entonces consentidme que lo construya por mi cuenta, quiero decir que en el frontón, en vez del nombre de Atenas, será inscrito el de Pericles.» Y por envidia y emulación se consiguió lo que la avaricia había impedido.

Aunque pasase por frío, y acaso lo fuese, como todos los hombres dominados por la ambición política, también Pericles pagó un día el peaje a la más humana de todas las debilidades –el amor–, y perdió la cabeza por una mujer. La cosa era un poco embarazosa por dos razones: primero, porque ya estaba casado y hasta entonces se había mostrado como el más virtuoso de los maridos; y después, porque aquella de quien se prendó era una forastera de pasado y aspecto más bien discutibles. Aristófanes, la lengua más mordaz de Atenas, decía que Aspasia era una ex cortesana de Mileso, donde había administrado una casa de mala nota. No tenemos elementos para confirmarlo ni para desmentirlo. De todos modos, habíase trasladado a Atenas, donde abrió una escuela no muy diferente de la que Safo fundara en Lesbos. Aspasia no escribía poesías, pero era una intelectual que luchaba por la emancipación de la mujer, quería sustraerla al gineceo y hacerla partícipe de la vida pública, en pariedad de derechos con el hombre.

Son cosas que hoy nos dejan indiferentes, pero que entonces parecían revolucionarias. Aspasia ejerció un gran influjo sobre las costumbres atenienses creando aquel prototipo de «hetaira» que después volvióse corriente en la ciudad. No se sabe si era bella. Sus ensalzadores nos hablan de su «voz argentina», de sus «cabellos de oro», de su «pie arqueado»: detalles que pueden ser también los de una mujer fea. Pero fascinante debía de serlo, pues todos están concordes en loar su conversación y sus maneras. Alguno dice que, cuando Pericles la conoció, era amante de Sócrates, quien, poco apegado a las mujeres, se la cedió gustoso y siguió siendo su amigo. Ciertamente, su salón era frecuentado por el mejor ambiente de Atenas. Acudían a él Eurípides, Alcibíades, Fidias. Y sabía entretenerles tan bien, que Sócrates reconoció, tal vez exagerando un poco, haber aprendido de ella el arte de argumentar.

Fueron sin duda esas cualidades intelectuales, más que las físicas, las que sedujeron al Olímpico, que esta vez no resistió a la tentación de descender a tierra y comportarse como cualquier mortal. Parece ser que, por conveniencia, se decidió en aquel momento a darse cuenta de que su mujer era poco menos virtuosa que él. En vez de reprenderla, le ofreció muy gentilmente el divorcio, que ella aceptó. Y se dirigió a casa de Aspasia quien, convertida así en la «primera dama de Atenas», abrió otro salón y entre conversación y conversación hasta le dio un hijo. Pero, ¡ay!, Pericles era el autor de la ley que prohibía la legitimación y la extensión de la ciudadanía a los frutos de la unión con extranjeros. Ahora era la víctima y lo fue con dignidad.

Parece ser que Aspasia le hizo feliz, pero políticamente no le trajo fortuna. Progresistas en el Parlamento, los atenienses eran conservadores en familia y no quedaron edificados por el ejemplo de aquel *autokrator* que trataba a la concubina de igual a igual, la besaba la mano y la hacía plenamente partícipe de su vida y de sus preocupaciones.

Apartándose aún más comenzó a perder contacto con la masa del pueblo, que le acusó de esnobismo y le tomó ojeriza.

Siguieron, sin embargo, dándole sus votos durante muchos años y confirmándole en su puesto de supremo rector y guía. Pericles cayó, puede decirse, junto con Atenas, o sea cuando el ocaso de la primacía que él mismo había dado a su ciudad con una hábil política interior y exterior.

Esa primacía de Atenas, luminosa y rápida, como un meteoro, se confunde con la de Grecia, cuya civilización alcanzó el florecimiento y la consumación en el espacio de poco más de tres generaciones. Pericles tuvo el privilegio de asistir a casi toda aquella extraordinaria parábola y de darle su nombre. Aun cuando finalizara melancólicamente en la ingratitud y la catástrofe, su suerte fue una de las más afortunadas que jamás se haya deparado a un hombre.

Capítulo XX

LA BATALLA DE LA DRACMA

Probablemente, en el origen de la extraordinaria fortuna de Atenas estuvo su pobreza. Los habitantes del Ática no hubieran podido elegir, como patria, un rinconcito de mundo más estéril, árido y sediento; de sus doscientas mil y pico de hectáreas, una buena mitad no es cultivable, ni siquiera ahora con la aplicación de la técnica moderna. La otra mitad exigía heroísmo y prodigios para exprimir los típicos frutos de las tierras pobres: vino, aceite e higos. Tampoco las grandes obras de irrigación y saneamiento emprendidas por Pirístrato permitieron cosechas de cereales para saciar el hambre de más de una cuarta parte de la población, y la carencia de pastizales impidió el desarrollo del pastoreo.

Los atenienses hicieron de la necesidad virtud, y un poco como los toscanos de dos mil años después (que mucho se les parecen, en lo bueno y en lo malo) aprendieron a aprovechar al máximo sus magros recursos y a administrarlos con sensatez. Parece imposible, pero la civilización entendida como sentido de mesura, de armonía, de equilibrio y de racional claridad, tiene siempre como abono la avaricia de la tierra y la parsimonia de los hombres, que encuentran en ello un estímulo para su propia iniciativa. No teniendo como producto base más que el aceite, los atenienses comprendieron enseguida todos sus posibles aprovechamientos culinarios, químicos y combustibles. Los pueblos podrían reagruparse en dos categorías los que van al aceite y los que van a la mantequilla. Y no cabe duda de que la civilización nació entre los primeros.

Condicionada por esa pobreza, la dieta de los atenienses era sobria, lo que explica su buena salud y su preeminencia deportiva. Quien se haya hecho una idea de ella por los relatos homéricos, donde un cabrito asado era un desayuno normal, va descaminado. En Atenas sólo los ricachones comían carne de vez en cuando. Y si el pescado en salazón era algo más común, el fresco representa una preciosa y costosa *delikatesse*. Los campesinos no conocen más que los cereales: lentejas, habas, guisantes, cebollas, coles y ajos. Sólo los días festivos le tuercen el cuello a un pollito o confeccionan un dulce con huevos y miel, pues todos crían gallinas y son apicultores. Pero tampoco el ciudadano medio se aleja de este régimen. Hipócrates, el primer médico laico, exclama escandalizado: «¡Decir que hay gente que come hasta dos veces al día y lo considera normal!»

Un poco mejor se anda en cuanto a industrias de extracción. La primera fue la de la sal, que durante cierto tiempo constituyó incluso moneda de cambio; tan es verdad que, para hacer el elogio de una mercancía, se decía: «Vale su sal.» Los atenienses no buscaron jamás el carbón, que por lo demás no existía. Como combustible, se servían solamente de leña, y eso fue su desgracia porque en un abrir y cerrar de ojos destruyeron los pocos bosques que circundaban la ciudad, y Pericles encontró ya una Atenas encerrada en un mar de pedruscos, que hasta para la madera dependía de las importaciones. Sus geólogos hurgaron las entrañas de la tierra para extraer plata, hierro, cinc, estaño y mármol. Precisamente cuando Pericles tomó el poder, Atenas era presa de una «fiebre de la plata» a causa de un rico filón descubierto en Laurion. Todo el subsuelo pertenecía al Estado, el cual no administraba directamente las minas, pero las daba a contratistas que pagaban un tanto al año más un tanto por ciento sobre el producto, y que las explotaban con el trabajo de los esclavos. De éstos había, en el siglo v, entre diez y veinte mil empleados en esa labor en condiciones inauditas. Los empresarios los alquilaban a los mayoristas a cien liras diarias cada uno. Y, naturalmente, con salarios de este tipo, las ganancias eran enormes. En el primer presupuesto de Pericles representaban uno de los ingresos mayores del Estado: cerca de doscientos cincuenta millones de liras.

El beneficio del mineral era primitivo, pero ya se conocía el mortero, el filtro y el lavado. Los resultados debían de ser apreciables porque, por ejemplo, las monedas de plata tenían una pureza de hasta el noventa y cinco por ciento, y el artesanado ateniense fue de los mejores organizados y más famosos por la perfección de sus productos. Por ejemplo, quien fabricaba espadas no hacía escudos, y viceversa, porque cada una de estas especialidades era monopolio de un determinado gremio de armeros. Naturalmente, no se trataba de verdaderos complejos industriales, sino de una teoría de talleres, celoso cada uno de su propia independencia, y con los esclavos en lugar de máquinas. Todos los demás conspicuos ciudadanos de Atenas eran un poco industriales, por cuanto cada uno poseía uno, o varios de esos pequeños talleres: hasta Pericles y Demóstenes eran propietarios de ellos. Y esto tuvo su importancia, pues una población de carácter predominantemente industrial acaba siempre desarrollando una política diferente a la de las poblaciones rurales.

En primer lugar, tiende a dar prioridad a los problemas del comercio y de las finanzas. Para compensar las importaciones de productos alimenticios, los atenienses hubieron de proceder a la exportación de manufacturas, y por ende a una producción suficientemente masiva. He aquí por qué la civilización ateniense fue exquisitamente ciudadana. Si hubiese debido medirse sobre las proporciones y los recursos del campo ático, Atenas se hubiera quedado en poco menos que un burgo. Para convertirse en una capital no le cabía más que desarrollar al máximo su artesanía industrial, asegurándole mercados de salida. Mas éstos no podían encontrarse en el interior de la tierra helénica a causa de las dificultades de comunicación. Los atenienses no fueron grandes constructores de caminos como los romanos. Construyeron sólo y malamente, la Vía Sacra hasta Eleusis, pero dado que el provecho no compensaba los gastos, ni siquiera la empedraron. Sobre el piso fangoso, los carros tirados por bueyes se atascaban. Y por esto en Grecia jamás se desenvolvió ni un servicio postal ni una industria de hospedaje.

No quedaba, pues, más que el mar. Atenas con su Pireo fue un Milán con Génova a diez kilómetros. Y después de Salamina se erigió en dueña del Mediterráneo oriental. Su flota contaba ya con naves de más de doscientas toneladas con velocidades de hasta quince kilómetros por hora, con esclavos a los remos y velas al viento. Eran cargueros, pero también transportaban pasajeros, cuya tarifa variaba según el peso personal y el de los equipajes, pues se les consideraba como sacos de trigo o de patatas. Debían traerse consigo las vituallas para el viaje y no se les proveía siquiera de una silla. Pero en general eran tarifas bajas: por quinientas liras se podía ir a Egipto.

La cosa más difícil de reglamentar era el sistema monetario y bancario, y ahí Atenas comprendió lo que los italianos, en cambio, jamás comprenderán: o sea, la única manera de ser taimado y de no serlo. Mientras todos los Estados practicaban la mezquina astucia de la desvalorización, Atenas practicó una honradez que no estaba en las costumbres y en la moralidad de sus ciudadanos, dando un valor estable a la propia dracma, como el del franco suizo y el dólar americano, y convirtiéndola, por tanto, en moneda de cambio internacional. Una dracma tenía seis óbolos, que valían cerca de cien liras cada uno, y contenía una determinada cantidad de plata que jamás fue alterada. Mientras combinando negocios en cualquier otra moneda se arriesgaba uno a acabar como han acabado nuestros ahorradores con los bonos del Tesoro, con la dracma uno podía estar tranquilo: en todos los países del mundo su poder adquisitivo era el equivalente a una medida de trigo.

Por ser de metal, no era fácilmente transportable. Pero precisamente por esto surgieron los Bancos, cuya historia nos permite calibrar la hipocresía de los atenienses y la infinidad de sus recursos. Consideraban inmoral el préstamo con interés, y durante algunos siglos obligaron a los ahorradores a esconder sus cuartos en un calcetín de lana. Luego se dieron cuenta de que aquellos capitales quedaban sustraídos al ciclo productivo. Y entonces, pese a seguir prohibiendo los Bancos, consintieron que los ahorros fuesen depositados en las iglesias. Comprenderéis: una vez que uno confía su peculio a la diosa Palas, por ejemplo, en el aspecto moral se ha puesto en su sitio. Y en cuanto a Palas, ésta es libre de hacer lo que quiera de los dineros: hasta de prestarlos a un fiel suyo bajo compromiso de restituirlos con intereses. Es eso tan verdad que cuando Atenas propuso a los demás Estados la constitución de un fondo común, o sea de un Banco internacional, ¿quién fue nombrado presidente? Apolo de Delfos.

Ahora bien, sucedió que esos dioses-banqueros se comportaron todo lo contrario que Giuffrè. A quien depositaba su capital en sus institutos, ellos daban, como rédito, el dos o tres por ciento. Pero a quien lo iba a pedir en préstamo, le exigían hasta el veinte por ciento de interés. Temístocles, que en las guerras persas había ganado no sólo los galones de generalísimo, sino también algo así como trescientos millones de liras, y no sabía dónde meterlas, fue el primero, parece ser, que se dirigió a un particular de Corinto, un tal Filostéfano, que le garantizó el cinco por ciento. En Atenas, cuando lo supieron, no se alarmaron tanto del hecho de que un general hubiese acumulado un patrimonio tan ingente, cuanto de que los capitales huyesen al extranjero. Y se decidieron a autorizar cambistas que, por la mesa a la que se sentaban, se llamaron *trapezitas*, y que poco a poco se convirtieron en verdaderos banqueros. Entre ellos se hicieron famosos y omnipotentes Arquestrato y Antístenes, los Rothschild de Atenas. Así estalló el *boom* comercial, garantizado por la supremacía naval, por la estabilidad de la moneda y por el sistema crediticio. Atenas no exporta ya tan sólo sus productos manufacturados para pagar los géneros alimenticios. Sus armadores facilitan el vehículo para la circulación de todo el comercio mediterráneo y sus banqueros proporcionan las dracmas para todas las transacciones. En El Pireo se fletan todos los mercantes, hacen escala todas las mercaderías y etapa todos los viajeros. He aquí por qué toda cosa y toda persona se convierte en algo de casa. «Se encuentra –decía Isócrates– lo que es imposible procurarse en otras partes.» Se calcula que, sólo en un impuesto del cinco por ciento sobre los fletes, el Estado ingresaba quinientos millones de liras al año. Pero los efectos no eran tan sólo económicos, sino también morales y espirituales. Pues fue esa su vocación de gran emporio internacional lo que hizo de Atenas la ciudad más cosmopolita y menos provinciana de Grecia; más aún, del mundo antiguo. Y se lo debió a la pobreza del rinconcito del mundo donde Teseo y los demás fundadores habían hecho instalar el pequeño pueblo del Ática.

Capítulo XXI

LA LUCHA SOCIAL

La cosa más extraordinaria es que en esta Atenas trafi-
cante, resonante de mazos y martillos, que adora el dinero
hasta instalar los Bancos en las iglesias y designando presidentes de ellos a los dioses, los ciudadanos desprecian el
trabajo y lo consideran como una mortificación de la dignidad humana.

Por muy contradictorias y poco dignas de crédito que
sean las estadísticas de la época, no cabe duda de que estos
ciudadanos constituyen una exigua minoría en la masa de
la población. Según Demetrio Faléreo no rebasaban los
veinte mil sobre quinientos mil habitantes. Pero a saber
cómo hicieron la cuenta. *Grosso modo*, parece, ciertamente, que eran pocos y que, considerando el ocio como la
más noble actividad y la primera condición de todo progreso espiritual y cultural, dejaban el trabajo en monopolio a las otras tres categorías de la población: los metecos,
los libertos y los esclavos.

Por metecos (que literalmente significa «coinquilinos») los atenienses entendían lo que los ingleses entien-
den por *aliens*, o sea, todos los que, no habiendo tenido el
privilegio de nacer en Atenas, habían establecido en ella

su morada, aunque, no obstante ser libres, no tenían derechos políticos. Éstos formaban una típica clase media de artesanos, mercaderes, agentes de negocios, procuradores y profesiones liberales, originarios sobre todo de Oriente Medio. La ley ateniense les trataba altaneramente. Les excluía del arrendamiento de las minas, labor demasiado cómoda y remuneradora para no dejarla en monopolio a los indígenas; les prohibía comprar tierras y casarse con ciudadanos, les imponía el servicio militar y los tributos. Pero en el terreno comercial, como se necesitaba su valiosa aportación, les protegía y defendía reconociendo la legalidad de sus profesiones y la validez de sus contratos.

Más o menos en la misma condición se encontraban los libertos, o sea, los esclavos e hijos de esclavos que lograban ganarse la libertad. Los caminos para alcanzar esta suspirada meta eran varios. A algunos se la concedía el dueño como premio a su buena conducta; a otros se la procuraban, a fuerza de dinero, parientes o amigos libres que habían logrado acumularlo (éste fue el caso, entre otros, de Platón); a muchos se la concedía el Estado para convertirlos en soldados, cuando las levas estaban exhaustas; y había quienes se la compraban con sus ahorros acumulados óbolo a óbolo.

Metecos y libertos, pese al trato discriminatorio al que estaban supeditados, amaban Atenas, la consideraban su patria y se enorgullecían de ella. Es más, ellos fueron los que constituyeron la urdimbre vinculadora y la fuerza. De sus filas salieron los grandes médicos, los grandes ingenieros, los grandes filósofos, los grandes dramaturgos, los grandes artistas, y también todos los pequeños. El ateniense que, fiel a su vocación por el ocio, buscaba un buen administrador, un buen capataz, un buen sastre, un médico de cabecera, etc., lo encontraba entre ellos. Y por lo demás, en un momento dado, todas las finanzas de Atenas se encontraron controladas por dos de ellos, Pasión y Formión, que, habiendo realzado y desarrollado el Banco de Arquestrato y Antístenes, se encontraron siendo dueños de una ciudad que les negaba la ciudadanía.

Los verdaderos desheredados eran los esclavos, que acaso no llegaban a los cuatrocientos mil, como dice Demetrio, pero que sin duda rebasaban los cien mil. Son casi todos prisioneros de guerra o carne de horca. En el campo hay pocos porque un labrador difícilmente puede procurárselos al precio que costaban: en el mercado de Delos, que era el más importante y donde se les exhibía desnudos, un esclavo de buena constitución llega a costar medio millón. Además, a diferencia de lo que se hace en Roma, donde el amo tiene incluso el derecho a matarlo, en Atenas el esclavo goza de cierta protección de la ley. Si uno le mata, acaba en el tribunal acusado de homicidio. Y si le azota excesivamente, el esclavo huye y se refugia en un templo, de donde no se le puede desalojar y hay que venderlo a precio de saldo.

Salvo los que acaban en las minas, donde se trabaja diez horas al día y tarde o temprano se muere bajo un desprendimiento de tierras, su suerte no es, pues, tan negra. A muchos los enrola el Estado como personal de servicio –porteros, mandaderos, bedeles– con pequeños salarios y libertad de movimientos y de morada. Otros entran en familias particulares como cocineros o camareros, o también como escribanos o bibliotecarios, y acaban siendo considerados como formando parte de ellas. En suma, hay que decir que la civilizadísima Atenas practicó la esclavitud de la manera más humana, pero no se hizo con ella un problema de conciencia, aunque algún filósofo lo agitó. Sócrates no dijo palabra. Y Platón manifestó que era reprochable que los griegos mantuviesen esclavos a otros griegos. Claro: a él le había tocado serlo. A los extranjeros, consideraba justo y lógico tenerles subyugados. En cuanto a Aristóteles, sostiene una teoría vagamente marxista escribiendo que la esclavitud no era ni moral ni inmoral, sino tan sólo una necesidad impuesta por un régimen capitalista que aún no había pasado la revolución industrial. «Serán las máquinas –dijo–, no las leyes, las que liberarán a los esclavos haciéndoles inútiles.»

No cabe duda de que, cuando Pericles alcanzó el poder, el régimen ateniense era capitalista. La propiedad de la tierra, que en tiempos de los aqueos era de la «gente», ahora es individual. Los Bancos, las grandes empresas navieras y las industrias son privadas. Al Estado sólo le pertenece el subsuelo, y aun éste no lo administra directamente. Pero hay que añadir inmediatamente que el problema social permanece confinado en la minoría de los ciudadanos: ni siquiera a los politicastros más radicales les pasa por la cabeza tener en cuenta a los metecos y a los libertos.

Entre esos ciudadanos, el desequilibrio económico no era muy grande. Temístocles aparte, cuyo caso era de hecho considerado como escandaloso y que tuvo que huir para poner a salvo cabeza y peculio, no había millonarios. Los grandes patrimonios, de los que se hablaba con una mezcla de envidia y de admiración, eran los de Calia y de Nicias, que bordeaban los quinientos millones de liras. Tal vez en el origen de la lucha de clases, en Atenas, hay más un conflicto de ideas y de moralidad que de interés. Veamos a Alcibíades, que será uno de los protagonistas. Pertenece a la aristocracia agraria, entre la cual pasa por rico porque posee veinte hectáreas, que en un Ática fragmentada en pequeños predios es considerado como un latifundio. Propietario de una casita de campo, que él llama pomposamente «castillo», pero que no es nada más que una alquería, donde su padre araba personalmente la tierra con bueyes, cuando va a la ciudad siente la riqueza de sus coetáneos burgueses, sus cómodas villas y sus vestidos a la moda como una falta de miramientos para con él. Afecta gran desprecio por esos nuevos ricos (que a menudo lo merecen) y por su democracia, procura distinguirse de ellos, añadiendo, en la tarjeta de visita, su propio nombre al del padre, como hay hacen algunos incorporando un «de» al apellido. Pero, en resumidas cuentas, también ese hidalgüeño rural aspira a enriquecerse, bajo el aguijón de su mujer que quiere el visón y el palacio en la ciudad, y que si bien en el *ágora* no cuenta nada, en casa incordia como un tábano.

Ahora bien, a disposición de esos nobles venidos a menos, la democracia no deja más que una fuerza en la que apoyarse políticamente: los ciudadanos de las clases más pobres. En teoría, éstos serían los campesinos, que la avaricia del suelo y la pequeñez de la heredad condenan a una miseria endémica. Pero son poco receptivos a las ideas revolucionarias. Además, aunque sean, por derecho, miembros de la Asamblea, acuden raramente a ella a causa de la falta de medios de comunicación. Es esto, precisamente, lo que fija límites concretos y restringidos a la democracia ateniense. Sus protagonistas son, sobre tres o cuatrocientos mil habitantes, treinta o cuarenta mil ciudadanos. Mas de éstos, los del campo, es decir, una buena mitad, quedan excluidos a causa de las ingentes dificultades de los desplazamientos. Todo se desenvuelve, pues, entre las quince o las veinte mil personas que conviven dentro de las murallas de la ciudad, que se conocen, se encuentran todos los días y se llaman por sus nombres. He aquí por qué el experimento democrático ateniense ha alcanzado en la Historia un valor ejemplar y se destaca en ella con tan sobria evidencia.

Los vástagos de la aristocracia empobrecida buscan secuaces entre los descontentos de una democracia capitalista que tan sólo favorece a las clases altas y medias. Es fácil comprender cuáles son éstas; todos los que, en un régimen de libre competencia, se quedan atrás. Y los hay: basta mirar los salarios y los emolumentos. Es difícil, hoy día, calcular el poder adquisitivo de la dracma. Pero según las cuentas que hacen los más acreditados expertos, una familia de cuatro personas necesitaba un centenar al mes para vivir como hoy se vive con cien mil liras. Pues bien, el salario de un artesano y los emolumentos de un pequeño empleado no rebasaban los treinta.

De ahí las reivindicaciones y las «instancias sociales» sobre las que la aristocracia venida a menos hace palanca. Que no las interpreta, como hoy hace el socialismo, reclamando nacionalizaciones: las interpreta reclamando la abolición de las deudas, la distribución gratuita de trigo y la participación de todos en las utilidades del comercio y de la industria. De todos los ciudadanos, se entiende. De metecos y libertos, por no hablar de los esclavos, nadie se preocupa. Aristófanes pone en escena una «condesa de izquierdas» que predica precisamente una especie de comunismo aristocrático, reclamando la distribución en partes iguales, entre los ciudadanos, de los beneficios del trabajo colectivo. «Pero el trabajo, ¿quién lo hace?», le pregunta Blepiro. «Los esclavos, por supuesto», responde la dama.

Éstos son los términos en que se debate la lucha de clases en Atenas, con un partido democrático que corresponde aproximadamente a lo que hasta hace poco ha sido el partido radical francés, compuesto totalmente de clases medias, interesadas, sí, en el progreso, pero con mucha moderación, y hostigado por una extrema derecha y una extrema izquierda totalitarias, ligadas, como casi siempre ocurre, por una alianza gazmoña. No exageremos, sin embargo: por bien que vivaz y pendenciera en el parlamento, los comicios y los salones, aquella lucha de clases fue siempre atemperada por el miedo que aglutinaba a los treinta o cuarenta mil ciudadanos: la de verse desbordados hasta cierto punto por los dos o trescientos mil metecos, libertos y esclavos, sobre cuya masa su exigua minoría había, claro está, de seguir flotando.

No obstante, fueron aquellos marxistas atenienses, con muchos blasones y lemas en las tarjetas de visita, quienes inventaron la bandera bajo la cual, de entonces en adelante, habían de militar todos los comunistas de todos los tiempos: la roja. Ésta, pues, no tiene un origen proletario, como hoy se cree, sino aristocrático.

Capítulo XXII

UN TEÓFILO CUALQUIERA

No se puede decir con exactitud si la política ateniense fue favorable o no al incremento demográfico. Sobre tal punto siempre fue contradictoria. En la ley civil y en la religiosa se hallan muchos estímulos, incluyendo la adopción de hijos por matrimonios estériles. Pero también se halla sancionado el infanticidio, que se practicaba regularmente con los niños deformes, mientras que el código médico de Hipócrates prohibía el aborto.

Cabe creer, en suma, que el Estado dejaba mano libre a la iniciativa privada, ya que todo dependía de los progenitores que el destino daba al recién nacido. Si aquéllos eran de índole afectiva y la criatura era varón y de buena constitución, tenía muchas posibilidades de ser bien recibido. De lo contrario corría el riesgo de ser arrojado por la puerta.

Superado este primer examen, el niño, dentro de los diez días de su nacimiento, era acogido por la familia con una ceremonia en la que se le hacían varios regalos, entre ellos el nombre. Mas, a diferencia de sus coetáneos romanos que enseguida recibían tres (el propio, el de la familia y el de la «gente» o «dinastía»), aquél sólo recibía uno: lo que demuestra cuánto más individualista era la sociedad griega, es decir, cuánto menos contaban los vínculos de parentesco.

Tomemos un Teófilo cualquiera de la clase media. Le han llamado así porque así se llamaba su abuelo. Si acaso, para distinguirle de los otros Teófilos de la ciudad o del barrio, le llamarán Teófilo de Cimón, que es el nombre de su padre, o Teófilo de El Pireo, que es el barrio donde ha nacido. Con el nombre, ha recibido el derecho a la vida, en el sentido de que a partir de ahora no se le puede arrojar por la puerta: hay que quedárselo, alimentarle y educarle. Naturalmente, también el cumplimiento de estos deberes depende del carácter de los progenitores y de sus posibilidades económicas. Mas el propio Temístocles, que fue uno de los hombres más poderosos e influyentes de Atenas, decía que el verdadero dueño de la ciudad era su hijo porque mandaba a su madre, la cual le mandaba él. Lo que nos demuestra que, una vez apegados al niño, los progenitores se tornaban, como buenos meridionales, tiernuchos como los padres italianos de hoy.

La casa donde Teófilo ha nacido no es grande. Desde fuera, es sólo una pared enjalbegada, sin ventanas, con una pequeña puerta provista de una mirilla, que da al callejón sin pavimentar. Está construida con ladrillos y sólo tiene una planta. Aun después de que Alcibíades hubo estimulado el lujo y la ostentación, pocos fueron los ciudadanos que agrandaron la casa y la circundaron de una columnata: tenían demasiado miedo de inspirar envidia a los vecinos, tentaciones a los ladrones y pretextos al fisco. Además, el clima no favorecía el amor a la casa, que ellos consideraban poco más que un dormitorio.

En el centro había un patio, que tan sólo los acomodados circuían de un pórtico, y donde la familia se reunía para comer y rezar. Sobre él daban todas las estancias, escasamente provistas de decoración y de muebles: algunas sillas, una mesa, una cama. De calefacción hay poca necesidad. Cuando conviene se emplean braseros de bronce.

Para el alumbrado hay unas anillas incrustadas en la pared donde colgar las antorchas.

Teófilo crece sobre todo en el patio, o sea al aire libre, en compañía de las mujeres, jugando con hermanitos y hermanitas. Sus juguetes preferidos son pelotitas de barro cocido, muñecos, soldados de trapo, carritos de madera. Por la noche le meten temprano en la cama, en el «gineceo», o sea en el sector de las mujeres. Así transcurren con frecuencia varios días sin que vea a su padre, que sale por la mañana, de amanecida, para ir a trabajar o a discutir de política en la plaza. Más que en la familia, éste vive en la «cofradía», o sea en el *club* (en Atenas hay lo menos cincuenta), y no siempre vuelve para comer. Es un padre menos autoritario que el romano. No educa personalmente a su hijo, y cuando éste tiene seis años le manda a instruirse a una escuela privada, donde cada mañana le lleva de la mano un «pedagogo», quien, contrariamente a lo que hoy se cree, no es el maestro, sino un esclavo o un criado que sólo hace de acompañante. Pese a las sugerencias de Platón, el Estado de Atenas no quiso asumir jamás el monopolio de la escuela, y dejó también ésta a la iniciativa privada. Sólo instituyó por su cuenta las «palestras» y los «gimnasios», donde se practicaba la gimnasia, porque evidentemente los músculos de sus ciudadanos le interesaban más que sus cerebros.

Teófilo seguía *pais*, o sea muchacho, y continuaba en la escuela hasta los catorce o dieciséis años, aprendiendo a leer, a escribir, a cantar y a tocar la lira. No tiene un banco, sino tan sólo una silla, y sostiene sobre las rodillas el libro, el cuaderno, la pluma y el tintero. Sin embargo, las horas que pasa allí son pocas comparadas con las que está obligado a pasar en la palestra: pues en Atenas no se considera «educado» a quien no sepa correr los cien metros en menos de doce segundos, nadar, ejercitarse en lucha y lanzar el disco y la jabalina. Solamente después de esa formación media, Teófilo, si quiere, puede especializarse en oratoria, o en ciencias, o en Filosofía, o en Historia siguiendo los cursos de algunos profesores particulares que los dan paseando por los aledaños de la palestra o sentados bajo un árbol, y que cuestan un montón de cuartos.

A los dieciocho años Teófilo se convierte en *efebo*, hace el servicio militar y, para educarse en la guerra, la administración y la política, se inscribe en un *nomadelfia*, donde duerme y come con sus conciudadanos, con ellos discute los reglamentos de la comunidad y, si se distingue, entra a formar parte del gobierno que la rige. Transcurrido un año de este entrenamiento, jura fidelidad a la patria, es decir, a Atenas, en una espléndida ceremonia ante el Consejo de los Quinientos, y va a terminar el servicio militar en el cuartel. A partir de este momento es ya un ciudadano de pleno derecho, tiene una butaca gratuita en el teatro, aparece en primera fila en las procesiones que se hacen en honor de Palas, toda la ciudad le mira con simpatía, porque es joven y guapo, y va a aplaudirle cuando, con los otros efebos, corre de noche la «estafeta», desde El Pireo a Atenas pasando la antorcha al compañero de equipo.

Cuando se licencia, Teófilo tiene veintiún años y no es ya efebo sino *aner* o sea hombre autorizado a fundar una familia por su cuenta, y protagonista de la vida ciudadana. No se puede decir propiamente que semeja a una estatua de Fidias; pero en general tiene buena planta, de estatura media, siendo menos macizo pero más armonioso que el romano. En tanto que su padre Cimón llevaba pelo y barba muy largos Teófilo los lleva cortos porque cada quince días va a hacérselo cortar por el barbero, cuyo establecimiento se ha vuelto ya en lugar de reunión y en fragua de chismorrerías políticas y mundanas. Así al menos lo dice Teofrasto demostrándonos cómo en el fondo la Humanidad siempre ha sido la misma.

Teófilo no tiene muchos tratos con el agua, un poco porque no tiene mucha a su disposición en esa ciudad rodeada de montañas peladas, donde los servicios hidráulicos siempre han dejado mucho que desear. Por la mañana, en vez de lavarse, se unta con aceite y usa alguno de los cien perfumes, cuya fabricación constituye una de las industrias más prósperas de Atenas (y Sócrates, que es un guarro, cuando le encuentra se queja de ello y frunce la nariz). En compensación, la dieta sobria y seca, las prolongadas nadaduras en la piscina o en el mar, la vida casi siempre al aire libre –pues al aire libre están también iglesias y teatros– permiten que necesite poco de abluciones. Posee un solo traje para todas las estaciones, el *quitón*, que es una túnica de lana. Su padre la llevaba blanca. Pero Teófilo se la ha teñido de rojo. Sombrero no usa: está convencido de que le haría encanecer o perder el pelo antes de tiempo. Para calzar, usa sandalias, sustituyéndolas con zapatos de verdad y aun con polainas sólo en ocasión de grandes viajes, como un peregrinaje a Dodona o Epidauro. Le gustan mucho los anillos y en general lleva más de uno, aunque no llegue al exhibicionismo de Aristóteles, que se recargaba los dedos con ellos hasta el punto de taparlos enteramente. Puede gastarse alegremente su dinero en ellos porque la casa le cuesta poco. No tiene afición al hogar, como no la tenía su padre. Ha nacido en la casa, pero sólo se ha criado en ella durante seis años, pues toda su formación se ha desarrollado en la escuela, en el cuartel y en la plaza. Pertenece mucho más a la ciudad que a la familia. Por eso también su moralidad es menos rigurosa y más desenfadada que la romana.

Teófilo es hospitalario, aunque menos que Cimón, porque ahora la seguridad de los caminos es mayor. Pero a los huéspedes les llama *parásitos*, como un tiempo se llamaba a los sacerdotes que se apropiaban las dádivas en trigo que los fieles ofrecían a los dioses. Y encuentra muy natural, es más digno de encomio, mentir: ¿o es que no está, entre sus héroes preferidos, Ulises, el más descarado embustero de la Historia? Vender por buenas las aceitunas pasadas y robar en el peso, es para él absolutamente normal, y hasta enseñará este arte a su hijo para «tomar el pelo» al prójimo. Su moralidad es la del rey Agesilao quien, al proponérsele traicionar al de Tebas, responde: «¿Puede salir bien?» Porque, si puede salir bien, hasta la traición queda admitida. Cuando va a la guerra, Teófilo encuentra del todo lógico rematar a sablazos al enemigo herido y robarle armas y cartera, saquear las ciudades y violar a las mujeres.

Teófilo, como buen meridional, no ama la Naturaleza. Destruye plantas y animales, contribuyendo con las propias manos a la pobreza y aridez de su tierra, y en total se parece poco a aquel ejemplar de sabiduría humana que Goethe y Winkelmann imaginaran. Es astuto y voluble, ha cuidado más de formarse una inteligencia que un carácter, y prefiere ser un brillante bribonazo mejor que un mediocre caballero. Cree en la lógica, pero más como arma de combate para pasar a saco al prójimo que como llave para explicar el porqué de la vida. Predica el *self-control*, pero no lo practica porque es siempre presa de alguna pasión: gloria, amor, poder, dinero, y hasta sapiencia. Le gusta lo nuevo, y por esto ama más a los jóvenes que respeta a los ancianos. Su ideal de vida no es en absoluto la serenidad, como se ha dicho, sino una exuberancia de fuerzas que le permita una existencia plena: plena, quiero decir, de todas las experiencias, las buenas y las malas.

En suma, hay en él todo cuanto hace falta para hacer de Atenas, en el espacio de un siglo, la capital del mundo y la más decaída de las colonias.

Capítulo XXIII

UNA NIKÉ CUALQUIERA

Aparte las legendarias –Helena, Clitemnestra, Penélope, etc.–, las únicas mujeres que ganaron un puesto en la verdadera y propia historia griega son las *hetairas*, que fueron algo entre las *geishas* japonesas y las *cocottes* parisienses.

Dejemos a la más célebre, Aspasia, quien, como amante de Pericles, tornóse, sin más, en la «primera dama» de Atenas y que con su salón intelectual dictó leyes en ella. Pero también el nombre de otras muchas nos ha sido transmitido por poetas, cronistas y filósofos, que con ellas tuvieron gran intimidad y que, lejos de avergonzarse, se envanecían de ello. Friné inspiró a Praxíteles, que la amaba desesperadamente. Ha quedado famosa, además de por su belleza, también por la habilidad con que la administraba. No se mostraba más que cubierta con velos. Y tan sólo dos veces al año, durante las fiestas de Eleusis y las de Poseidón, iba a bañarse en el mar completamente desnuda, y toda Atenas se citaba en la playa para verla. Era un hallazgo publicitario formidable que le permitió mantener muy elevada su tarifa. Tan elevada, que un cliente, después de haber pagado, la denunció. Debió de ser un proceso sensacional, seguido ansiosamente por toda la población. Friné fue defendida por Hipérides, un Giovanni Porzio de la época, que frecuentaba su trato, y que no recurrió mucho a la elocuencia. Se limitó a arrancarle de encima la túnica para mostrar a los jurados el seno que estaba debajo. Los jurados miraron (miraron largo rato, suponemos), y, la absolvieron.

El escrúpulo de la buena administración era vivo también en Clepsidra, que fue llamada así porque se concedía por horas y, terminado el tiempo, no admitía prolongaciones: como lo era Gnatena, que invirtió todos sus ahorros en su hija y, tras haberla convertido en la más renombrada maestra de la época, la alquilaba en medio millón por noche. Mas en todo esto no se crea que las hetairas fuesen tan sólo animales de placer, interesadas exclusivamente en amontonar dinero. O, por lo menos, el placer no lo procuraban solamente con sus formas aventajadas. Eran las únicas mujeres cultas de Atenas. Y por esto, aun cuando se les negaban los derechos civiles y se las excluía de los templos, excepto el de su patrona Afrodita, los más importantes personajes de la política y de la cultura las frecuentaban abiertamente y con frecuencia las llevaban en palmas. Platón, cuando estaba cansado de filosofía, iba a reposar en casa de Arqueanasa; y Epicuro reconocía deber buena parte de sus teorías sobre el placer a Danae y a Leoncia, que le habían proporcionado las más elocuentes aplicaciones del mundo. Sófocles mantuvo prolongadas relaciones con Teórida, y, una vez cumplidos los ochenta años, inició otras con Arquipas.

Cuando el gran Mirón, encorvado por la vejez, vio llegar a su estudio, como modelo, a Laida, perdió la cabeza y le ofreció todo lo que poseía con tal de que se quedase aquella noche. Y dado que ella rehusó, al día siguiente el pobre hombre se cortó la barba, se tiñó el pelo, púsose un juvenil quitón color de púrpura y se pasó una capa de carmín sobre el rostro. «Amigo mío –le dijo Laida–, no pienses obtener hoy lo que ayer rehusé a tu padre.» Era una mujer totalmente extraordinaria, y no solamente por su belleza, que muchas ciudades se disputaban el honor de haber sido su cuna (mas, al parecer, era de Corinto). Rechazó las ofertas del feo y riquísimo Demóstenes al pedirle cinco millones, pero se entregaba gratis al desdinerado Arístipo sencillamente porque le gustaba su filosofía. Murió pobre, después de haber gastado todo su peculio en el embellecimiento de las iglesias donde no podía entrar y para ayudar a los amigos caídos en la miseria. Y Atenas la recompensó con unos espectaculares funerales como jamás los tuvo el más grande hombre de Estado o el general más afortunado. Por lo demás, también Friné había tenido la misma pasión de la beneficencia, y entre otras cosas había ofrecido a Tebas, su ciudad natal, reconstruir las murallas, si le permitían inscribir su nombre. Tebas contestó que estaba de por medio la dignidad. Y con la dignidad se quedó sin murallas.

Las hetairas no deben confundirse con las *pornai*, que eran las meretrices comunes. Éstas vivían en burdeles esparcidos un poco por toda la ciudad, pero concentradas sobre todo en El Pireo, el barrio portuario, porque los marineros han sido en todos los tiempos los mejores clientes de esos lugares de mala nota. Eran casi todas orientales, jóvenes y de carnes perezosas y soñolientas, que sufrían su degradación sin rebelarse, dejándose explotar por sus empresarios, viejas mujerucas que administraban aquellas casas. Sólo las que lograban aprender un poco de modales y a tocar la flauta mejoraban de situación convirtiéndose en *aléutridas*. Parece ser que la misma Aspasia venía de esta carrera, pero su caso ha quedado el único.

Como fuere, no es de esas mujeres públicas –sean pornai, aléutridas o hetairas–, como ha de ser reconstruida la condición de la mujer en Atenas, que permaneció singularmente, aun en el período de mayor esplendor, en posición subordinada e inferior. Tomemos el caso de una Niké cualquiera, nacida en una familia de la clase media. Ha corrido, antes de ser acogida, más peligros que su hermano Teófilo, su sexo la hace menos útil y, por tanto, menos aceptada. «Mala suerte, es una chica: ¿qué hacemos con ella?», es habitualmente la bienvenida que el padre da a la recién nacida.

Crece en casa, en el patio y en el gineceo, donde no recibe ninguna educación verdadera y apropiada. Su madre le enseña tan sólo economía doméstica, entre otras cosas, porque aparte cocinar y tejer la lana, ella misma no sabe otra cosa. Aspasia intentó instituir cursos de Filosofía y Letras para jovencitas. Mas quien los frecuentó hubo de desafiar el escándalo, y la iniciativa tuvo escasa continuidad.

Niké crece en casa y hasta por esto no es bella. Un sedentarismo atávico la hace pernicorta, ancha de caderas y de seno fácilmente relajable. Es morena, pero se tiñe para parecer rubia, porque, como todos los varones del Sur, también los griegos prefieren los colores del Norte. También ella se lava poco y en vez de jabón usa ungüentos y perfumes. Se retoca los labios con carmín, se unta las mejillas con cremas y polvos, trata de parecer más alta llevando tacones largos sobre los que se tiene mal de pie y se enjaula el pecho en un enrejado de agujetas y gruperas. Plutarco cuenta que cuando en Mileto se difundió entre las mujeres una epidemia de suicidios, el gobierno puso remedio ordenando sencillamente que los cuerpos de las víctimas fuesen expuestos desnudos a la población. Y la coquetería pudo lo que no podía el instinto de conservación.

Niké, hecha ya una muchacha, lleva el peplo de lana, blanca o colorada, pero ésta es la única elección que se le deja. Dado que está confinada en casa, no puede siquiera hacer la elección del chico que le gusta y tiene que esperar que su padre se ponga de acuerdo con otro padre para concertar el matrimonio. Dado que Niké pertenece a la burguesía media, una pizca de dote la tiene, lo que facilita mucho las cosas. Esta dote queda siempre de su propiedad, y por eso el marido ateniense no se divorcia gustosamente. Sin embargo, el amor tiene poco que ver con esos himeneos, que son decididos por los papás respectivos a menudo ignorándolo los interesados, y basados casi exclusivamente en criterios económicos. En general, hay bastante diferencia de edad entre los novios, pues, entre pornai, aléutridas y hetairas, el solterón ateniense tiene con quién pasar sus veladas y, por lo tanto, no tiene ninguna prisa en casarse. La pobre Niké, si todo va bien, se casará a los dieciséis años con un hombre de treinta a cuarenta. Precedidos de pocos días por el noviazgo, las bodas se efectuarán en casa de ella. Y, si bien el ceremonial tiene un carácter religioso y prevé, entre otras cosas, un «baño de purificación», el matrimonio es laico, por cuanto ningún sacerdote toma parte en él en calidad de tal. La novia, velada, es cargada por su novio sobre un carro seguido por músicos y llevada a su casa donde el cabeza de familia la acoge como «nueva adepta de sus dioses» (pues cada familia tiene los suyos, con tantos como hay a disposición). En la entrada, para simular un rapto, el novio coge en brazos a la novia y la deposita en la cámara nupcial, en cuya puerta permanecen los invitados cantando a voz en cuello los coros nupciales, hasta que él se asoma anunciando que el matrimonio ha sido consumado.

Niké queda obligada a la fidelidad conyugal. Si no la observa, su marido es llamado «cornudo» (pues fueron los griegos, no los napolitanos, quienes inventaron esta palabra), y tiene derecho a echarla de casa. Es más, la ley impondría en ese caso el uxoricidio, pero los griegos fueron siempre indulgentes sobre este punto y habitualmente se contentaban con toda o un pedazo de dote como reparación del honor ofendido. El marido, en cambio, está autorizado a tener una concubina. Demóstenes fue el teorizante de esa costumbre diciendo que un hombre, para estar bien, ha de tener una concubina con la que pasar el día y conversar y alguna cortesana que otra con la que mantenerse en forma. Qué lugar asignaba al trabajo, en una jornada distribuida así, Demóstenes no lo dice. En suma, Niké, salida del gineceo paterno, entra en el conyugal y permanece en él más o menos recluida, porque la ley le prohíbe incluso el deporte y el teatro. Su condición es regresiva desde los tiempos de la edad heroica, cuando por una mujer se desencadenaban guerras y Homero les dedicaba capítulos y más capítulos de sus poemas. Entonces, no era ella quien debía comprar marido con una dote: era el novio quien tenía que comprarla a ella a base de ovejas y cerdos. En la civilización aquea, y también en la heraclea o dórica, la mujer es protagonista. Y esto precisamente nos confirma el origen nórdico de aquellos conquistadores. Efectivamente, allí donde ellos se quedaron como dueños, así en Esparta, la mujer goza de muy otra situación, y la vemos contender desnuda en los estadios, para poner a los jóvenes en condiciones de elegir la mejor constituida, la más calificada «factora» de una prole robusta.

Heródoto, para explicar por qué las mujeres atenienses comían en la cocina, en vez de hacerlo en el comedor con los maridos, cuenta que los atenienses, cada vez que en los tiempos pasados habían ido a conquistar alguna isla y a fundar en ella una colonia, habían matado a todos los hombres casándose con sus viudas y sus huérfanas. Éstas, que eran de sangre caria, o sea medio oriental, habían jurado no sentarse jamás a la mesa con sus esposos. Acaso haya en ello algo de verdad. Atenas, hostil a los septentrionales dorios y encerrada hacia el interior de las montañas, tuvo relación casi exclusivamente con Egipto, Persia y Asia Menor, con cuyas mujeres y ciudadanos se mezclaron. He aquí por qué la capital del progreso político y cultural fue, en el plano de las relaciones familiares, la ciudadela de la reacción. Perezosa e ignorante, Niké es una mujer de harén. Ve raramente a su modernísimo y civilizadísimo marido, que vuelve a casa sólo para dormir; y cuando vuelve, no le cuenta nada, no le hace la corte y de ella habla, en el ágora o en la barbería, sólo para repetir, con Plutarco y Tucídides, que «el nombre de una mujer de bien ha de permanecer oculto como su rostro», cosa que hubiera hecho montar en cólera a Homero.

Capítulo XXIV

LOS ARTISTAS

Según cálculos –sobre cuya exactitud adelantamos abrigar, sin embargo, muchas dudas–, Pericles, para hacer de Atenas, no sólo políticamente sino también arquitectónicamente, la primera ciudad de Grecia, gastó no menos de treinta mil millones de liras. Teniendo en cuenta lo escasa que era en aquellos tiempos la circulación fiduciaria, puede fácilmente imaginarse qué sensación de prosperidad, qué *boom*, diríase hoy, provocó aquel movimiento de dinero.

De regreso de Salamina, los atenienses encontraron su capital medio destruida por los persas, por lo que fue necesario reconstruirla. Una de las razones que les permitió no limitarse a un remiendo, como hubiesen querido los administradores más tacaños, fue el descubrimiento de yacimientos de un maravilloso mármol rosado en las laderas del Pentélico, pequeña montaña cuya proximidad reducía el trabajo y el coste del transporte. Mas a esta razón material, se añadió otra: la madurez que justamente en aquel momento había alcanzado el genio artístico griego, y no tan sólo en Atenas, en cuanto a métodos, escuelas y estilos. «Juro por todos los dioses –dice un personaje de

Jenofonte–, que no daría la Belleza por todo el poder del rey de Persia.» Era el sentimiento dominante de los griegos de aquel período.

No lo manifestaron mucho en la pintura, que permaneció siempre para ellos como un arte menor porque no se prestaba a su concepto geométrico y racional de la armonía. En el siglo precedente, fue un monopolio artesano, con fines ornamentales, de los alfareros. Mas ahora había elaborado una técnica más refinada y había descubierto el lienzo, el temple y el fresco. El público comenzó a encontrarle gusto y varios gobiernos a patrocinarla. El de Atenas encargó a Polignoto de Tasos la representación del *Saqueo de Troya*, de *Ulises en los infiernos* y de otros varios episodios homéricos. El éxito del autor queda demostrado por la elevadísima recompensa que le dieron: la ciudadanía.

En 470 antes de Jesucristo, Delfos y Corinto instituyeron las primeras Cuadrienales, como hoy Venecia, que se celebraban con ocasión de los juegos ístmicos. Y el primero que ganó el premio fue Paneno, inventor del «retrato». En su *Batalla de Maratón*, los protagonistas eran reconocibles. Y esa verosimilitud impresionó hasta tal punto a los jueces que les cegó sobre los defectos de aquellos frescos. Paneno estaba más ayuno de perspectiva que los otros. Ponía todas las figuras en el mismo término y, en vez de empequeñecerlas para indicar su profundidad, les ocultaba las piernas dentro de los repliegues del terreno.

Es curioso que, mientras la Geometría hacía tan rápidos y decisivos progresos, los pintores la aprovechasen tan poco. Sólo Agatarco, el escenógrafo de Esquilo y de Sófocles, comprendió el juego de las luces y las sombras, sobre las que Anaxágoras y Demócrito habían escrito tratados, e inventó el claroscuro. Pero quien llegó a maestro fue Apolodoro, a quien, en efecto, llamaron *skiagrafo*, o pintor de sombras, y de quien Plinio dice con respeto que fue el primero en «representar los objetos como realmente aparecen».

Un día presentó en la Cuadrienal un extraño personaje, con caballete, pinceles y colores, envuelto en una preciosa túnica sobre la que estaba recamado en oro el nombre del titular: Zeuxis de Heraclea. Agatarco le desafió a improvisar un fresco sobre dos paredes para ver quién de los dos lo hacía antes. Zeuxis respondió: «Seguramente tú, que puedes poner la firma en cualquier mamarrachada. La mía la reservo para las obras maestras.» Animado por esta modestia, presentó sus obras, mas fuera de concurso, «porque –dijo– no había suma lo bastante elevada para pagar su valor.» Y las regaló al gobierno, ministros y diputados.

No poseemos elementos para juzgar si sus cuadros estaban a la altura de la opinión que el autor tenía de ellos. Pero nos apremia comprobar que, desde aquellos tiempos, lo primero que hay que hacer para adquirir importancia es darse mucha. Los atenienses invitaron a Zeuxis a establecerse entre ellos, se lo suplicaron cuando él vaciló y definieron su llegada como «un acontecimiento». Él no les dio jamás confianzas. Hablaba desde lo alto, pintaba desde lo alto, trató a sus rivales con displicencia y quiso ignorar francamente al más ilustre de ellos, Parrasio de Éfeso, que se había autoproclamado «el príncipe de los pintores», llevaba una corona de oro en la cabeza y, cuando estaba enfermo suplicaba a los doctores que le sanasen, «porque –decía– el Arte no resistirá el golpe de mi muerte».

Entre aquellos dos fenómenos, la lucha por la primacía fue a cuchillo y nos gustaría conocer mejor sus detalles. Pero tenemos la sospecha de que Parrasio mantenía aquella actitud sobre todo para ridiculizar a Zeuxis y burlarse de él. Pues no logramos conciliarlo con su rumorosa cordialidad, con los chistes que contaba y con el hecho de que pintaba por las buenas, cantando, silbando, bromeando con los chiquillos que infaliblemente le rodeaban. Le acusaban de comprar esclavos para torturarles y estudiar a lo vivo sus muecas bajo el látigo. Pero acaso eran bulos puestos en circulación por Zeuxis.

Por fin los dos rivales aceptaron enfrentarse ante una comisión que decidiría cuál de los dos era el mejor. Zeuxis expuso una «naturaleza muerta» que representaba racimos de uva. Eran tan «verdaderas» que una bandada de pájaros se echó encima para picotearlas. Los jueces lanzaron gritos de entusiasmo, y el autor, seguro de triunfo, invitó a Parrasio a levantar la tela que cubría su cuadro. Pero aquella tela era pintada también y Zeuxis, con mucha caballerosidad, declaróse batido y dejó Atenas a su afortunado rival para retirarse a Crotona, donde le encargaron una *Helena* para el templo de Hera. El pintor aceptó, a condición de que las cinco muchachas más bellas de la ciudad posaran desnudas en su casa para poder elegir el modelo más idóneo. El gobierno aceptó y las señoritas de buena familia anduvieron a puñetazos para merecer el alto honor. ¡Y luego dirán que el cinematógrafo y los concursos de «reinas de belleza» han corrompido las costumbres! El último fresco de Zeuxis fue un atleta, en un ángulo del cual él escribió que la posteridad encontraría más fácil criticarlo que igualarlo. Y con esta última manifestación de modestia concluyó su carrera.

Nadie crea, sin embargo, que la pintura alcanzase, en tiempos de Pericles, un alto nivel. Nosotros hablamos de ella, entendámonos, de oídas, visto que no ha quedado nada que nos permita un juicio.

Pero sabemos con certeza que no fue con ella con lo que se expresó el genio griego, desconfiado del color por extraño a toda novelería y enamorado de la línea simétrica. Efectivamente, con ellas la pintura puso su acento esencialmente sobre el dibujo, con el que la razón se entiende mejor. Y, en suma, fue considerada como una especie de sucedáneo o de hermana pobre de la escultura. A darle vida hubieron de proveer los Estados y gobiernos con sus premios y encargos. Pero ningún particular se hizo mecenas ni coleccionista. Los griegos en general, y los atenienses en particular, no eran avaros, o al menos no lo eran más que todos los otros pueblos. Pero cuando tenían dinero para dedicar al embellecimiento de sus casas, preferían gastarlo en estatuas más bien que en cuadros.

Por esto la estatuaria nace enseguida casera, personal,

más de proporciones que de dimensiones, sin nada áulico, solemne o forzado y, por tanto, sincera. No era concebida para el museo, sino para la tumba de familia o para el salón. Y hasta los motivos de su inspiración son modestos y domésticos. Sobre el obelisco, un niño juega a la pelota, un cazador descansa con el perro tumbado a sus pies, una muchacha sumerge un ánfora en la fuente...

En el siglo VI antes de Jesucristo son pocas las obras que van más allá de un valor puramente artesano, y la técnica es todavía rudimentaria. Pero en el siglo V el salto es gigantesco. Mientras Zeuxis y Parrasio pintaban aún con sus pinceles figuras inmóviles, rígidas y todas apiñadas en un mismo término, el más humilde cantero de Atenas había descubierto ya la perspectiva y consideraba empeño de honor no representar a su modelo más que en movimiento. Sócrates, que, como hijo de uno de ellos, pertenecía a dicha clase y cada día se daba una vuelta por los talleres, les exhortaba así: «Solamente modelando del natural, muchachos, podréis hacer estatuas vivientes. Así como nuestras diversas actitudes motivan en nuestro cuerpo diversos juegos de músculos, unos contrayéndose y otros relajándose, así solamente si los captáis en estos momentos, lograréis dar verismo a vuestras estatuas.»

Aquellos artesanos se las habían ya con todos los materiales, desde la madera al barro cocido, al hueso, al marfil, oro, bronce y plata. Pero desde que descubrieron los yacimientos del Pentélico, prefirieron el mármol. El bronce, que había sido hasta entonces lo de uso más común porque garantizaba la duración, presentaba grandes dificultades técnicas para la fundición. Requería, como hoy en día, el barro, la cera, el metal y el horno de fundición. Era un procedimiento largo y costoso. Sobre el mármol, en cambio, se podía trabajar directamente, a manos libres, sobre el bloque, sin tener que romperse demasiado la cabeza con problemas técnicos. Con un simple cincel se tenía más inmediata la sensación de «traducir la materia en forma», como decía Aristóteles.

Representaban de todo, dioses y animales, hombres y

mujeres, pero especialmente atletas, que en aquel país de «hinchas» eran los más populares y los que mejor se prestaban al estudio de los «músculos en movimiento». Mientras el bronce permanecía de pragmática por motivos de encargo, religiosos y mitológicos, el mármol, aquel bellísimo mármol del Pentélico, veteado de hierro y que, al sazonar, se encendía con reflejos de oro, se convertía definitivamente en la materia prima de la gran estatuaria laica ateniense.

Capítulo XXV

FIDIAS EN EL PARTENÓN

Una de las grandes batallas que hubo de afrontar Pericles en el Parlamento fue, como hemos dicho, la reconstrucción de la Acrópolis, centro y ciudadela de la ciudad desde la época micénica. Los persas la habían destruido también, reduciendo sus palacios y templos a un montón de ruinas.

El primero que, después de Salamina, volvió a ocuparse de ella fue Temístocles, con su habitual grandiosidad. Pero, tras su caída, los trabajos, que apenas se habían iniciado, se vieron abandonados por dos motivos: primero, porque eran demasiado costosos y, después, porque preveían la erección de un enorme templo a la diosa Atenea, protectora de la ciudad, que antes del saqueo se alzaba en otro sitio. El partido oligárquico, tradicionalista y beato, decía que Atenea, si se la cambiaba de casa, se pondría rabiosa. Y los atenienses que, con todas sus ideas progresistas, tenían lo suyo de supersticiosos, así lo creían.

Pericles no se dio por enterado. Y en un memorable debate en el Parlamento superó ambas objeciones, dando el visto bueno para los trabajos a los arquitectos Ictino y Calícatres bajo la supervisión de Fidias.

Fidias había ido a Atenas precisamente aquel año, llamado por el *autokrator*. Hijo de pintor, había sido pintor a su vez, trabajando en el taller de Polignoto de Tasos, el gran maestro de principios de siglo, del que había aprendido a ver en grande. Polignoto no pintaba cuadros, sino paredes, y sus frescos estaban llenos de personajes. *Ulises en los infiernos*, *El saqueo de Troya*. *Las mujeres troyanas*, eran verdaderos filmes que ponían en evidencia a Grecia. Los distribuyó, sin cobrar, a los gobiernos de las distintas ciudades, contentándose con que aquéllos le mantuviesen suntuosamente.

Fidias, que en muchas cosas se le parecía, tras haber aprendido de él dibujo y perspectiva, trocó el pincel por el cincel, que le pareció un instrumento más idóneo para realizar sus grandiosas concepciones. En aquel tiempo había cuatro escuelas que se disputaban la primacía en la escultura: la de Reggio, la de Argos, la de Egina y la de Atenas, cada una con sus campeones, entre los que se producían competiciones. Fidias las visitó todas, tratando de captar lo mejor de cada una. Los que más le impresionaron fueron Geladas y Policleto de Argos, que habían inventado una especie de «geometría de las formas», o sea que habían descubierto la relación de dimensiones que existe entre la cabeza, el torso, las piernas y hasta con las uñas de una figura.

Otro maestro de Fidias fue ciertamente Mirón, discípulo de Geladas como Policleto y fundador de la escuela ática. Es el autor del famoso *Discóbolo*, que, sin embargo, los contemporáneos no consideran su obra maestra, prefiriéndole el *Atenea* y *Marsias*, del que hay una copia en el Lateranense. Mirón fue seguramente quien mejor tradujo al bronce y al mármol las recomendaciones de Sócrates, representando sus figuras en movimiento. Prefería, como Policleto, los atletas y los animales, y su *Ternera* era tan verdadera que un admirador le gritó: «¡Muge!» Pero Fidias no le perdonaba que viese las cosas en pequeño y preferir la armonía a la grandiosidad.

De Fidias hombre sabemos poco. Pero parece que estaba ya cargado de años y de decepciones cuando puso manos al Partenón, pues en un friso se representó a sí mismo más bien viejo, calvo y melancólico. Todo permite creer que era justo lo contrario que Zeuxis, Parrasio y Policleto: es decir, un artista eternamente descontento de su propia obra. El encargo que había aceptado le obligaba solamente a dibujar el plano de la inmensa obra y a controlar su realización. Pero quiso esculpir asimismo tres estatuas de la diosa, dos de las cuales por lo menos eran de proporciones colosales, y una precisamente de marfil y oro, cuajada de gemas. Nos es imposible dar una opinión de ellas porque no queda ninguna, pero sus contemporáneos apreciaron la más pequeña, *Atenea de Lemnos*, lo que nos hace pensar que lo que traicionó a Fidias fue siempre aquella su manía de lo grande.

Debía de ser un hombre solitario y malhumorado pues es el único personaje célebre de Atenas de quien no se encuentra rastro en los cronistas y la libelística de la época. La única noticia segura es la de su condena por la desaparición del oro y del marfil que le habían entregado para su estatua. Seguramente el golpe iba dirigido más contra Pericles que contra él; pero el hecho es que Fidias no supo justificar la falta y fue condenado. Su fama era entonces tal, que la sentencia promovió un escándalo, y el gobierno de Olimpia ofreció abonar las pérdidas al de Atenas con tal de que dejasen en libertad al escultor, al que encargó la estatua de Zeus en el homónimo inmenso templo.

Fidias, además de la libertad, halló por fin el espacio que buscaba. Pese a representar al rey de los dioses sentado en un trono, la estatua tenía más de veinte metros, y de nuevo recurrió al oro y al marfil. Cuando lo vieron, el día de la inauguración, los de Olimpia dijeron: «¡Esperemos que no se levante; si no, adiós techo!», pero la obra –de la que desgraciadamente no queda nada, salvo algunos fragmentos de pedestal– fue unánimemente considerada como una de las siete maravillas, como ya se decía en aquellos tiempos. Fidias, satisfecho por primera vez, pidió a Zeus un signo de agradecimiento. Y Zeus, cuentan, descargó un rayo sobre el templo, que era un modo diríamos un poco bufo de congratularse. Pero Emilio Paulo y Dión Crisóstomo, que llegaron a tiempo para verlo, atestiguan que se trataba de una obra maestra.

Fidias acabó mal. Alguien ha dicho que volvió, después de lo de Olimpia, a Atenas, donde le metieron otra vez en la cárcel hasta que se murió. Algún otro afirma que emigró a Élida, donde le condenaron no se sabe por qué, a la pena capital. Algo, en su carácter, debía enemistarle con los hombres, visto que ninguno le quería. Y, no obstante, fue no solamente un gran escultor, sino incluso un notabilísimo maestro, que, además de haber creado un estilo, hizo de éste una escuela, transmitiendo las reglas a discípulos como Agorácrito y Alcamenes, continuadores del «clásico».

Mas aquí hemos anticipado un poco los tiempos y conviene volver a aquellos en que Pericles, todavía en el candelero, cada día, antes de volver a casa de su Aspasia subía a la Acrópolis a ver los trabajos que progresaban bajo la dirección de Fidias. Se había comenzado por la ladera sudoccidental de la colina, donde Calícrates, había puesto manos a la obra en el *Odeion*, una especie de teatro para conciertos de atrevidísima modernidad por su forma cónica. Los atenienses vieron enseguida su semejanza con la cabeza de Pericles, que tenía también forma de pera, y las malas lenguas de la oposición la rebautizaron *odeion*. Pero, además de esto estaban ya en buen punto las escaleras de mármol, flanqueadas por dos hileras de estatuas en tanto que, en la cima, Mnesicles levantaba las columnas dóricas que después habrían de llamarse *propileos*, o antepuertas.

No queremos hacer aquí la descripción del monumento: ésta pertenece a la Arqueología y a la Historia del Arte. Se llama, como todos saben, Partenón, de *Ton parthenon*, que quiere decir «de las vírgenes». Pero entonces este nombre sólo correspondía a la pequeña estancia de las sacerdotisas de la diosa, edificada en un rinconcito del ala occidental, y no se comprende cómo, con el tiempo, terminó dando el nombre a todo el majestuoso y complejo conjunto.

Seguramente con Pericles subían a visitarlo sus amigos personales, algunos de los cuales eran sus enemigos políticos: Sócrates con su cortejo de discípulos, entre ellos Alcibíades y Platón, su ex maestro Anaxágoras, quien tal vez desde allí arriba, en lugar de mirar las estatuas y los capiteles, inspeccionaba el cielo buscando las relaciones de espacio entre las estrellas y los planetas, Parménides con su pupilo Zenón, eterno bastión contrario, Sófocles, Eurípides, Aristófanes: todos ellos personajes destinados a dejar huella en la historia de la Humanidad y de los cuales, en la Atenas de Pericles, se encontraba un ejemplar a la vuelta de cada esquina. Poquísimos de ellos habían nacido en la ciudad. Pero el hecho de que se viesen obligados a acudir a ella para hallar un terreno favorable a sus obras y a sus ideas, nos proporciona la medida de la importancia de Atenas y el grado de su desarrollo.

En el mismo momento que sobre la Acrópolis maduraba la obra maestra más completa del genio artístico griego, el Partenón, en todo el resto de aquella pequeña ciudad de doscientos mil habitantes y de treinta o cuarenta mil ciudadanos, se echaban las bases de todas las escuelas filosóficas y se preparaban los temas del futuro conflicto entre la fe y la razón.

El secreto del extraordinario florecimiento intelectual de Atenas en aquel su siglo de oro reside precisamente ahí: en la intimidad de contactos entre sus protagonistas recogidos en el angosto espacio de las murallas ciudadanas y agrupados en el ágora y en los salones de las hetairas; en la intensa participación de todos en la vida pública y en su adiestramiento para hacerse eco prontamente de los más importantes motivos políticos y culturales; y en la libertad que la democracia de Pericles supo garantizar a la circulación de las ideas. Un pensamiento de Empédocles, un sofisma de Pitágoras, un *bon mot* de Gorgias, una insolencia de Hermipo daban inmediatamente, de boca en boca, la vuelta a la ciudad, se hacían eco en el Parlamento y alcanzaban a Sófocles influyendo en la redacción de un drama suyo.

Quién sabe si los atenienses se dieron cuenta del inmenso privilegio que les tocó por haber nacido en Atenas en aquel momento. Acaso no. Los hombres no saben apreciar y medir más que la fortuna de los demás. La propia, nunca.

Capítulo XXVI

LA REVOLUCIÓN DE LOS FILÓSOFOS

Lo que efectivamente hizo de Atenas la patria de la filosofía no fue una natural predestinación debida al superior genio de sus hijos, sino solamente su carácter imperial y cosmopolita, que la hacían receptiva a las ideas, más curiosa y tolerante que las otras ciudades griegas. La filosofía, hasta Sócrates, se la trajeron los inmigrados. Pero, mientras Esparta la prohibía no viendo en ella más que «una incitación a las disensiones y a inútiles diatribas», Atenas abrió sus puertas con entusiasmo a sus cultivadores, les acogió en sus casas y en sus salones, proveyó a su sustento y a muchos les honró con el don supremo de la ciudadanía. No sé si esto les ayudó a vivir mejor. Pero les permitió sobrevivir en el recuerdo de los hombres que en el nombre de Atenas ven reasumido y simbolizado todo el genio de la Grecia antigua.

El vehículo de esta infección filosófica fueron los *sofistas*, palabra que con el tiempo adquirió un significado casi despreciativo, pero que originariamente quería decir «maestros de sabiduría». La acuñó y se la atribuyó Protágoras, cuando desde su patria, Abdera, llegó a Atenas para fundar una escuela. Dícese que los jóvenes, para ser admitidos en ella, tenían que pagar diez mil dracmas, algo así como seis millones de liras actuales. Y es probable que un poco de la antipatía que acabó por rodear a los sofistas fuese debida a lo elevado de estos precios. Mas la razón verdadera fue otra, o sea el abuso, en que pronto cayeron los sofistas de la argumentación especiosa, de la cavilación dialéctica, en suma, de lo que precisamente desde entonces se llamó con desprecio «el sofisma».

Protágoras no se deslizó jamás en él. El mismo Platón, que llegó a tiempo de conocerle, que le aborrecía, y que registró sus diálogos con Sócrates, reconoce que Protágoras, de los dos era el que discutía con más objetividad y mesura, y que era Sócrates, si acaso, quien se refugiaba en los sofismas. Diógenes Laercio va más lejos aún. Dice paladinamente que fue él quien inventó el llamato método socrático. Como fuere, no cabe duda de que a él se debe el relativismo filosófico sobre el problema del conocimiento.

Hasta entonces, lo que más había ocupado la mente de los griegos era el problema del origen de las cosas. Es ello tan verdad que casi todos sus libros se titulaban *De la naturaleza*, y se proponían aclarar cómo se había formado el mundo y qué leyes lo regulaban. Protágoras se propuso, en cambio, indagar con qué medios el hombre podía darse cuenta de la realidad y hasta qué punto podía conocerla. Y llegó a la conclusión de que debía resignarse a lo poco que le permitían percibir los sentidos: la vista, el oído, el tacto, el olfato. Ciertamente, el hombre no podía ir muy lejos en esos imprecisos y variables instrumentos. Pero precisamente por esto debía renunciar al descubrimiento, detrás del cual, en cambio, había corrido Heráclito, de las llamadas «verdades eternas», válidas para todos en todos los tiempos y en cualesquiera circunstancias; y contentarse con la que valía para él en aquel momento y en aquella particular ocasión, admitiendo implícitamente con esto que podía no valer para otro, ni tampoco para él mismo en un momento y circunstancia diferentes.

Nosotros comprendemos perfectamente que esta lección, mientras suscitaba entusiasmo en los salones intelectuales, había de provocar escándalo y aprensión entre la gente timorata y las jerarquías constituidas. Era una sacudida a aquellos «principios» sobre los cuales también la sociedad de Atenas, como todas las demás de cada época, se fundaba, y que no pueden ser vueltas a poner en discusión sin provocar un terremoto. El bien, el mal, Dios mismo, ¿no eran, pues, sino verdades contingentes y subjetivas, a las que cada uno estaba autorizado a oponer otra, y totalmente diferente?

En una conferencia ante un público de libres pensadores, entre los que figuraban también el joven Eurípides, que no debía olvidarlo jamás, Protágoras contestó que sí. Y entonces el gobierno le desterró, confiscó sus libros y los quemó en la plaza pública. El maestro embarcó para Sicilia y parece ser que pereció, durante el viaje, en un naufragio. Pero había dejado un profundo recuerdo en todos quienes lo conocieron personalmente. Sus discípulos habían sido numerosos porque, si es verdad que él pedía seis millones a los ricos, también es verdad que había enseñado gratis a los que, en el templo, le habían jurado ante Dios que eran pobres: curioso proceder para un hombre que decía no creer en Dios. Pero sobre todo él había echado una semilla en la sociedad ateniense: la semilla de la duda.

Ocupó su puesto un diplomático, Gorgias, enviado como embajador a Atenas por la ciudad siciliana de Lentini para solicitar ayuda contra Siracusa. Gorgias había sido alumno de Empédocles, pero su método y su profundo escepticismo, que se resumía en estas tres proposiciones fundamentales, era el de un sofista: nada existe fuera de aquello que el hombre puede percibir con sus sentidos; y aunque otra cosa existiese, nosotros no lograríamos percibirla y aunque lográsemos percibirla, no conseguiríamos comunicarlo a los demás.

Gorgias la pasó bien porque, como buen diplomático, se detuvo ahí, sin meter en la danza a los dioses. Y en el fondo fue coherente. Porque es justo sufrir sinsabores para afirmar las «verdades eternas», mas no para negarlas.

Los sentidos, en los que había depositado tanta confianza, le recompensaron colmándole de todos los goces de los cuales son instrumento, hasta la edad de ciento ocho años. Gorgias viajó por toda Grecia pronunciando conferencias y haciéndose alojar en las villas más señoriales. Frisaba en los ochenta años cuando, en los juegos olímpicos del 408 antes de Jesucristo, obtuvo un inmenso éxito con una gran alocución en la que invitó a los griegos, empeñados ya en luchas fratricidas, a la paz y a la unión contra el resurgido poderío persa. Y antes de morir tuvo la sensatez de comerse su patrimonio.

Sobre las huellas de estos dos grandes pululó toda una afirmación de sofistas menores, entre los cuales los había, como siempre sucede, buenos y malos; pero los malos superaban a los buenos. Estimulaban el espíritu dialéctico, habituaron a los atenienses a razonar mediante esquemas lógicos y contribuyeron notablemente a la formación de una lengua precisa, sometiendo sustantivos y adjetivos a un riguroso examen. Es con ellos cómo, al lado de la poesía, nace una prosa griega. En tanto que es probable que sin ellos el mismo Sócrates no hubiese sido quien fue, o hubiese exagerado. Pero no hay duda de que ellos, si no la provocaron, apresuraron la desintegración de la sociedad. Hay inconformistas que acaban haciendo más daño que bien, cuando niegan por el solo gusto de negar, haciendo de ello un exhibicionismo. El Club del Diablo, que ciertos intelectuales *à la page* fundaron en aquellos años para dedicarse a solemnes comilonas los días sacros que el calendario destinaba al ayuno nos molesta hasta a nosotros que jamás hemos creído en los dioses griegos. ¿Hay un modo más necio de desafiar a la tradición y a la superstición? Y esto era sobre todo lo que Sócrates condenaba en los sofistas, pese a que de ellos había aprendido muchas cosas.

Como he dicho, aquellos sofistas, más que descubridores, fueron divulgadores de lo que el pensamiento griego estaba elaborando. En aquellos tiempos no existía Prensa ni academias que asegurasen los contactos y permitiesen los intercambios entre las varias escuelas. Grecia no tenía unidad geográfica. Su genio estaba desparramado en una miríada de ciudades y de pequeños Estados, desde el Asia Menor a las costas orientales italianas. El mayor servicio que los sofistas prestaron fue precisamente el de libar la miel de todas las flores, de llevarla a Atenas y allí fundirlas en el crisol común. El momento estaba bien elegido, pues precisamente entonces se echaban las bases del gran conflicto filosófico que todavía dura sin posibilidad de solución: el que existe entre el idealismo y el materialismo.

El primero nació en Elea, en las costas italianas, y se encarnó en Parménides. De él se conoce tan sólo lo poco que escribió Diógenes Laercio, o sea que fue discípulo de Xenófanes, el fundador de la escuela eleática. Era éste un curioso e inquietante personaje que, nacido en Colofón, se pasó su larga vida emigrando, pues adondequiera que fuese no suscitaba más que enemistades con su sarcasmo y su mordacidad. Se las tenía con todos, pero particularmente con su contemporáneo Pitágoras, a quien acusaba de impotencia y de histerismo. No dejaba en paz ni tan siquiera a los muertos. Y de Hesíodo y de Homero decía: «Estos panegiristas del robo, del adulterio y del fraude»; lo cual no es del todo falso. Pero se ve que la maledicencia es un elixir de larga vida, porque Xenófanes llegó a los ciento y pico de años, metiéndose siempre con todos.

Parménides no compartió el odio de su maestro hacia Pitágoras. Lo estudió y aceptó algunas de sus enseñanzas, especialmente en el campo de la astronomía. Pero tenía demasiados intereses en el mundo de los hombres para perderse en el del cosmos. Redactó, por encargo del gobierno de Elea, un código de leyes. Y sólo se entregó a la filosofía como pasatiempo, escribiendo de ella, como entonces estaba al uso, en un poema que, para cambiar, se llamó *Sobre la naturaleza* y del cual sólo nos quedan dos centenares de versos. Refutó las tesis de Heráclito, según la cual «todo transcurre» y la realidad consiste en este transcurrir o transformarse. Según Parménides, en cambio, «todo está», es decir, que la transformación no es más que una ilusión de nuestros sentidos. Nada «comienza», nada «se torna», nada «acaba». El *ser* es la única realidad. Y es inmóvil, porque para presumir que éste se desplace de donde está adonde no está, habría que admitir la existencia de un espacio vacío que, no *siendo*, no puede existir, por cuanto el *ser*, por definición, lo llena todo por sí mismo. Lo que se identifica también con el pensamiento, por cuanto no se puede pensar más que lo que es, e, inversamente, no se puede ser más que lo que se piensa.

Todo esto es ya muy difícil para nosotros. Y tal vez habría permanecido del todo incomprensible para los contemporáneos, si Zenón, que fue el alumno más inteligente de Parménides, no lo hubiese vulgarizado en un libro de paradojas, de las cuales han llegado hasta nosotros una decena. He aquí algunas. Una flecha que vuela, en realidad está quieta en el aire, porque a cada instante de su aparente carrera ocupa un punto quieto en el espacio: por tanto, su parábola no es más que un engaño de nuestros sentidos. El corredor más veloz no puede adelantar a la tortuga, porque cada vez que alcanza su posición, ella la ha rebasado ya. De hecho, un cuerpo, para moverse del punto A al punto B, ha de alcanzar la mitad de este trayecto que es el punto C. Para alcanzar el C, tiene que alcanzar antes la mitad de este segundo trayecto que es el punto D, y así hasta el infinito. Ahora bien, dado que el infinito requiere una serie infinita de movimientos, es imposible recorrerlo en un tiempo definido.

No estamos del todo seguros de que Parménides habría aprobado, de haber podido oírlo, el método de su secuaz para demostrar la validez de sus teorías. Pero hubiese debido convenir en que ello divertía la mar a los atenienses entre los que Zenón, como buen sofista, fue a predicarlo. Sócrates le tenía ojeriza y criticó ásperamente su sofística dialéctica. Pero la imitó. Tal vez el único que no cayó en las propias trampas fue el mismo Zenón, que de viejo se mofó de los que le habían tomado en serio. Aquel escéptico tuvo un fin de estoico cuando, de regreso a Elea, le detuvieron por razones políticas y le torturaron. Murió bien, sin doblegarse ni lamentarse.

Indirectamente, le tocó a un discípulo suyo dar el primer impulso en ayuda del materialismo contra el idealismo de Parménides. Hacia el año 435, había llegado a Elea procedente de Mileto un tal Leucipo, que debía haber oído algo de Pitágoras, o que tal vez había ido a la escuela de alguno de sus discípulos. No quedó convencido en absoluto de aquel asunto del omnipresente e inmóvil ser identificado con el Pensamiento. Y, trasladándose a Abdera, donde abrió una escuela por su cuenta, desarrolló, en cambio, el concepto del *no ser*, o sea el vacío. Según él, lo creado no es, en efecto, más que una combinación de vacío y de átomos, los cuales, girando arremolinadamente por el espacio, se combinan entre sí dando lugar a las formas o cosas. También lo que nosotros llamamos «alma» no es sino una determinada combinación de átomos. Éstos son los que constituyen la sustancia de todo, hasta el pensamiento. Todo, pues, no es más que materia.

Mas este concepto materialista se desarrolló aún mejor en su amigo y seguidor Demócrito, que en Abdera frecuentó sus cursos. Pertenecía a una gran familia de la burguesía mercantil, y su padre, al morir, le dejó cien talentos, algo así como cuatrocientos millones de liras. Demócrito los empleó en pagarse un gran viaje que tuvo que durar varios años. Y que le llevó a Egipto, a Etiopía, a la India, a Persia. Era un hombre curioso y concienzudo, que quería verlo todo personalmente y que no sufría de ningún *chauvinismo* ni provincianismo. «La patria de un hombre razonable es el mundo –decía–. Y es más importante conquistar una verdad que un trono.» Un pudor aristocrático le impidió propagar sus propias teorías, instituir una escuela e incluso provocar debates, como era de uso en aquellos tiempos. Aun cuando no le quedó ni un céntimo, en vez de aprovechar la cultura que tenía, limitó sus necesidades y en Atenas, donde se había establecido, vivió apartado, sin frecuentar a los demás filósofos ni los salones donde se reunían, dedicado solamente a escribir. Diógenes Laercio dice que compuso tratados de Medicina, de Astronomía, de Matemáticas, de Música, de Psicoterapia, de Física, de Anatomía, etc. Ciertamente, era un enciclopedista, dotado de un estilo terso y mesurado que a los ojos de Francis Bacon le hizo aparecer como el más grande de los pensadores antiguos, superior incluso a Aristóteles y a Platón. Sólo una vez se decidió a aparecer en público para leer a sus conciudadanos de Abdera, adonde había regresado viejo ya, un ensayo suyo titulado *El mundo grande*, que era un poco el compendio de toda su sapiencia. Y Laercio cuenta que la impresión fue tal, que el Estado decidió restituirle los cien talentos que él había gastado para adquirir sus conocimientos: ejemplo que proponemos sin más a nuestros gobernantes.

Parece ser que Demócrito, practicando los preceptos higiénicos que había predicado, vivió hasta los noventa, años, pero hay quien dice que hasta los ciento nueve. Siempre según Laercio, un mal día se dio cuenta de que estaba muriéndose y se lo dijo a su hermana. Mas ésta le respondió que no podía hacerlo, precisamente aquellos días, porque siendo las fiestas de Tesmoforias, ella tenía que ir al templo. Demócrito le dijo que fuese de todos modos con ánimo tranquilo. Bastaba con que cada mañana volviese para traerle un poco de miel. Así lo hizo ella, y él, aplicándose un poco de aquella miel en las narices y respirando su fragancia, logró sobrevivir hasta que las fiestas hubieron terminado. Entonces dijo: «Bueno, ahora puedo irme.» Y se fue, sin sufrimiento alguno, llorado por toda la población, que le acompañó en masa hasta el cementerio.

Demócrito había llegado a sus conclusiones materialistas partiendo de las premisas idealistas de Parménides. También él niega los sentidos como instrumentos del conocimiento, diciendo que éstos nos permiten aferrar tan sólo las «cualidades secundarias» de las cosas: la forma, el color, el sabor, la temperatura, etcétera.

Todo esto nos proporciona una opinión. Pero la verdad se nos escapa. Ésta está constituida por una «necesidad», incomprensible para nosotros, que regula las combinaciones de los átomos, los cuales son la única realidad de lo creado. Son lo que son, eternos: no mueren los viejos, no nacen otros nuevos. Lo que cambia son sus asociaciones, que nosotros solemos atribuir a la *casualidad*, palabra inventada por nuestra ignorancia que no nos permite comprender la *necesidad* que las ha dictado. También en el hombre todo está hecho de átomos, aunque los que constituyen la llamada alma sean de material diferente y más noble que los que constituyen el cuerpo.

De esta teoría gnoseológica, o sea sobre el modo de conocer las cosas, Demócrito derivó también una «ética», o sea una regla moral. Dijo que el hombre tenía que contentarse con la modesta felicidad que podía permitirle esa estrecha dependencia de la materia. Los sentidos no le bastan para procurarse una mayor, como tampoco le sirven para contemplar las cosas. El hombre puede solamente buscar la serenidad en una existencia ordenada y moderada, pues el bien y el mal hay que encontrarlos dentro de nosotros, no esperarlos del exterior.

Ahora bien, en esta lucha, que aún dura, entre los que, como Parménides, en nombre del alma y de la idea negaban la materia y los sentidos, y aquellos que, como Demócrito, reducían la materia hasta la idea y el alma, se interpuso, con el pretexto de conciliarles, el que acaso fue el más turbulento y pintoresco de todos los filósofos de todos los tiempos: Empédocles.

Había nacido en Agrigento, de una familia de criadores de caballos de carreras. Su padre debía de ser una especie de Tesio de aquel tiempo, y tal vez preocupado por el carácter indócil, exuberante y temible del chico, le mandó a escuela con los pitagóricos, que, siguiendo las huellas de su maestro, habían fundado un poco en todas partes colegios célebres por la severidad de la disciplina. Empédocles se zambulló con su innato ímpetu en la filosofía, se entusiasmó con la teoría de la transmigración de las almas y enseguida descubrió en sí mismo la de un pez porque nadaba magníficamente, la de un pájaro porque corría como una saeta y al fin la de un dios. «¡De qué alturas, de qué gloria he sido arrojado sobre esta miserable tierra para mezclarme con esos bípedos vulgares!», exclamaba indignado. Mas, incapaz de guardarse el desdén en el pecho, reveló todas esas inquietudes suyas fuera del colegio, cosa rigurosamente prohibida por la regla de los pitagóricos, que le expulsaron.

Empédocles no volvió a casa. Convencido ya de su origen divino, diose a recorrer el mundo calzado con sandalias doradas, un manto de púrpura sobre los hombros y la cabeza adornada con guirnaldas de laurel, ofreciéndose como médico y adivino. Decía que era su hermano Apolo quien le sugería las recetas y predicciones. Y tal vez lo creía en serio. Había en él, mezclado, algo de Cagliostro, el mago de Nápoles y de Leonardo da Vinci. Dio lecciones de oratoria a Gorgias, que después demostró haberlas aprovechado brillantemente. Se improvisó ingeniero para el desecamiento de los pantanos de Selino. Organizó una revolución en Agrigento, la condujo al triunfo y, declinando la dictadura, instauró la democracia. A ratos perdidos escribía poesías tan perfectas como para suscitar más tarde la admiración de Aristóteles y de Cicerón. Pero sobre todo se consideraba un filósofo a quien incumbía la misión de conciliar Parménides con Demócrito, el alma con los sentidos, la idea con la materia. Y lo intentó inventando la ley que presidía las combinaciones de los átomos y sus descomposiciones: el *odio* y el *amor*.

Según Empédocles, es por amor que los elementos se asocian, y por el odio que se disocian. Es un proceso alterno que va adelante hacia el infinito. Y si los sentidos no nos permiten aferrarlo, nos ponen, sin embargo, en el buen camino para hacerlo. No hay que creer ciegamente en ellos, pero tampoco hay que despreciarlos.

En total, de las cuatro o cinco mil palabras que de Empédocles nos han llegado, creemos poder deducir que él fue acaso más grande como ingeniero, como revolucionario, como poeta y seguramente como aventurero de altos vuelos que como filósofo. Tal vez fue también culpa de su exuberancia, que no le permitía encuadrarse en una escuela y limitarse a ella. Una curiosidad devoradora y sus variables humores le indujeron al eclecticismo y no le dieron tiempo para desenvolver desde la «a» a la «z» una teoría orgánica. Mas, mediocre y desordenado pensador, fue en compensación un personaje fuera de lo corriente y siguió siéndolo hasta de viejo, cuando arrojó lejos de sí las sandalias de oro, el quitón de púrpura y la corona de laurel y, descalzo como un franciscano, se convirtió en un sermoneador que invitaba a los hombres a purificarse, antes de la reencarnación que les aguardaba, renunciando al matrimonio y –también él, como Pitágoras– a las habas. ¡Quién sabe por qué se metían tanto con esa legumbre tan casera los griegos de la Antigüedad!

Sobre su fin hay dos versiones. Según la más digna de crédito, Empédocles, cuando los griegos sitiaron Siracusa, corrió a defenderla, con gran despecho de Agrigento, que odiaba a la ciudad rival y que por castigo le desterró a Megara, donde murió. Pero según Diógenes Laercio, que no podía contentarse con un epílogo tan trivial, Empédocles desapareció misteriosamente durante una fiesta convocada para celebrar el milagro que él había obrado resucitando a una muerta. Más tarde de él se hallaron solamente los calzoncillos al borde del cráter del Etna, donde evidentemente se había arrojado por no dejar rastro de su cuerpo y confirmar así su origen divino. Desgraciadamente, aquel trivial indumento, devuelto a la superficie por una erupción, le delató: los dioses no usan calzoncillos.

Capítulo XXVII

SÓCRATES

«Doy gracias a Dios –escribió Platón– por haber nacido griego y no bárbaro, hombre y no mujer, libre y no esclavo. Pero sobre todo le agradezco el haber nacido en el siglo de Sócrates.»

Sócrates es ante todo uno de los rarísimos casos de modestia premiada. Premiada no por los contemporáneos, que, al contrario, le condenaron a muerte, sino por la posteridad, que ha reconocido la inmortalidad de las obras que él no escribió porque fueron sus discípulos los que se tomaron ese trabajo. Los había, en torno suyo, de todas las edades, condiciones e ideas: desde el aristocrático y turbulento Alcibíades hasta el noble y compuesto Platón; desde Critias el reaccionario hasta Antístenes el socialista, y por fin hasta Arístipo el anarquista. Cada uno de ellos vio y describió al maestro a su manera. Y Diógenes Laercio cuenta que, cuando leyó la semblanza que de él había escrito Platón, Sócrates exclamó: «¡Caramba, cuántas mentiras ha contado sobre mí ese jovenzuelo!»

Lo creemos, en primer lugar porque nadie –ni el mismo Sócrates, que, sin embargo, fue el hombre que con más encarnizamiento lo intentó– logra verse a sí mismo, o por lo menos verse como los demás le ven; y, luego, porque cada retratista atribuye a su personaje no sólo lo que ha dicho y ha hecho, sino también todo lo que hubiese podido decir y hacer, en coherencia consigo mismo. Breno, no pronunció seguramente la frase: *Vae victis!* entre otras razones porque no sabía latín. Mas aquella frase, en su boca, queda bien y le caracteriza. Las buenas biografías están construidas todas con anécdotas falsas en su mayor parte. Lo importante es que de tales frases se deduzca un carácter verdadero.

Sócrates, que miraba mucho dentro de sí, pero hablaba poco de ello, se definió como un «tábano». Y lo fue, en un sentido nobilísimo, pues con su manía de escrutar en el fondo de las almas y de las cosas no dio paz a nadie, como se dice hoy. Su progenitor había sido un modesto escultor, acaso poco más que un picapedrero, por bien que después se le han atribuido, no sabemos con qué fundamento, las tres Gracias que se elevan junto a la entrada del Partenón. Aun cuando el hijo continuase a ratos perdidos el oficio, volviendo de vez en cuando a modelar el mármol o la piedra, sentíase más próximo a la madre, que había sido comadrona. «Pues –decía medio en broma, medio en serio– también yo ayudo a parir a los demás: no hijos, sino ideas.»

Ésta era de hecho su verdadera vocación y fue su única actividad durante toda su vida. Nos es fácil suponer que sus progenitores no estuvieron entusiasmados con ello. Debieron confundir la repugnancia de aquel chico para con la escuela y el trabajo y su inagotable pasión de dar vueltas por la plaza y las calles escuchando lo que la gente decía, interrogándola, aguijoneándola, con una forma de holgazanería que no prometía nada bueno. Y, ciertamente, no era éste el mejor medio de labrarse una posición.

Pero el hecho es que Sócrates no se inclinaba por una posición. No era rico, pero tampoco pobre del todo, pues a la muerte del padre heredó de éste la casa y setenta minas, algo así como cuatro millones de liras, que confió a su amigo Critón para que las invirtiese. Contaba vivir de la renta porque tenía escasas necesidades. Aristóseno de Tarento cuenta haber oído decir a su padre, que le conoció personalmente, que Sócrates era un ignorante borrachín cargado de deudas y dado a los vicios. Efectivamente, la sola educación que había cuidado había sido la militar y deportiva. Llamado a las armas cuando la guerra del Peloponeso, se había mostrado buen soldado, resistente, disciplinado y valeroso. En la batalla de Potidea, fue él quien salvó la vida a Alcibíades, mas no lo dijo para no comprometer la medalla al valor que había sido concedida a su joven amigo. Y en Delio, contra los espartanos, que además eran soldados no fáciles de domeñar, fue el último de los atenienses que cedió terreno. Debía de tener pasta de *grognard* y de alpino. Y hasta el busto que le representa, y que se halla en el museo de las Termas en Roma, nos sugiere la misma impresión.

No era ciertamente guapo, al menos en sentido griego de la palabra. La gruesa y larga nariz, los labios carnosos, la frente pesada, la mandíbula maciza nos hacen pensar en ascendencias campesinas. Alcibíades, el descarado, le decía riendo: «No puedes negar, Sócrates, que tu facha semeja la de un sátiro.» «Llevas razón, y además tengo también la panza. Tendré que ponerme a danzar para reducir sus proporciones.»

Es muy posible que el padre de Aristóseno hubiese inducido la gandulería de Sócrates de su aspecto chabacano y del desaliño de su persona. Iba siempre vestido, en invierno como en verano, con el mismo quitón manchado y remendado. Empinaba el codo a menudo y gustosamente. Y Xantipa, su mujer, decía que no se lavaba.

Esta Xantipa ha pasado luego a la posteridad como la personificación de la esposa quejicosa y murmuradora, exigente y asfixiante. Y es natural que así sea, pues la biografía, es más, las biografías de Sócrates las escribieron sus amigos y discípulos que la detestaban, y a quienes ella detestaba porque se le llevaban al marido. Efectivamente, Sócrates no se preocupaba mucho de la familia. No entregaba un real porque no lo ganaba, y estaba ausente de casa días y noches. La pobre mujer llegó a tal extremo de exasperación, que presentó una denuncia contra él por negligencia en sus deberes y le arrastró ante el tribunal. Sócrates, en vez de defenderse a sí mismo, la defendió a ella. Y no sólo delante de los jueces, sino también delante de sus indignados discípulos. Dijo que, como esposa, tenía perfecta razón, y que era una buena mujer, que hubiera merecido un marido mejor que él. Pero, una vez absuelto, reanudó sus hábitos extradomésticos y no siempre inocentes del todo. Pues no se limitaba a frecuentar el salón intelectual de Aspasia, sino también la casa de Teodata, que era la más célebre prostituta de Atenas.

Todos le apreciaban porque siempre estaba de buen humor, no se ofendía por nada, y decía las cosas más abstrusas con las palabras más sencillas. Tenderos y comerciantes le saludaban familiarmente cuando pasaba por la calle, seguido por el cortejo de sus discípulos. Se paraba ante los escaparates y decía, maravillado: «¡Fíjate, cuántas cosas necesita hoy día la Humanidad!» Hasta en las casas más empingorotadas donde le invitaban a comer, estaban habituados a sus pies descalzos, pues entre las cosas que él no necesitaba figuraban también los zapatos.

No se sabe qué escuelas había frecuentado: tal vez ninguna. Y si se llegase a descubrir que ni siquiera aprendió a leer, no me asombraría. Puesto que, siendo de naturaleza sedentaria, no había siquiera viajado, y su cultura debió de ser exclusivamente el fruto de meditaciones y de conversaciones con los intelectuales de su tiempo. Platón ha descrito sus encuentros con Hipias, con Parménides, con Protágoras y con muchos otros filósofos de aquella época. Probablemente no tuvieron jamás lugar. Parece ser que, personalmente, Sócrates solamente conoció a Zenón, en cuya dialéctica se apoyó algo. En cuando a Anaxágoras, que con seguridad le influyó, tuvo contactos indirectos con él a través de Arquelao de Mileto, que fue discípulo de Anaxágoras y maestro de Sócrates.

Por lo demás, el método que Sócrates siguió excluye la consulta libresca. Él se había propuesto dos problemas fundamentales que ninguna biblioteca ayuda a resolver: ¿Qué es el bien? ¿Y cuál es el régimen político más adecuado para alcanzarlo? La fascinación de su enseñanza consistía en esto: que, en vez de subir a la cátedra para comunicar a los demás sus ideas, declaraba no tenerlas y rogaba a todos que le ayudasen a buscarlas. «Yo –decía– me considero el más sabio de los hombres porque sé que no sé nada.» Y de esta premisa, que era a la par modesta e inmodesta, partía todos los días a la conquista de alguna verdad, haciendo preguntas en vez de dar respuestas. Escuchaba pacientemente las de sus alumnos y luego comenzaba a poner objeciones: «Tú, Critón, que hablas de virtud, ¿qué entiendes por esta palabra?» Sócrates no se cansaba nunca de exigir conceptos precisos, formulaciones claras. «¿Qué es esto?», era su pregunta preferida, se hablase de lo que fuere. Y cada definición la pasaba por la criba de su ironía para mostrar su falacia o que no era adecuada. Era propiamente un incorregible «tábano», nacido para sacudir todas las certidumbres de sus auditores que a menudo montaban en cólera y se le rebelaban. «¡Por los dioses! –gritaba Hipias–. Es muy fácil ironizar sobre las respuestas ajenas sin dar las propias. ¡Yo me niego a decirte lo que entiendo por justicia, si no me dices antes qué entiendes tú!» Aristófanes, más tarde, satirizó en una comedia, *Las nubes*, lo que él llamaba «la tienda del pensamiento», donde, según él, se aprendía tan sólo el arte de la paradoja, presentando a un discípulo de Sócrates que pega a su padre y después sostiene la legitimidad de su acto diciendo que lo ha realizado para pagar la deuda contraída cuando su padre le había pegado a él. «Deudas son deudas. Hay que devolver todo lo que se ha recibido.»

Platón cuenta que Sócrates resolvió un día, invertir los papeles y ser él quien respondiera, en vez de interrogar. Mas luego desistió, diciendo: «Tenéis razón al acusarme de suscitar dudas en vez de ofrecer certezas. Pero, ¿qué queréis hacerle? Soy hijo de una comadrona: habituado a hacer parir, no a procrear.»

Contaremos más adelante cómo y por qué le condenaron a muerte. Dícese que, en parte, el responsable fue Aristófanes por aquella comedia satírica suya. Nos parece difícil porque la condena fue dictada veinticuatro años después de la primera representación. Sin embargo, los motivos aducidos en el veredicto fueron los que habían inspirado la comedia a Aristófanes. Sócrates, para inventar la Filosofía, de la cual ha sido el verdadero padre, tuvo necesidad de afirmar el derecho a la duda, o sea de sacudir toda clase de fe. No creemos en absoluto que hubiese tenido como finalidad únicamente o, sobre todo, la democracia. Creemos que *también* sometió la democracia a la crítica que le era habitual. De su «tienda» salió de todo: un idealista como Platón, un lógico como Aristóteles, un escéptico como Euclides, un epicúreo anticipado como Arístipo, un aventurero de la política como Alcibíades, y hasta un general y profesor de historia como Jenofonte. Es natural que en un laboratorio tan vasto se hubieran producido venenos contra el régimen democrático que hizo posible su creación y su funcionamiento.

Sócrates, reconociendo en trance de morir que la democracia tenía razón al darle muerte, pronunció un acto de fe democrático. Mas por ahora dejémosle vivir, pasear y hablar por las calles y en la plaza de su Atenas.

Capítulo XXVIII

ANAXÁGORAS Y LA «FANTACIENCIA»

Cuando Anaxágoras, oriundo de Clasomene, llegó a Atenas en 480 antes de Jesucristo por invitación del almirante Jantipo que le había elegido como profesor de su hijo Pericles, tenía apenas veinte años y tal vez quedóse un poco desilusionado, no de la ciudad en sí, que debió de parecerle maravillosa, sino por las atrasadísimas condiciones en que encontró los estudios científicos, o, mejor dicho, por su desequilibrio.

En realidad, en Atenas, como por lo demás en toda Grecia, hasta aquel momento había progresado solamente la Geometría, no como instrumento de realizaciones prácticas, sino como pretexto de especulación abstracta. Los atenienses no recurrirán a ella para construir puentes y acueductos, de los que jamás sintieron la necesidad, sino para juguetear con su lógica deductiva. En efecto, no se dedicaron a ella los ingenieros, sino los filósofos, especialmente los que procedían de la escuela de Pitágoras, y el problema que más les atrajo fue la cuadratura del círculo.

Las Matemáticas, en cambio, se habían quedado en las «astas», y no es una manera de decir: un asta era 1, dos astas era 2. Para el 10 y los múltiplos de 10 se usaban las iniciales de la palabra equivalente: d–*deka*, h–*hekato*, etc. La mente griega no imaginó jamás el cero, el más necesario de todos los números. Personas que hablaban con gran competencia de «fenómenos» y de «nóumeno», de planos y perspectivas, cuando se trataba de hacer la más elemental suma o división tenían que recurrir a un formulario, porque por sí mismas no lograban sacarlas y si además era cuestión de fracciones, renunciaban sin rebozo. Sólo con mucha fatiga aprendieron de los egipcios a contar por decenas y de los babilonios a contar por docenas. Pero, por su cuenta, no dieron ningún paso adelante.

Otro campo en el que la ciencia estaba en los primeros balbuceos era la Astronomía; basta ver, para darse cuenta, cómo habían redactado el calendario. Para empezar, cada ciudad tenía el suyo y señalaba el comienzo del año cuando le acomodaba. Es más, hasta los nombres de los meses eran diferentes, porque tampoco sobre este punto los varios Estados griegos habían logrado ponerse de acuerdo. Atenas se había quedado poco más o menos en el sistema de Solón, que había dividido el año en doce meses de treinta días cada uno. Y dado que de tal manera, al final del año, faltaban cinco, cada dos años se añadía un decimotercer mes para recuperarlos. Pero de esta manera, en cambio, acababan con días de más. Entonces el año fue vuelto a dividir en meses alternos de treinta y treinta y un días. Y para eliminar el pequeño pico que de tal modo quedaba, se estableció saltarse un mes cada ocho años.

La razón de este atraso, además de la alergia que los atenienses mostraban por las matemáticas, era debida a la superstición, de la que ellos se burlaban de palabra, pero que de hecho les aprisionaba. En todas las sociedades y en todos los tiempos la Astronomía ha sido la primera enemiga de la génesis, como quiera y por quien fue revelada. Lo era particularmente en la Grecia antigua, donde la génesis metía la nariz también en el árbol genealógico de los individuos, remontándolo a algún dios o diosa. Ahora bien, mientras en Tebas, Filolao el pitagórico podía hasta predicar que la Tierra no era en absoluto el centro del universo sino tan sólo un planeta entre los muchos que giraban en torno de un «fuego central», porque en aquella ciudad no había nadie que le comprendiese y, tal vez, ni menos quien le escuchase, ni siquiera los sacerdotes, en Atenas, de un discurso semejante todos habrían aprehendido las implicaciones y preguntado al autor cómo hacía para conciliarlo con Zeus y toda la cosmogonía que de ello se derivaba. El mismo Pericles no se había atrevido a abolir la ley que prohibía, como contraria a la religión, la Astronomía.

No sabemos si Anaxágoras había frecuentado escuelas. Pero, curioso como era de las cosas celestes más que de las terrenales, seguramente había recogido las nuevas ideas que, sobre el cielo, circulaban ya como un polen por el aire de toda Grecia. Demócrito de Abdera iba diciendo que la Vía Láctea no era más que polvillo de estrellas y, en Agrigento, Empédocles insinuaba que la luz de los astros empleaba determinado tiempo para llegar a la Tierra. Parménides de Elea exponía graves dudas sobre que la Tierra es plana y más bien se inclinaba a creer que fuese redonda, y, en Chíos, Enópidas preanunciaba la oblicuidad de la elipse.

Entendámonos bien: no eran más que intuiciones, casi siempre formuladas con un lenguaje vago y entremezclado de las más descabelladas afirmaciones. Y tenemos la sospecha de que su valor científico ha sido exagerado por los historiadores modernos. Para convertirse en descubrimientos verdaderos tuvieron que esperar los instrumentos de cálculo que la Humanidad elaboró en los siguientes dos mil años y que permitieron a Copérnico y a Galileo fundamentarlos sobre bases experimentales. De momento, todos aquellos astrónomos que merodeaban por Grecia mirando hacia lo alto no eran más que unos Paneroni más geniales y de exuberante fantasía, que se sacaban las ideas de la cabeza sin acompañarlas de ningún elemento de prueba.

También Anaxágoras lo fue. Y si por una parte merece el título de «padre de la Astronomía» por la exactitud de algunas de sus predicciones, por otra le corresponde el de «inventor de la fantaciencia» por las arbitrarias ilaciones que de ella dedujo, como cuando afirmó que los otros planetas son habitados, como la Tierra, por hombres en todo semejantes a nosotros, que construyen ciudades y casas como nosotros y que como nosotros aran sus campos con bueyes.

Era un curioso hombre quimerista y charlatán, que por las estrellas descuidó su patrimonio y no hablaba más que de ellas. Partía del concepto de que no hay necesidad de invocar nada sobrenatural para explicar lo natural. El cosmos, decía, se había formado del caos a consecuencia de un remolino que había separado con su fuerza centrífuga los cuatro elementos fundamentales: el fuego, el aire, el agua y la tierra, de cuyas combinaciones dependen las formas orgánicas. En su consecuencia, de la Tierra se habían desprendido pedruscos y fragmentos de rocas que, reaspirados en un éter incandescente, ahora ardían en el aire y eran estrellas. La mayor, el Sol: grande, decía Anaxágoras, como el Peloponeso multiplicado por cuatro o por cinco. Mientras giran, esas estrellas permanecen en el aire. Cuando se paran, caen y se tornan meteoritos. Hasta la Luna tiene el mismo origen. Es la más cercana a la Tierra, que de vez en cuando se interpone entre ella y el Sol produciéndose así los eclipses.

La Tierra gira enfundada en una envoltura de aire, cuya rarefacción y condensación son la consecuencia del calor solar y la causa de los vientos. Éste era sin duda, para aquellos tiempos, un buen descubrimiento, pero Anaxágoras lo estropeó bastante añadiendo que el rayo es debido a la fricción de dos nubes, en tanto que el trueno queda determinado por su colisión. En cuanto a la vida, ésta se halla dotada de los mismos elementos para todos los animales, que se diferencian sólo por dosis y relaciones diversas. El hombre se ha desarrollado mejor que todos los demás porque su posición erecta le da –hay que decirlo– mano libre, o sea dispensada de las tareas de locomoción.

Como se ve, el sistema de Anaxágoras es una chapuza

en la que, si se quiere, se hallan mezclados juntamente Galileo y Darwin, pero también los «tebeos» y los filmes sobre marcianos. Pero tenía, respecto a las leyes de Atenas, un pequeño defecto: el de no citar jamás a Zeus, como si en toda esa evolución no tuviese nada que ver. Anaxágoras, cuando quiso condensarlo en un libro, que también se llamó *Sobre la naturaleza*, se dio cuenta de ello, e introdujo, como padre del vórtice que había dado origen al Universo, un *nous*, es decir, una mente que, ante los jurados, podía también haber hecho pasar por el Padre Eterno. La citaba continuamente, hasta conversando, tanto que los atenienses, para mofarse de él, le apodaron *nous*, y así le apostrofaban cuando pasaba por la calle: «¡Hola, *nous*…! ¿Qué tiempo, *nous*, hará mañana?» Acaso *nous* lo hubiese pasado bien de no haber sido tan amigo de Pericles y de no haber frecuentado el salón de Aspasia: privilegio que, en aquella democracia entretejida de envidias, se pagaba caro. Un día, durante un sacrificio, cayó en manos de los augures un carnero con un solo cuerno. Los sacerdotes oficiantes en la ceremonia vieron en ello algo sobrenatural. Y Anaxágoras, que con lo sobrenatural no quería saber nada, les puso en berlina delante de todo el pueblo haciendo decapitar al animal y demostrando que el único cuerno había crecido debido sólo a que el cerebro se había desarrollado irregularmente en el centro de la frente en vez de a ambos lados.

Cleón, el adversario de Pericles, vio en ello una excelente ocasión para atraerse al clero burlado, insinuándole al oído que el famoso *nous* era una excusa inventada por el filósofo para no pagar aduanas y hacer contrabando de herejía. Anaxágoras fue acusado de impiedad ante un verdadero tribunal de la Inquisición, que se puso a espulgar su libro, por bien que toda la parte culta de Atenas fuese entusiasta de él y lo considerase su obra maestra. Efectivamente, el *nous* de pegote puesto en el último momento, poco tenía que ver. En negro sobre blanco estaba escrito que el Sol, considerado como dios por la religión oficial, no era sino una masa de piedras ardientes.

Sobre la continuación de los sucesos hay dos versiones. Según una de ellas, Pericles, viendo el caso desesperado, impelió a la huida a su viejo maestro. Según otra, confió en poderle salvar, le defendió ante los jueces y cuando éstos le hubieron condenado, preparó su evasión. Como fuere, lo cierto es que Anaxágoras se refugió en Lampsaco del Helesponto y que en tal ciudad vivió hasta los setenta y tres años enseñando filosofía. Cuando le hablaban de la condena a que los atenienses le habían sentenciado decía, moviendo la cabeza: «Pobrecillos, no saben que la Naturaleza les ha condenado también a ellos.» Pericles, que le había hecho a la par mucho bien y mucho daño, le envió bajo mano subsidios hasta el último momento.

Capítulo XXIX

LAS OLIMPÍADAS

Sólo una vez cada cuatro años, aquellos griegos divididos en ciudades-estados en eterna pelea entre ellos, sentíanse hermanados por un vínculo nacional. Y este vínculo lo creaba el deporte con ocasión de los juegos de
Olimpia.

«Así como el aire es el mejor de los elementos, como el
oro es el más precioso de los tesoros, como la luz del sol
sobrepasa cualquier otra cosa en esplendor y en calor, así
también no hay victoria más noble que la de Olimpia»,
escribía Plutarco, «hincha» impenitente.

Como todas las demás ciudades griegas, también
Olimpia tenía orígenes fabulosos que la vinculaban con
las leyendas aqueas. El primero que la eligió como terreno
de competición fue Saturno, que de joven, decía la mitología, batió allí varios récords, y que de viejo fue desafiado
precisamente en el mismo lugar por el hijo de Zeus que
quería su abdicación, y naturalmente se la dio. Después
fue el turno de Apolo, que hizo de Olimpia el *ring* para
sus encuentros de pugilato. Y, por fin, fue también allí
donde Pélope ganó, con ayuda de Mirtilo y en menoscabo

del *fair play*, la carrera de carros, la mano de Hipodamia y el trono de Enómaos.

El lugar era adecuado para hacer de él la sede de esas grandes reuniones deportivas nacionales: las secas rocas de Acaya le resguardaban de los vientos del Norte y los peñascos del Sur del siroco. Sólo la alcanza, tierna y sazonada de salobre, la brisa marina que otea suavemente el fondo de la llanura. La fecha de la fiesta era anunciada por mensajeros sacros, que se desparramaban por toda Grecia sembrando en ella un alegre tumulto. Miles y miles de «hinchas» procedentes de todos los rincones se ponían en marcha a lo largo de las siete carreteras que conducían a Olimpia, la principal de las cuales era la Vía Olímpica, camino arbolado que desde Argos hasta el río Alfeo discurría entre templos, estatuas, tumbas y bancales de flores. Podían encontrarse en él, del brazo, a diputados de izquierda atenienses y generales espartanos, e incluso grupos de filósofos en paz entre ellos. Pues, además de las masas, allí se daba cita toda la alta sociedad helénica olvidada por algunos días de sus diferencias y conflictos. Las ciudades mandaban pomposas embajadas de personalidades emperifolladas, que se dedicaban a observarse para ver quién llevaba el uniforme más hermoso, el cinto más fastuoso, los penachos más coloreados. Y había también muchas mujeres como en los concursos hípicos, que, más que a ver, iban a hacerse ver, porque de los espectáculos de competiciones estaban excluidas reglamentariamente. Sólo hubo un caso de transgresión: el de Ferénika de Rodas, la cual, por ser hija de un gran campeón de lucha y madre de otro campeón, pasaba por descendiente de Hércules. El ansia maternal la impulsó a disfrazarse de monitor y a colarse en el estadio con un grupo de atletas, para asistir al *match* de su hijo. Pero su partidismo la delató. Precipitándose, desgreñada, hacia el *ring* sobre el cual su retoño había puesto de espaldas contra el suelo al adversario, se le cayó el disfraz y fue reconocida. La ley era formal: la mujer cogida en falta tenía que ser pasada por las armas. Pero en favor de Ferénika, dícese, acudió a testimoniar desde el cielo el mismísimo Hércules, que era campeón del mundo y que la reconoció como de su progenie. La acusada fue absuelta. Mas, para impedir que el caso se repitiese, quedó prescrito que a partir de entonces, todos, atletas y entrenadores, se presentasen desnudos.

En el gran estadio, donde había sitio para cuarenta mil espectadores, el programa se iniciaba por la mañana, de amanecida, con un cortejo que surgía de uno de los vomitorios. Iban al frente los diez heladónicos, delegados que representaban los diversos Estados. Eran ellos quienes organizaban la fiesta. Envueltos en ropajes de púrpura, daban la vuelta a la pista y luego se situaban en la tribuna central, entre el cuerpo diplomático en pleno y los diputados y forasteros de alto linaje. Hércules en persona había fijado las dimensiones de la pista: doscientos once metros de longitud por treinta y dos de anchura. La primera competición era la más sencilla, pero también la más popular y ambicionada: la carrera de los doscientos once metros. Ensordecedores clamores se levantaban del público. Y una vez que fue ganada por uno de Argos, éste, en vez de pararse en la meta, siguió corriendo hasta su ciudad para ponerla al corriente de su triunfo: casi cien kilómetros y dos montañas cruzadas en el mismo día.

Seguía la carrera doble, o sea de cuatrocientos metros, y por fin el *dólico* o carrera de fondo: catorce kilómetros, como para quedar reventado. Luego se pasaba al atletismo pesado, con los luchadores, que han sido celebrados por la posteridad, a tenor de ciertas estatuas, como ejemplos de gracia y esbeltez. De hecho no debió de ser así. La Historia nos ha hecho llegar el nombre de un campeón, Milón, quien, al subir al *ring* con aire fanfarrón, lo primero que hacía para impresionar al público y a sus adversarios era atarse una soga al cuello y apretarla hasta asfixiarse. Pero no se asfixiaba. Por la presión de las venas endurecidas con el esfuerzo, lo que saltaba era la cuerda y los espectadores se quedaban pasmados. Se trataba de hombretones forzudos y basta. Otro, Crotón, queriendo arrancar un árbol, se le quedó una mano enganchada en una hendidura del tronco, y así inmovilizado los lobos le despedazaron. Un tercero, Polidamas, queriendo absurdamente apuntalar una roca que se desprendía, quedó aplastado por ella.

Seguía el pugilato, que no debía resolverse con caricias. Un anónimo epigramista apostrofó así a Estratofón, superviviente de un encuentro: «Oh, Estratofón, después de veinte años de ausencia de su casa, Ulises fue reconocido por su perro *Argos*. Pero tú, después de cuatro horas de sopapos, intenta volver a tu casa y verás qué acogida te hace el perro. Ni siquiera él te reconocerá.» Homero habla claramente de «huesos triturados», y tal vez en sus salvajes tiempos era verdad. Pero también el *Luchador* de Dresde, que es del siglo V, muestra una clase de «vendaje» como para darle miedo a Joe Louis: cuero reforzado con clavos y láminas de plomo.

Las primeras Olimpíadas terminaban aquí. Después, con los años y en vista del éxito, fueron prolongadas con las carreras de caballos en el hipódromo. Pausanias, que llegó a verlas, dice que la pista medía setecientos setenta metros y que la había hecho peligrosa Tarasipo, el demonio de los caballos, que acechaba en las vueltas. ¡Ni Tarasipo ni nada! Era el recorrido lo que la hacía insegura, como la del Palio en Siena. Una vez, de cuarenta jinetes que tomaron la salida, sólo uno llegó a la meta. Pero a los potros ganadores, como a los de Cimón y Feidolas, se les alzaban estatuas.

Después de la hípica, se volvía al estadio para el *pentathlon*, el más complicado y «distinguido» de los juegos. Para ser admitido en la competición había que ser ciudadano, pertenecer a la buena sociedad y tener «buena conciencia hacia los hombres y los dioses». El gran público acudía solamente por el gusto de «meterse» con los señoritos protagonistas. La prueba era combinada: salto, lanzamiento de disco, jabalina, carrera y lucha. «Todo el cuerpo, todas las fuerzas empeñadas: elegancia y robustez», decía Aristóteles, que era un empedernido «hincha» del pentathlón.

Pero el deporte, si bien constituía el pretexto, no agotaba las fiestas de Olimpia. En torno del estadio se improvisaba una especie de enorme Luna Park con tiro al blanco, sibilas baratas, comedores de fuego, tragadores de sables, mujer-cañón y tenderetes con turrón de almendras. Y para los invitados de gusto más refinado, había teatros, bailes, rinconcitos reservadísimos con hetairas de primera categoría y pantallas de color de rosa, y salas para conferencias y para espectáculos de vanguardia. Dado que el período de los festejos caía entre mayo y junio, las noches eran breves y tibias, y las damas podían exhibir sus escotes sin miedo a los resfriados. Mezclados con ellas, podíamos encontrar a Temístocles y Anaxágoras, Sócrates y Gorgias, tal vez en la inauguración de alguna exposición particular de pintores y escultores.

Llamaban a Olimpia «la ciudad santa», debido a las fiestas que en ella se celebraban. Mas no todo lo que se hacía allí en aquella ocasión era santo. Los mismos dioses combinaban buenos negocios con sus oráculos; y, con la excusa de la tregua, los hombres políticos intrigaban y hacían su propaganda. Menandro resume aquellas celebraciones con estas palabras: «Muchedumbre, intrigas, saltimbanquis, juerguistas y ladrones.» Sin embargo, estaban todos tan convencidos de su importancia que el año de su inauguración –el 776 antes de Jesucristo– es considerado como la primera fecha cierta y la que señala el inicio de la historia griega; Alejandro *el Magno* considera Olimpia como capital de Grecia y su padre Filipo, pese a su mal carácter, pagó humildemente una fuerte multa porque algunos de sus soldados habían molestado a los peregrinos que se dirigían a los juegos y que por la ley eran considerados como sagrados. Fue por culpa de la tregua de Olimpia que el pobre Leónidas quedóse abandonado, solo, con sus Trescientos, en las Termópilas, donde él y los suyos dejaron el pellejo. «Por los dioses –gritó con acento de admiración un soldado persa a su general–, ¿qué clase de hombres son esos griegos que, en vez de estar aquí defendiendo su país están en Olimpia defendiendo tan sólo su honor?» En realidad, si bien oficialmente no había premios y todos los atletas eran considerados como *amateurs*, los vencedores se enriquecían con donativos bajo mano por parte de sus respectivas ciudades: eran nombrados generales por las buenas; escultores y poetas como Simónides y Píndaro eran retribuidos por ensalzarlos en versos, en mármol, en bronce y a veces hasta en oro. Total, también entonces el «divismo» era desenfrenado.

Olimpia alcanzó su apogeo en el siglo VI antes de Jesucristo, cuando los escritores empezaron a relatar la historia de su país contando los años basándose precisamente en las Olimpíadas, cada una de las cuales era designada con el nombre del vencedor en la competición de carrera sencilla. En 582 fueron inaugurados otros juegos panhelénicos en Delfos, en honor de Apolo y los ístmicos de Corinto en honor de Poseidón. En 576 fueron instituidos también los de Nemea en honor de Zeus. Y Olimpia tuvo que compartir el monopolio deportivo con aquéllos, formando un «período» cuadrienal. Así como hoy los ciclistas tienen como máxima aspiración ganar el mismo año el Giro en Italia y el Tour de Francia, así entonces los atletas aspiraban al título de campeón de las cuatro competiciones de la época.

Pese a ir de consuno con la decadencia general y a dejarse corromper cada vez más por los «sobrecitos» y los «tongos», Olimpia siguió siendo la capital del deporte durante más de mil años, o sea desde el 776 antes de Jesucristo al 426 después de Jesucristo. Fue Teodosio II quien mandó destruir por sus soldados incluso el edificio del estadio, que se había convertido en garito. Y aunque no quedase ya nada deportivo en Olimpia, la acción fue considerada sacrílega.

Olvidábamos decir una cosa: que entre las varias competiciones que se disputaban en Grecia, no existía el maratón. El cazador Fedípides que, para llevar la noticia de la victoria de Maratón a Atenas corrió veinte millas y dejó la piel en la hazaña, fue el único campeón del mundo que no percibió premios, que no fue ensalzado por la Prensa, que no fue inmortalizado por la estatuaria, y que no dio nombre ni a una Olimpíada ni a ninguna especialidad atlética.

Capítulo XXX

EL TEATRO

El teatro nació en Grecia medio sacro y medio porno-gráfico. Y es natural, dado su origen, que Aristóteles atri-buya a las procesiones que se celebraban por las fiestas de Dionisio, un dios particularmente desvergonzado que exigía a sus fieles, en vez de cirios y plegarias, símbolos fálicos y ditirambos que celebrasen el sexo. Los primeros actores del teatro griego fueron los practicantes de este culto, que se presentaban disfrazados de sátiros, con un rabo de cabra cosido en las asentaderas y ciertas guarni-ciones de cuero rojo, cuya descripción el pudor nos pro-híbe hacer.

En realidad, lo que a nosotros nos parece obsceno, a los ojos de los griegos aparecía tan sólo como manifesta-ción de religioso respeto hacia las mágicas fuerzas de la fecundación y la procreación, que garantizaban la conti-nuidad de la vida. En aquellas ocasiones se proclamaba una especie de moratoria a la decencia, concediendo a quienquiera que fuese –viejo o joven, varón o hembra–, el derecho de violar sus preceptos. Y por esta razón la come-dia griega permaneció siempre maculada de obscenidades. Éstas tenían un carácter de ritual y, más que un derecho, representaban un deber para el autor.

No fue en Atenas, sino en las fiestas de Siracusa donde se desarrolló, al principio del siglo VI, la primera representación verdadera, por obra y gracia de un tal Susarión que tuvo el hallazgo de parcelar en diálogos los monólogos de los sátiros, haciendo lo que hoy se llamarían *sketches*, toscos y groseramente alusivos. La innovación gustó y fue adoptada también en la madre patria, donde se formaron «compañías de jira» y las «filodramáticas» estables. El recitado tenía poca parte en aquellos espectáculos: eran, más que nada, mímicos y musicales, y su trama, casi siempre de tema religioso y mitológico, estaba hecha con los pies, en el sentido que se desarrollaba, alusivamente, con ballets.

El carácter litúrgico de aquel teatro, que en realidad era una especie de «oratorio», lo atestiguaba la estatua de Dionisio que se colocaba en el palco de honor y a quien antes de comenzar, se le ofrecía una cabra en sacrificio. El local donde se desarrollaba el espectáculo era, o bien el templo mismo, u otro que, para la ocasión, disfrutaba de absoluta inmunidad; por lo que cualquier delito que se cometiera en él era considerado sacrilegio y castigado con la muerte. Casi con seguridad, al menos al principio, la trama tenía por protagonista al mismo dios, cuyas gestas pretendía ensalzar. Luego se consintió tomar a préstamo de la mitología otros héroes, con predilección por los más infortunados. Había una pizca de magia en todo esto. Los griegos entendían, al representar las más luctuosas vicisitudes, suplicar a Dionisio que se las ahorrase a ellos. Tal vez la tragedia griega nació como una especie de sublime y poético conjuro.

Durante todo el siglo VI el espectáculo siguió siendo coral y confiado no a la voz de los actores, sino a las piernas y a la mímica de los danzantes. Fue uno de éstos, Tespis de Icaria, pequeña ciudad de la provincia de Megara, quien, sintiéndose tal vez más capaz que los otros, inventó el «personaje», separándose del coro y oponiéndose a éste, es decir, dando pie al elemento fundamental del drama: el «conflicto». La innovación causó escándalo y fue particularmente deplorada por Solón, que la hizo condenar por inmoral, acusación que desde entonces no ha cesado de resonar contra todo innovador y que, como se ve, tiene un blasón antiquísimo. Tespis tuvo que huir de Atenas, donde había plantado sus tiendas, pero regresó con Pisístrato, que era un dictador, sí, pero menos reaccionario y santurrón que su democrático primo y predecesor; y de éste recibió, en vez de condena, un premio literario. Todo esto ocurría tan sólo cincuenta años antes del *debut* de Esquilo. Lo que nos demuestra con qué ímpetu los griegos, en hechos de teatro, pasaron de la Edad Media al Renacimiento, y con qué rapidez quemaron en él su genio.

Según lo que nos ha contado Suida, hubo también un incidente que aceleró ese proceso. En el año 500 antes de Jesucristo, mientras se representaba una obra de Pratina en un local rudimentario, se derrumbó una galería de madera causando heridas a algunos espectadores y provocando el pánico entre todos los demás. La gente, que había empezado a encontrarle gusto a aquel pasatiempo, dijo que ya era hora de alojarlo de manera más digna y más segura. Así nació el primer teatro, dedicado naturalmente a Dionisio, en un espolón de la Acrópolis. Pero no es el que hoy en día se muestra a los turistas, restauración del siglo IV con sucesivas añadiduras del segundo y del tercero después de Jesucristo. Pero también era de piedra y fue tomado como modelo por todas las demás ciudades griegas, incluidas Siracusa y Taormina.

Los arquitectos que lo construyeron debían de tener el sentido panorámico y levantaron la gradería semicircular capaz para mil quinientos espectadores, frente al Himeto y al mar. De techo, naturalmente, refulgía el cielo, que en Atenas es maravillosamente terso y bajo. Los asientos no tenían respaldo, excepto los reservados a los sacerdotes de Dionisio, justo frente al proscenio que se llamaba *orquesta* porque servía al cuerpo de baile para sus danzas corales. Detrás estaba la *escena* propiamente dicha, de madera y desmontable para poderla adaptar con facilidad. Los griegos no eran muy exigentes en materia de dirección ni de decoración; un Visconti o un Strehler no hubiese llegado nunca a dictador entre ellos. Se contentaban con un interior de templo o de palacio someramente esbozado, y tuvieron que aguardar a Agatarco de Samos para tener telones de fondo en perspectiva que diesen la sensación de la distancia. Practicaron, sin embargo, aunque fuese toscamente, la técnica de la «disolución» empujando hacia delante, desde el fondo, cuando la intriga lo exigía, una plataforma de madera con ruedas que mostraba, en alusivo *tableau vivant*, lo que se suponía haber ocurrido fuera del escenario. Todos los episodios de violencia, por ejemplo, siendo prohibidos por la ley, eran resumidos así. Más tarde Eurípides inventó, o tal vez solamente perfeccionó, la «máquina», una grúa con la que, cuando el enredo parecía haber llegado a un punto muerto, el dios o el héroe que constituía el protagonista caía del cielo y resolvía el embrollo a fuerza de un milagro.

En Atenas, la «temporada dramática» queda limitada al carnaval de Dionisio, no perteneciendo a la iniciativa privada. Ya unos meses antes del «estreno», los autores han presentado sus manuscritos al Gobierno, que ha seleccionado los que mejores les ha parecido. Ahora hay que elegir al *corego*, que representa a la vez el financiador, el empresario y el director del espectáculo. Cada una de las diez tribus en que está dividida la ciudadanía ha designado al que le parece más adecuado por sus facultades y su buen gusto. Cada uno de los autores quisiera tener a Nicias, el financiero democristiano de ideas beatas, pero de bolsa pródiga, que en un drama exige varias avemarías, pero que está dispuesto a compensarlas con ballets fastuosos y rico vestuario.

El corego se llama así porque no vayáis a creer que, después de Tespis, haya desaparecido el coro. Éste ha tenido que aceptar la competencia del personaje, pero, sin embargo, es todavía el elemento más importante del espectáculo y está compuesto por quince individuos, entre cantores y danzantes, todos ellos varones, que precisamente son instruidos por el corego y para los cuales el propio autor compone la música. El único instrumento es la flauta, que sólo sirve para subrayar las palabras que se pronuncian, imitando su tono. La tentativa llevada a cabo por Timoteo de Mileto de dar a la música una mayor participación, confiándola a una lira de once cuerdas, no tuvo seguidores y por poco le cuesta la piel al autor. El público ateniense quería saber cuál era «el hecho». Y esto favoreció la afirmación de grandes actores que a menudo no eran más que redomados bribones y que, lejos de ser socialmente descalificados como en Roma, gozaban de varios privilegios: exención del servicio militar, por ejemplo, y libre tránsito a través de las líneas durante las guerras. Estos actores se llamaban *hipócritas*, pero la palabra no significaba lo que significa en nuestra lengua, sino «replicadores», porque daban la réplica al coro. Y estaban organizados en una agrupación panhelénica de «artistas dionisíacos», que llenaban las crónicas con sus escándalos.

Según Luciano, sus caracterizaciones eran monstruosas y su recitado estentóreo, pero ello se comprende pensando en las condiciones acústicas y de visibilidad de aquellos enormes teatros al aire libre, que no permitían mímica y entonación matizados. Había que recurrir a máscaras caricaturescas y a elevaciones físicas obtenidas con tacones altísimos y cráneos superpuestos. Sólo cuando Aristófanes, con *Las nubes*, puso en escena a Sócrates, el intérprete no tuvo necesidad de caricatura alguna. Sócrates era ya, de por sí, una caricatura.

Pero el espectáculo verdadero es el público, muy semejante al japonés del *kabuki*. La entrada es de pago, pero quien no tiene los dos *óbolos* para el billete lo recibe gratis del gobierno. Por lo tanto, acuden a familias enteras, a dinastías, a manadas. En el umbral, los sexos se separan y las cortesanas disponen de un recinto aparte. El espectáculo dura un día entero desde el alba al ocaso; y en escena se suceden cinco obras: tres tragedias, habitualmente, una comedia satírica y un monólogo. Por lo tanto hay que afrontar esta especie de olimpíada con las subsistencias a cuestas: comida, bebida, cojines, dados y palabras cruzadas. Es una platea líquida, quejicosa y peleona, donde se come, se trinca, se cambia de sitio para hacer visitas y se manifiesta libremente todo lo que se piensa. Estallan aplausos, crepitan pateos, vuelan higos, tomates y hasta piedras. Esquines fue casi lapidado; Esquilo se libró con dificultad de ser linchado por la multitud que sospechaba de él haber revelado en su obra un misterio eleusino; un compositor se jactó de haberse construido la casa con ladrillos que habían arrojado contra él y cuando Frínico presentó *La caída de Mileto*, los atenienses quedaron tan afectados que el gobierno le sacudió una multa de cien dracmas por «crueldad mental». Los intérpretes de personajes malos o desagradables arriesgaban de vez en cuando el pellejo: en tanto que los personajes simpáticos eran ovacionados y acogidos al grito de: «¡Aquí están los nuestros!»

Pero donde asoma el carácter de los griegos es en la modalidad del concurso. Siendo desconocidos los derechos de autor, éste recibe en pago un premio que para las tres tragedias es una cabra y para la comedia una cesta de higos. Ello asignado por diez jueces, elegidos entre los espectadores. Cada uno de ellos, al final de cada obra, escribe su juicio sobre una tablilla y las tablillas se van recogiendo en una urna. Después, el arconte saca cinco al azar y lee el resultado. Así no se logra saber cuáles son, de los diez jueces, los cinco que han asignado los premios. ¡Se fiaban unos de otros, los atenienses! Casi tanto como los italianos de hoy.

Platón escribió más tarde que, a pesar de quedar así sustraídos a los «guateques» de los autores, aquellos jueces no lo estaban en absoluto a la sugestión del éxito y a la intimidación del público. Y deploró esta corruptora «teatrocracia», dispensadora de sobrecitos, que había recompensado con una cabra la *Orestíada* y con un cesto de higos *Las nubes*. Le parecía un escándalo.

Capítulo XXXI

LOS «TRES GRANDES» DE LA TRAGEDIA

«Aquí yace Esquilo, de cuyas proezas son testigos los bosques de Maratón y los persas de largos cabellos, que las conocieron bien.»

Éste es el epitafio que el propio Esquilo dictó para su tumba poco antes de morir. Evidentemente, él no atribuía mucha importancia a sus méritos de dramaturgo y prefirió subrayar los que había alcanzado en el campo de batalla como soldado, como si solamente estos últimos pudiesen cualificarlo a la gratitud y a la admiración de la posteridad.

En efecto, Esquilo aun antes que un incomparable artista fue un ciudadano ejemplar. Y el primer premio lo ganó no en la escena sino en la guerra, donde con sus dos hermanos realizó tales actos de heroísmo, que el gobierno encargó a un pintor que lo celebrase en un cuadro. En el teatro había debutado nueve años antes, en 499 antes de Jesucristo, cuando él tenía veintiséis; y en seguida se impuso a la atención del público y crítica. Pero cuando la guerra contra Darío llamó a las puertas de Atenas, trocó la pluma por la espada y no regresó más que tras haber sido alcanzada la victoria y ultimada la desmovilización. Nadie mejor que él, que había participado en aquello, podía sentir la orgullosa exultación de la posguerra y hacerse el intérprete de ella. Para festejar el triunfo sobre los persas, el Estado financió espectáculos dionisíacos nunca vistos, y todo permite creer que Esquilo debió de tomar parte también en su organización. En 484 ganó el primer premio. Cuatro años después, los persas volvieron con Jerjes a intentar el desquite. Esquilo de cuarenta y cinco años y poeta laureado, podía haberse sustraído a la llamada. En cambio, volvió a tirar lejos la pluma para empuñar la espada y combatió con el entusiasmo de un hombre de veinte años en Artemisium, en Salamina y en Platea. En 479 reanudó su actividad de dramaturgo y, regularmente, año tras año, ganó el primer premio hasta 468, cuando hubo de cedérselo a un jovenzuelo de veintiséis años, un tal Sófocles. Se rehízo al año siguiente. Mas volvió a ser batido en los sucesivos, hasta 458, cuando obtuvo el triunfo con la *Orestíada*.

Sin embargo, en adelante le sucedió ser desposeído por Sófocles, y acaso por esto emigró a Siracusa donde ya había estado y donde Gerón le tributó grandes honores. Allí murió a los setenta y dos años por culpa, decía la gente, de un águila que, vagando por el cielo con una tortuga entre las garras, la dejó caer sobre la calva cabeza del poeta tomándola por una piedra. Atenas quiso oír las tragedias que había compuesto en Sicilia y volvió a darle, una vez muerto, el primer premio.

A Esquilo se le debe antes que nada una gran reforma técnica: la introducción de un segundo actor, en añadidura al que ya había desarrollado Tespis. Fue gracias a esto que el canto dionisíaco se transmutó definitivamente de oratoria en drama. Pero más importante aún fue el tema que eligió y que después quedó como de pragmática en todo el teatro sucesivo: la lucha del hombre contra el destino, o sea del individuo contra la sociedad, del libre pensamiento contra la tradición. En sus setenta (o noventa) tragedias, Esquilo asigna regularmente la victoria al destino, a la sociedad y a la tradición. Y no se trataba de tartufismo, pues su vida constituía un ejemplo de espontánea sumisión a estos valores. Pero en las siete obras que de él nos han llegado, y sobre todo en el *Prometeo*, asoma la simpatía del autor para el condenado rebelde.

Esta simpatía debía de ser compartida por el público que, al parecer, acogió mal la *Orestíada* por considerar demasiado beatas sus conclusiones y silbó a los jurados que la premiaron. Pero Esquilo procedía de buena fe al poner en boca de sus protagonistas esos latiguillos moralizadores que a menudo hacen pesados sus diálogos y atascan la acción: tenía pasta de predicador cuáquero, de «cuaresmalista». Y más de dos mil años después, el filósofo alemán Schlegel, que en muchas cosas se parecía a él, dijo que *Prometeo* no era «una» tragedia, sino «la» tragedia.

El padre de quien le sucedió en el favor de los atenienses es poco conocido, mas ciertamente dos cosas, en su vida, le llamaron a engaño: la profesión y el nombre del hijo. Era armero en Colono, un suburbio de Atenas, de modo que las guerras con los persas, que empobrecían a casi todos los ciudadanos, le enriquecían a él y le permitieron dejar una hermosa renta a su vástago, que se llamaba Sófocles, es decir, «sabio y honrado».

A este hermoso nombre y a aquel hermoso patrimonio, Sófocles añadía también el resto: era guapo, sano como una manzana, atleta perfecto y excelente músico. Aun antes que como dramaturgo, consiguió popularidad como campeón de pelota y de tocador de arpa; y tras la victoria de Salamina fue designado para dirigir un ballet de jóvenes desnudos, elegidos entre los más hermosos de Atenas, para festejar el triunfo. Por otra parte, además de en el teatro, hizo también una espléndida carrera en política: Pericles le nombró ministro del Tesoro, y en 440 le confirió galones de general al mando de una brigada en la campaña contra Samos. Hemos de creer, sin embargo, que, como estratega, no debió de dar grandes resultados, pues el propio *autokrator* dijo más tarde que le prefería como dramaturgo.

Sófocles amó la vida, a la griega, o sea sin dar cuartel a todos los placeres que aquélla ofrecía. Venido al mundo en la edad feliz de Atenas, se aprovechó ampliamente, como se lo permitían sus medios de fortuna, una buena salud y un robusto apetito. Amaba el dinero, administró sabiamente el que le dejara su padre y ganó otro tanto por sí mismo. Era devoto de los dioses y a ellos dirigía plegarias y hacía sacrificios con escrupulosa puntualidad. Mas en compensación exigió de ellos el derecho de engañar a su mujer y a frecuentar los más ambiguos niños bonitos de Atenas. Sólo de viejo se «normalizó», volviendo a cortejar a las mujeres y se enamoró de una cortesana, Teórida, que le dio un hijo bastardo. El legítimo, Jofonte, temiendo que su padre le desheredase en provecho de su hermanastro, le citó ante el tribunal para hacerle desautorizar por chochez. El anciano se limitó a leer a los jueces una escena de la tragedia que estaba componiendo en aquel momento: *Edipo en Colonna*. Y los jueces no solamente le absolvieron, sino que le escoltaron hasta su casa en señal de admiración.

Tenía casi noventa años cuando murió, en 406. La *belle époque* de Atenas había terminado y los espartanos asediaban la ciudad. Entre el pueblo cundió la voz de que Dionisio, dios del teatro, se había aparecido en sueños a Lisandro, rey de los sitiadores, y le había ordenado que concediera un salvoconducto para franquear las líneas a los amigos de Sófocles, cuyo cadáver querían llevar a Deceleia para darle sepultura en la tumba familiar. Fantasías, se comprende; pero que sirven para demostrar la enorme popularidad de que había gozado aquel extraordinario personaje.

Había escrito ciento trece tragedias, las cuales no se limitó a poner en escena: intervino también en ellas como actor, y siguió haciéndolo hasta que la voz se le enronqueció. Con él los personajes se habían convertido en tres y el coro perdió cada vez más su importancia. Era un natural desarrollo técnico, pero a él contribuyó también la propensión de Sófocles por la psicología. A diferencia de Esquilo, que era en todo partidario de la «tesis», él estaba por los «caracteres»: el Hombre le interesaba más que la Idea, y en esto estriba sobre todo su modernidad.

Las siete obras que de él nos quedan demuestran que aquel hombre, afortunado entre todos los hombres, ingenioso, jacarandoso y gozador de la vida, era después, en poesía, un sombrío pesimista. Consideraba, como Solón, que la mayor ventura para el hombre era no nacer o morir en la cuna. Pero expresaba estos pensamientos con un estilo tan vigoroso, sereno y contenido, que nos hace dudar de su sinceridad. Era un «clásico» en el sentido más completo de la palabra. Sus intrigas son perfectas como técnica teatral. Y los personajes que las animan, en vez de sermonear como en Esquilo, tienden a demostrar. «Yo los pinto como debieron ser –decía–. Eurípides es quien los pinta como son.»

Eurípides, el joven rival del gran Sófocles, había nacido en Salamina el mismo día, dícese, en que se desarrolló la famosa batalla. Sus padres, que se habían refugiado allí procedentes de Fila, eran gente de la buena clase media, si bien Aristófanes haya insinuado después que ella, la mamá, vendía flores por la calle. El chico creció con la pasión de la filosofía, estudió con Pródico y Anaxágoras y se vinculó con tan estrecha amistad con Sófocles, que más tarde le acusaron de haberse hecho escribir por éste sus dramas, lo que es ciertamente falso.

No se sabe cómo se convirtió en escritor de teatro. Pero aparece claro, por las dieciocho obras que de él nos han llegado, sobre setenta y cinco que se le atribuyen, que Eurípides se burlaba del teatro en sí y que lo consideró tan sólo como un medio para exponer sus tesis filosóficas. Aristóteles tiene razón cuando dice que, desde el punto de vista de la técnica dramática, representa un paso atrás respecto a Esquilo y a Sófocles. En vez de desarrollar una acción, mandaba un mensajero a resumirla en el escenario en forma de prólogo, confiaba al coro largos parlamentos pedagógicos y, cuando el enredo se embarullaba, hacía bajar del techo un dios que lo resolvía con un milagro.

Recursos de dramaturgo no cuajado, que le habrían conducido a rotundos fracasos, si Eurípides no los hubiese compensado con un agudísimo sentido psicológico que prestaba veracidad y autenticidad a los personajes, acaso incluso contra sus intenciones. Su *Electra*, su *Medea*, su *Ifigenia*, son los caracteres más vivos de la tragedia griega. A lo cual debe sumarse la fuerza polémica de sus argumentaciones sobre los grandes problemas que se planteaban a la conciencia de sus contemporáneos. Había en Eurípides un Shaw de gigantescas proporciones, que se batía por un nuevo orden social y moral, siendo cada uno de sus dramas un redoble de tambor contra la tradición. Conducía esa cruzada con habilidad, consciente de los peligros que entrañaba, pues la Grecia de entonces no era la Inglaterra de hoy. Así, por ejemplo, para desmantelar ciertas tendencias religiosas, finge exaltarlas, pero lo hace de manera tal que muestra su absurdidad. De vez en cuando interrumpe en la boca de un personaje un razonamiento peligroso para permitir que el coro eleve un himno a Dionisio, destinado a tranquilizar la censura y a calmar las eventuales protestas de los auditores santurrones. Pero de vez en cuando se le escapan frases como: «Oh Dios, admitiendo que exista, pues de Él solo sé de oídas...», que desataban tempestades en la platea. Y cuando en *Hipólito* pone en boca de su héroe: «Sí, mi lengua ha jurado, pero mi ánimo ha permanecido libre», los atenienses, que estaban acostumbradísimos al perjurio, pero que no admitían oírselo decir, querían lincharle; y el autor tuvo que presentarse en persona para calmarlos diciendo que tuviesen la paciencia de aguantar: Hipólito sería castigado por aquellas sacrílegas palabras.

En el Louvre hay un busto de Eurípides que le muestra barbudo, grave y melancólico y que corresponde a la descripción que han dejado sus amigos. Éstos le pintan como un hombre taciturno y más bien misántropo, gran devorador de libros, de los que era uno de los raros coleccionistas. Su polémica modernista le había acarreado la hostilidad de los bien pensantes. Los conservadores le odiaban y Aristófanes le tomó directamente como blanco en tres de sus comedias satíricas. Índice de la gran civilización de Atenas es, sin embargo, el hecho de que cuando Eurípides y Aristófanes se encontraban en el *ágora* o en el café, se comportaban como los mejores amigos del mundo. Solamente cinco veces los jurados se atrevieron a otorgarle el primer premio. En cuando a los espectadores, se indignaban o fingían indignarse. Pero en sus «estrenos» no se encontraba un asiento ni pagándolo con oro.

En 410 le procesaron por impiedad e inmoralidad. Y entre los testigos de la acusación figuraba también su mujer, que no le perdonaba, dijo, el pacifismo en el momento que Atenas estaba empeñada en una lucha a vida o muerte contra Esparta. Entre los documentos de la acusación fue exhibido el discurso de su *Hipólito*. El imputado fue absuelto. Mas la acogida que inmediatamente después el público hizo a su drama, *Las mujeres troyanas*, le hizo comprender que en adelante sería un extranjero en su patria. Por invitación de Arquelao se trasladó a Pella, capital de Macedonia. Y allí murió despedazado, contaron los griegos, por los perros, vengadores de los dioses ofendidos.

Sócrates había dicho que para un drama de Eurípides no le molestaba ir a pie hasta El Pireo, lo cual, para un perezoso de su calaña, significaba un gran sacrificio. Y Plutarco cuenta que cuando los siracusanos hicieron prisionero a todo el cuerpo expedicionario ateniense, devolvieron vida y libertad a los soldados que sabían recitar alguna escena de Eurípides. Según Goethe, ni siquiera Shakespeare le iguala. Ciertamente, él fue el primer dramaturgo «de ideas» que ha tenido el mundo y quien llevó a la escena, en términos de tragedia, el gran conflicto de aquél y de todos los tiempos: el conflicto entre el dogma y el libre examen.

Capítulo XXXII

ARISTÓFANES Y LA SÁTIRA POLÍTICA

Leyendo las tragedias griegas, se comprende muy bien por qué el público, después de haber oído tres en un día, una tras otra, notase la necesidad, antes de irse a la cama, de ver una comedia. Aquéllas no conceden tregua al espectador y le mantienen, desde la primera hasta la última escena, en el estremecimiento y en el *suspense*. Una rigurosa división de trabajo prohibía a los dramaturgos recurrir a los ingredientes cómicos de los comediógrafos.

Éstos, sin la democracia tal vez no hubieran aparecido jamás, porque la comedia griega fue en seguida, desde el primer momento, comedia de costumbres, que exige libertad de crítica. Epicarmo, Crátino y Eupolis, que fueron sus pioneros, se sirvieron del teatro como hoy se sirve del periodismo: para atacar, morder y parodiar partidos, hombres e ideas. Y, sin embargo, justamente la democracia y su gran jefe, Pericles, a quien debían su existencia, fueron precisamente el blanco de ellos.

Esta contradicción no es difícil de explicar. Los comediógrafos de Atenas no eran en absoluto antidemócratas. Eran tan sólo escritores que buscaban el éxito. Y el éxito, también entonces, solamente se obtenía con el inconformismo, o sea con la crítica del orden constituido. Y como éste era democrático resultaba fatal que las comedias fuesen de tono contrario, aristocrático y conservador. Era el único modo de hacer oposición, que a su vez es un modo como otro cualquiera de ejercer un derecho exquisitamente democrático.

Sólo Aristófanes tiene algún título para ser considerado como un verdadero reaccionario, que creía en lo que decía. Pues era de familia noble rural y hasta su vida lo demuestra. Se mantuvo apartado, con cierta altivez, del *café society* y de los círculos intelectuales de Atenas, mostrando una simpatía probablemente sincera por Esparta, incluso cuando la guerra hubo estallado entre las dos ciudades. Tal vez de haber nacido bajo otro régimen, se hubiese convertido en poeta de la Naturaleza, como demuestran los pocos y fragmentarios versos que de él nos han llegado, de elevada inspiración y perfecto estilo. Había en él la solera del hidalgo rural, culto y elegante. Pero, habiendo venido al mundo en 450 antes de Jesucristo, se encontró, jovencísimo, teniendo que vivir en una democracia que ya no era la del refinado Pericles, sino la del desaliñado Cleón el curtidor. Ella le estimuló la manía polémica y le impulsó a afrontar el teatro, que era, a falta de periódicos, la única arena donde se pudiera empeñar una batalla de ideas, de moralidad y de costumbres. Y no con la tragedia, ligada al pasado, que le imponía sus temas, sino con la comedia, que le permitía enfrentarse al presente.

La comedia era casi contemporánea, por fecha de nacimiento, de Aristófanes. Solamente en 470 el gobierno había autoriado a Epicarmo, venido de Sicilia, a representar sus mamotretos satírico-filosóficos. La tradición dionisíaca de las procesiones fálicas, a la que todo el teatro se vinculaba, permitía también a la comedia el lenguaje soez. Pero los sucesores de Epicarmo abusaron a tal punto de él, que en 400 hubo que promulgar una ley para frenarlo. Nada se hizo, en cambio, contra la sátira política. Crátino pudo atacar a Pericles con los términos más groseros y vulgares, y Ferécrates exaltar la tradición aristocrática contra el progreso democrático.

El más destacado en aquel momento era Eupolis, con quien Aristófanes trabó al principio una firme amistad y estableció una provechosa colaboración; pero poco después riñeron y, pese a que ambos seguían profesando las mismas ideas de oposición al régimen, de vez en cuando interrumpían esta polémica para atacarse y mofarse uno del otro en sus respectivas obras. A pesar de estos precursores, a los que Aristófanes alguna vez se dignó dirigir condescendientes elogios, la comedia era considerada aún como un apéndice de la tragedia, que se toleraba por razones de taquilla. Se trataba de informes chapuceros, sin trama, sin caracteres, que se mantenían en pie sólo a fuerza de chanzas y de muecas.

Aristófanes hizo diana en seguida atacando a Cleón, el amo de turno, y de tal manera, que ningún actor tuvo el valor de encarnar el papel. Fue el mismo autor quien se presentó en escena con el indumento del *strategos*, quien, en la platea, asistió impasiblemente a su propia y despiadada burla, la aplaudió y luego denunció a Aristófanes haciéndolo multar. Lo que nos hace abrigar la duda de que el rústico Cleón era, al fin y al cabo, un poco menos rústico de lo que se ha dicho. El comediógrafo, una vez satisfecha la multa, escribió otra comedia que presentaba en escena al mismo personaje, al que hizo objeto de un trato peor que en la precedente. El enorme gentío, exorbitante, aplaudió a rabiar. Y entre los aplausos estaban también esta vez, los de Cleón. La democracia de Atenas estaba en manos de hombres que sabían lo que se hacían. Y nadie lo demostró mejor que él, Aristófanes, que se había propuesto denigrarla.

Otro blanco de este curioso personaje era el racionalismo laico de las nuevas escuelas filosóficas, que él consideraba responsables del declive de la religión.

Y, naturalmente, a sufrir la pena, Aristófanes puso en el escenario los sofistas, Anaxágoras y su propio amigo

Sócrates, que se vio cruelmente parodiado, pero que siguió siéndole amigo.

Porque esto era lo bueno de Atenas y el síntoma de su altísima civilización: que se relacionaban unos con otros, discutían, se iban juntos de juerga, se mofaban recíprocamente en público y seguían siendo amigos en privado. En *Las nubes* hay para todos. Pero especialmente el pobre Sócrates, caricaturizado con el ropaje de «tendero del pensamiento», sale malparado.

El tercer blanco de Aristófanes fue Eurípides, y se comprende. Le odiaba talmente, que siguió poniéndole en escena para que hiciera las más ruines y ridículas figuras hasta después de muerto *(Las ranas)*. En él, Aristófanes se proponía, sobre todo, fustigar el progresismo y el feminismo, sobre los que se apoyaban aquellas concepciones utópicas de una sociedad igualitaria que detestaba y que puso en picota en *Los pájaros*, acaso la más perfecta de sus obras, entre otras cosas porque es la única que no cierra las puertas a la poesía.

Aristófanes es un nudo de contradicciones. Toma la actitud de campeón de la virtud, pero la defiende con un lenguaje digno del más impenitente pecador y describe los vicios con una competencia y una complacencia que nos induce a alguna sospecha sobre sus fuentes de información. Su grosería nada tiene que envidiar a la de Crátino.

Defiende la religión, mas esto no le impide poner en escena una parodia de los Misterios eleusinos, que sería como hacer hoy una de la santa Misa; satirizar al mismo Dionisio, dios del teatro, e insinuar que el propio Zeus no es más que el amo de una casa de tolerancia en el Olimpo. Para sus requisitorias moralizadoras no vacila en utilizar las armas más inmorales, como por ejemplo la calumnia y la difamación.

Este hombre, sin duda inteligentísimo, se torna obtuso frente a los hombres que odia y las ideas que detesta. En sus diatribas contra Pericles y el pueblo, cae a menudo al mismo nivel de los demás descalificados libelistas, tipo Hermipo. Los rencores ofuscan en él el gusto y el sentido de la mesura. Raramente sonríe. Casi siempre se carcajea. En vez del *sense of humour* usa el sarcasmo, a menudo vulgar. Sus tramas son simple pretexto. Al leerle, se tiene la impresión que se ponía a escribir sin saber dónde iría a parar, y que él mismo buscaba a tientas la trama del suceso, como un miope que por la mañana, al despertar, buscase sus gafas. Sus personajes son esquemáticos y caricaturescos, como los de todos los que escriben en tesis y llevan más en su interior los temas que los hombres.

Mas, pese a todas estas graves reservas, hay que decir además que no se comprenderá nunca nada de Atenas si no se lee a Aristófanes: lo cual es el mayor elogio que se puede hacer de un escritor. En sus páginas aparecen las costumbres y la crónica de aquella ciudad, las ideas que por ella circulaban, los vicios que la afligían, las modas que en ella se sucedían. Es la conversación del café y de la plaza lo que ahí se vuelve a encontrar, fielmente conservada. Aristófanes es a la vez el Dickens y el Longanesi de Atenas: una mezcolanza de grandeza, de granujería y de miseria, de *engagement* y de charlatanería, de idealismo y de extorsión.

Con él, la comedia cesó de ser la hermana pobre y el vulgar proscrito de la tragedia para remontarse a la dignidad de expresión de un arte independiente. Efectivamente, el gobierno consintió que en una jornada de las fiestas de Dionisio fuese dedicada exclusivamente a ella. Pero los abusos y las licencias que los autores se tomaron fueron tales como para provocar la institución de una censura que, como siempre, se mostró catastrófica. La comedia de sátira política murió antes que Aristófanes, que la había inventado, y que en sus últimos años acaso lamentó haberla usado en perjuicio del régimen político que se lo había permitido y que entonces había fenecido también.

La libertad es uno de esos bienes que se aprecian solamente cuando los hemos perdido. Aristófanes, que falleció en 385, acabó escribiendo comedietas sentimentales. Nos divierte poco leerlas porque notamos lo poco que se divirtió él al escribirlas.

Capítulo XXXIII
POETAS E HISTORIADORES

A primera vista puede sorprender que, al lado de aquella floración de la filosofía, el teatro, la escultura y la arquitectura, la edad de Pericles no pueda ufanarse de otra igualmente desbordante de la poesía. Pero hay sus razones. La democracia, al destruir monarquías y principados, había destruido el mecenazgo, que es el gran abono. La poesía nace siempre cortesana y castellana, como fue precisamente la de Homero. La democracia es ciudadana, y en lugar del señor guerrero y romántico coloca al burgués mercantil y racional, más interesado en el juego de la inteligencia que en la intervención fantástica. El conflicto de las ideas cobra prevalencia, arranca incluso el poeta a la contemplación solitaria y le obliga a tomar partido, es decir, a hacerse abogado de una o de otra causa. De hecho no es que la poesía falte en la Atenas de Pericles. Casi todos escriben en verso. Pero lo hacen al servicio de las ideas, por la filosofía o por el teatro. Y, naturalmente, teatro, filosofía e ideas nos ganan. La poesía nos pierde.

Su mayor representante es Píndaro, nacido a fines del siglo VI antes de Jesucristo (en 522, parece ser), que estaba más que saturado de poesía. Era de Tebas, ciudad que gozaba la fama que hoy tiene Cuneo y que, como Cuneo, no la merecía. Píndaro tenía un tío músico, que le envió a sus costas, para estudiar composición a Atenas, con los maestros Laso y Agátocles. Al chico aquellos estudios le sirvieron bastante para extraer de las palabras todas las armonías posibles. Sus conciudadanos dijeron que, una vez, Píndaro quedó dormido en el campo y que unas abejas, zumbando sobre su boca, habían dejado caer encima unas gotas de miel. O tal vez fuera el mismo Píndaro quien inventó esta historia: la modestia no era su fuerte. Cinco veces concurrió al primer premio poético con su maestra y conciudadana Corina, que otras tantas veces le batió. Parece ser que ella iba provista, a ojos de los jueces que componían el jurado, de argumentos de los que el noble Píndaro carecía y que tenían poco que ver con la poesía. La derrota le hizo perder todo escrúpulo de galantería. Dijo que se sentía un águila «en comparación con aquella excrecencia carnosa». Pues los poetas, cuando está de por medio un premio, emplean la prosa, ¡y qué prosa!

Pero pronto tuvo su desquite, pues de todas partes le llovieron comisiones de gobiernos forasteros, de tiranos como Gerón de Siracusa y hasta de un rey, como Alejandro de Macedonia (el bisabuelo del *Magno*). De modo que cuando tuvo unos cuarenta y cinco años y volvió a casa rezumaba celebridad y riqueza. Pero las había sudado, pues sus famosas odas, que al leerlas parecen tan fáciles y fluidas le habían costado un trabajo indecible. Las componía a la par que la música, de la que desgraciadamente no ha quedado rastro, pues la destinaba al canto que él mismo enseñaba al coro. Píndaro era, en suma, «un letrista», aunque de altísimo nivel. Gran maestro de la métrica, henchido de metáforas, fantasioso y sustancialmente frígido bajo sus aparentes entusiasmos, llegó a los ochenta años guardándose muy bien de mezclar su propio destino personal a los grandes acontecimientos de los cuales era regularmente el panegirista. Cuando estalló la guerra con los persas, estuvo con la neutralidad de Tebas, que involucraba la suya personal también. Después, consumados los hechos, se arrepintió y dirigió un sonoro homenaje a Atenas como a «la renovada ciudad protegida de los dioses, rica, coronada de violetas, guía y baluarte de la Hélade toda». Tebas, por esta contradicción, le impuso una multa de diez mil dracmas, algo así como seis millones de liras. Pero fue Atenas la que, por gratitud, se la pagó. Murió en 442, cuando, habiendo mandado un mensajero a Egipto para preguntar al dios Ammón qué era lo mejor de la vida, éste le respondió: «La muerte.» Atenas le dedicó un monumento. Y cuando, siglo y medio después, Alejandro *el Magno* quiso castigar a Tebas por una rebelión, mandó a sus soldados incendiarla toda, menos la casa de Píndaro. Que, en efecto, todavía existe.

No queda gran cosa que decir sobre la poesía de Píndaro ni sobre la de sus menores contemporáneos. Toda la literatura de la edad de Pericles es *engagée*, es decir, funcional. Y hasta en la prosa, los únicos que brillaron fueron los «retóricos», o sea los maestros de oratoria, entre los cuales el más grande fue ciertamente Gorgias, y los historiógrafos, que además eran sobre todo ensayistas políticos.

La rapidez de los progresos que los griegos hicieron en este campo queda demostrada por el hecho de que entre Heródoto y Tucídides no transcurren más que cincuenta años, cuando parece que al menos hubieran sido quinientos. Heródoto escribe la historia como si fuese un cuento de hadas, sin distinguirla de la leyenda y el mito. Sabía muchas cosas porque, hijo de una buena familia de Halicarnaso, había viajado; mas, en vez de cribarlas críticamente, las amontonó en una miscelánea que de «historia universal» tenía solamente la modesta pretensión. Los acontecimientos se confunden con los milagros y con las profecías, y Hércules es descrito como un personaje real, parigual de Pisístrato. Todo esto confiere a Heródoto el embrujo del frescor y de la inocencia. Puede leérsele con placer. Sólo hay que guardarse muy bien de creerle.

Tucídides, que comenzó a manejar la pluma cincuenta años después que Heródoto la hubo dejado, parece francamente pertenecer a otra edad. Se nota que entre ambos aparecieron los sofistas y se formó aquella especie de ilustración que tan extrañamente acerca el siglo VI ateniense al siglo XVIII francés.

Tucídides había nacido en 460 antes de Jesucristo, de padre propietario de minas y madre de prestigiosa familia tracia. Esto le permitió adquirir una excelente instrucción en la costosa escuela de los más renombrados sofistas, de los cuales absorbió un escepticismo fundamental. Su pasión era la política y, en efecto, todos sus primeros escritos son un diario de los acontecimientos de que era testigo. Se salvó de milagro de la epidemia de 430, que le había contagiado. Y seis años después le encontramos almirante en la expedición naval en socorro de Anfípolis sitiada por los espartanos. El fracaso le costó el exilio y nos ha deparado a nosotros el placer de una *Historia de la guerra del Peloponeso* que, de haberse quedado él en su patria haciendo política, probablemente no hubiese escrito nunca.

Comienza su relato en el momento que Heródoto lo había dejado. Pero, ¡qué diferencia, incluso de estilo! El de Tucídides es terso como el cielo del Ática, sin baboseos ni divagaciones. Hechos y personajes son vistos con su mirada límpida y representados con su justo relieve, sin prejuicios moralizadores. Nadie puede decir que sus retratos de Pericles, Nicias, Alcibíades, sean verdaderos. Pero lo parecen y esto basta para hacer gran historia. Tucídides no cae en una de esas inexactitudes en que el lector puede «picotear». Y su mano de escritor es tan hábil que no se nota. Él no emite juicios. Resalta lo bueno y lo malo en la narración de los hechos. Sus simpatías y antipatías no se advierten: lo que es singularmente raro en un desterrado. Tiene una sola debilidad: la de poner en boca de sus héroes frases elegantes, como se suele hacer escribiendo, más no hablando. Pero él mismo confiesa que es un truco al que recurre para reavivar el relato y hacerlo más conciso y dramático. Todos sus personajes tienen, en efecto, el mismo estilo: el de él. A veces, sin embargo, exagera: como cuando atribuye a Pericles una *Oración fúnebre* sobre la decaída grandeza de Atenas. Mas, ¡ay!, que Plutarco está ahí para decirnos que Pericles no había dejado nunca ningún escrito y que ni siquiera se habían transmitido sus pasajes orales. Lo que creemos, también a causa de que la oratoria de Pericles no anduvo jamás en búsqueda de paradojas, de dichos memorables y de frases de medalla que mereciesen recordarse.

Tucídides es un hábil reconstructor de intrigas, pero más allá de la política no ve nada: ni los factores económicos, ni las corrientes ideológicas, ni las transformaciones de las costumbres. En sus páginas no se encuentra una estadística, ni figura el nombre de un filósofo. No asoma nunca ni un dios ni una mujer, ni siquiera Aspasia, que, sin embargo, algo contó en la vida y la carrera de Pericles.

Hay en él una mezcolanza de Tácito y de Guicciardini, pero más del segundo que del primero. Como Guicciardini, desahogó en historia las defraudadas ambiciones políticas, y lo hizo con la misma frialdad desencantada e igual pesimismo sobre la fundamental maldad y estupidez de los hombres. No reconoce progreso. La Humanidad, según él, está destinada a no aprender nada de la Historia y a repetir siempre, a cada generación, los mismos errores, idénticas injusticias y bestialidades. Confesemos que encontraríamos cierto embarazo en contradecirle.

Además de darnos una representación de los hombres y los hechos de su tiempo, Tucídides nos proporciona el documento de la madurez alcanzada por Atenas en cuanto a pensamiento y expresión. Su prosa es un elevado modelo de concisión, de eficacia, de limpio equilibrio. Es una lengua hablada maravillosamente, como lo son todas las que han alcanzado la perfección. Nada de áulico ni de académico. Es un «estilo».

Pero Tucídides, el discípulo de los sofistas, nos demuestra también otra cosa: que el escepticismo había vencido ya. Los griegos, una vez arrojados del Olimpo sus dioses, instalaron en él la Razón. Y él no creía ya en nada: ni siquiera en lo que escribe.

Capítulo XXXIV

DE ASCLEPIOS A HIPÓCRATES

Oh Asclepios, oh deseado, oh invocado dios, ¿cómo pues podría conducirme dentro de tu templo si tú mismo no me conduces a él, oh invocado dios que sobrepasas en esplendor el esplendor de la tierra y de la primavera? Y ésta es la plegaria de Diofanto. Sálvame, oh dios socorredor, sálvame de esta gota, que sólo tú lo puedes, oh dios misericordioso, sólo tú en la tierra y en el cielo. Oh dios piadoso, oh dios de todos los milagros, gracias a ti he sanado, oh dios santo, oh bendito dios, gracias a ti, gracias a ti, Diofanto no caminará más como un cangrejo, sino que tendrá buenos pies como tú has querido.

Ésta es una de las tantas inscripciones que se pueden leer todavía en una de las muchas lápidas del templo de Epidauro, donde todos los enfermos de Grecia acudían a hacerse curar por Asclepios, dios de la medicina. Aquella amalgama de santuario, hospital, sanatorio y bazar debía de presentar, durante el año, un aspecto harto curioso. Una muchedumbre de lisiados, de ciegos, de epilépticos, la tomaba por asalto, dando mucho quehacer, para disciplinarla, a los *zácoros*, a los *portallaves*, a los *piróforos*, que, mitad sacerdotes y mitad enfermeros, representaban a Asclepios y vigilaban los milagros.

Los peregrinos se reunían bajo los pórticos jónicos, de setenta y cuatro metros de longitud, que circundaban el templo, con su impedimenta, que debía de ser bastante voluminosa, pues cada cual tenía que proveerse por sí mismo de comida y leche. La clínica sólo proporcionaba, para no dejarles al raso, los muros del dormitorio, que estaba en la planta superior y se llamaba *abaton*. Los pacientes, tras una noche pasada, unos durmiendo y otros rezando, eran conducidos a la fuente para tomar un baño y la precaución no debía de ser superflua: los griegos se lavaban poco cuando estaban sanos, conque figurémonos cuando estaban enfermos. Solamente después de haberse descostrado de encima lo mejor posible el hedor y la suciedad, eran admitidos en el templo propiamente dicho para la oración y la ofrenda. Asclepios era un doctor honesto: se remitía, para los honorarios, al cliente y sólo los exigía en caso de curación. Para soldar un fémur roto se contentaba con un pollo. Mas para los pobres trabajaba también gratis, como demuestra la inscripción de otra lápida, donde se recuerda el caso de un labrantín quien, no habiendo podido ofrendar más que un puñado de huesecitos, fue sanado lo mismo.

No sabemos con precisión en qué consistían las curas. Ciertamente las aguas tenían gran parte en ellas, pues la región abundaba en termales. Otro ingrediente muy usado eran las hierbas. Pero sobre todo se contaba con la sugestión que se creaba a copia de exorcismos y espectaculares ceremonias. Tal vez se recurría también al hipnotismo y en ciertos casos hasta a la anestesia, si bien no se sabe cómo la lograban. Porque de las inscripciones resulta que Asclepios, más que un clínico, era un cirujano. Éstas no hablan, en efecto, más que de vientres abiertos a cuchilladas, de tumores extraídos, de clavículas soldadas, de piernas torcidas enderezadas haciendo transitar un carro por encima. El caso más célebre de todos fue el de una mujer que, queriendo librarse de una tenia y estando Asclepios ocupado en aquel momento, se había dirigido a su hijo quien, teniendo como el padre la pasión por la cirugía, le separó la cabeza del cuello y con la mano fue a buscarle la lombriz en el estómago. La encontró y la sacó. Pero luego no pudo volver a poner la cabeza sobre el tronco de la desdichada, así que tuvo que entregarla en dos trozos al padre, quien, tras haberle dado un capón al incauto muchacho, los juntó. Esto también aparece escrito en una lápida.

Seguramente los sacerdotes que en nombre de Asclepios cumplían estas hazañas debían de ser unos bribonazos de marca. Pero no es imposible que tuviesen un poco de práctica en medicina, y de todas suertes conservaron en el culto a Asclepios algo de hogareño y cordial. En aquella gran Lourdes de Epidauro, el dios se había contentado con una simple capilla, donde se alzaba su estatua con los dos animales preferidos por él: el perro y la serpiente. El resto era destinado a la comodidad de los peregrinos y a sus recreos, con piscina y palestra.

Fue este dios socorredor y algo charlatán, pero bondadoso, o, por decir mejor, fueron sus sacerdotes los que monopolizaron la medicina griega hasta el siglo V. Sólo en tiempos de Pericles asomó la medicina laica, que se apoyaba o pretendía apoyarse en bases racionales, al margen de la religión y de los milagros. Pero también esta novedad le vino a Atenas desde fuera, o sea del Asia Menor y de Sicilia, donde se habían formado las primeras escuelas seglares.

El verdadero fundador fue Hipócrates, si bien parece ser que antes que él, en Crotona, había habido otro, Alcmeón, formado en la escuela de Pitágoras, al que se atribuye el descubrimiento de las trompas de Eustaquio y del nervio óptico. Pero de éste no sabemos casi nada, mientras que Hipócrates es una figura histórica. Era de Coo, donde todos los años acudían miles de enfermos para zambullirse en las aguas termales. Éstos constituían un excelente material de estudio para el joven Hipócrates, que era hijo de un «curandero» y discípulo de otro, Heródico de Selimbria. Empezó por elaborar una casuística que le allanó el camino para formular, sobre la base de la experiencia, la diagnosis. Sus libros fueron después reunidos en un *Corpus Hippocraticum*, donde de Hipócrates tal vez no hay más que una mínima parte, siendo el resto añadido por sus discípulos y sucesores. En él se encuentra confusamente de todo: Anatomía, Fisiología, inducciones, deducciones, consejos, investigaciones y un conspicuo número de absurdidades. No obstante, ha constituido el texto fundamental de la Medicina durante más de mil quinientos años.

Hipócrates debió de haber tenido algún disgusto con la Iglesia, porque comienza con la afirmación del valor terapéutico del rezo. Mas en seguida se pone a desmantelar el origen celeste de las enfermedades, tratando de reconducirlas a sus causas naturales. Parece que, como profesional, valía poco, pues no comprendió el valor revelador de las pulsaciones, juzgaba la fiebre sólo con el contacto de la mano y no auscultaba al paciente. Pero desde el punto de vista científico y didáctico, fue ciertamente el primero que separó la Medicina de la religión, prefiriendo anclarla en la filosofía, que desgraciadamente no es menos peligrosa. Era amigo de Demócrito, que le desafió a longevidad. Ganó el filósofo, rebasando los cien años, en tanto que el médico sólo llegó a los ochenta y tres.

El cuerpo, dice Hipócrates, está compuesto de cuatro elementos: sangre, flegma, bilis amarilla y bilis negra. Las enfermedades provienen del exceso o del defecto de cada uno de ellos. La cura debe consistir en un reequilibrio y por eso ha de basarse, más que en las medicinas, en la dieta. Mejor es prevenir la dolencia que reprimirla.

No puede decirse que bajo la guía de Hipócrates la Anatomía y la Fisiología hubiesen hecho grandes progresos. Sólo la Iglesia proporcionaba material de estudio con los despojos de los animales que eran sacrificados para deducir de ellos los auspicios. Y en cuanto a la cirugía, permaneció siendo monopolio de los practicones que la ejercían a troche y moche y, sobre todo, de aquellos que lo hacían al servicio del Ejército durante las guerras. Pero a él se debe la formación de la Medicina como ciencia autónoma y su organización. Antes de Hipócrates, se iba a Epidauro a solicitar el milagro. De laicos no había más que ciertos peripatéticos brujotes que se desplazaban de ciudad en ciudad y a quienes el Estado no exigía el título de estudios para ejercer. Había entre ellos muchas mujeres, porque sólo éstas podían curar a las demás mujeres. Alguno, como Democedo, adquirió incluso fama y ganaba buenos puñados de dinero. Pero la profesión estaba imbuida de charlatanería y, por lo tanto, desprestigiada.

Hipócrates le confirió una alta dignidad, elevándola a sacerdocio con un juramento que comprometía a los adeptos no sólo a ejercer según ciencia y conciencia, si que también a atenerse a un rígido decoro externo, a lavarse mucho y a guardar una actitud mesurada que inspirase confianza al paciente. Por primera vez, con él, los médicos se organizaron gremialmente, se volvieron estables, fundaron *iatreia*, es decir, gabinetes de consulta, y celebraron congresos donde cada uno aportaba la contribución de sus propias experiencias y descubrimientos.

El Maestro ejercía poco. Por lo demás, estaba continuamente de viaje para consultas de excepción. Le llamaban hasta el rey Pérdicas de Macedonia y Artajerjes de Persia. Atenas le invitó en 430 antes de Jesucristo, cuando hubo una epidemia de tifus petequial. No sabemos qué curas prescribió ni qué resultados obtuvo. Pero Hipócrates tenía un modo de diagnosticar y de pronosticar, a fuerza de sonoras palabras científicas, que infundía respeto hasta cuando no curaba el mal. Y era célebre por aforismos como: «El arte es largo, pero el tiempo es fugaz», que dejaban a los pacientes con sus reumatismos y sus jaquecas, pero que les sugestionaban.

Su buena salud era la mejor *réclame* de sus terapias. A los ochenta años correteaba aún de una ciudad a otra, de un Estado a otro, huésped de las casas más señoriales, pero siempre sujeto a un horario y a una dieta rigurosa. Comer poco, andar mucho, dormir sobre duro, levantarse con los pájaros y con éstos acostarse, era su regla de vida.

Fue una especie de Frugoni (1). Más que fundar una ciencia, dio un ejemplo a todos los que a partir de entonces habrían de servirla.

(1)   Poeta italiano (1692-1768), fecundo, fácil y de imaginación pomposa. Frugonianismo significa en Italia poesía vacía y enfática. *(Nota del traductor.)*

Capítulo XXXV

EL PROCESO DE ASPASIA

Formalmente Pericles permaneció *strategos autokrator* hasta 428 antes de Jesucristo, cuando murió. De hecho, estaba «jubilado» hacía tres años, o sea en 432, cuando se intentó un proceso contra Aspasia, aunque en realidad el objetivo era él. Fue la *grande affaire* política y mundana del momento, una especie de Capocotta con protagonistas de más alto y noble nivel, pero con aspectos no menos sórdidos y bajos.

La ofensiva fue lanzada por los conservadores, que ya habían intentado dañar a Pericles difamando y acusando a sus amigos más íntimos y colaboradores. Fidias lo fue por indebida apropiación de una cantidad de oro que se le entregó para exornar su gigantesca estatua de Atenea y resultó condenado. Anaxágoras, atacado por herético, huyó para escapar de un proceso de cuyo resultado no estaba nada seguro y que el propio Pericles quería evitar. Hasta que, envalentonados por esos éxitos, los conservadores llevaron al tribunal a Aspasia, bajo la acusación de impiedad.

Fue como destapar un ataúd, tal fue la podredumbre

que salió en forma de cartas y de libelos anónimos. Los más descalificados libelistas de la época, capitaneados por Hermipo, compitieron en lanzar las calumnias más infamantes contra la «primera dama de Atenas», representándola como una vulgar celestina, que había hecho de Pericles lo que Deyanira había hecho de Hércules, no ya envolviéndole en una camisa ardiendo, sino debilitándole y prostituyéndole con orgías, cocaína y «misas negras». Gracias a ella, decían, la casa del *autokrator* se había convertido en un burdel, donde Aspasia atraía a las damas de la buena sociedad y a sus hijas menores de edad, para darlas en pasto a su estragado amante y luego rescatarle.

Nada de esto fue probado al tribunal compuesto de mil quinientos jurados. En defensa de la acusada habló el mismo Pericles, cuya voz se quebraba en sollozos de vez en cuando. Tal vez lo que le inspiraba tal desesperación no eran los peligros que corría la persona que él amaba más que nada en el mundo, sino el espectáculo de la ingratitud, la envidia ruin, los sordos rencores, los complejos de inferioridad que la sociedad ateniense ponía de manifiesto en perjuicio de un hombre a quien debía, si no todo, mucho. Y tal vez la verdadera razón por la cual él se apartó desde entonces fue que aquella experiencia le había quitado la fe en la democracia, haciéndosela aparecer como la incubadora de los más bajos instintos humanos.

Pero incluso políticamente, además de moralmente, este proceso es instructivo porque nos muestra los límites de lo que erróneamente fue llamada «la dictadura de Pericles» y nos esclarece su esencia. ¿Os imagináis, en pleno fascismo, un proceso contra Claretta Petacci, o en pleno nazismo contra Eva Braun? Evidentemente, el *strategos autokrator* no era un *duce* ni un *führer* y su régimen no era semejo a ninguno de los modernos totalitarismos policíacos.

Para comprender algo de ello hay que poner siempre mientes en los tres hechos fundamentales que lo condicionan: la restricción de la ciudadanía, que no rebasaba los treinta mil votantes, de los que una mitad, la del campo, como yo hemos dicho, quedaba excluida por las dificultades del viaje; la conciencia, por parte de los ciudadanos, de constituir una minoría privilegiada en una ciudad de más de doscientos mil habitantes; y su honda participación en los asuntos políticos y de Estado, dado el escaso sentido que tenían de los vínculos familiares. Mientras un italiano de hoy es antes que nada un padre, un marido, un hijo, etc., o sea un hombre convencido de tener deberes sólo con la familia, en nombre de la cual puede incluso ser un desertor en la guerra y un ladrón en la paz, el ateniense de entonces era, antes que cualquier otra cosa, un ciudadano para el cual prevalecían los deberes sociales. Éste los cumplía sobre todo en dos sedes: la del *club* o «confraternita» y la del Parlamento o *Ecclesia*.

En Atenas había tantos *clubes* casi como hoy día en los países anglosajones. Cada ateniense pertenecía por lo menos a tres o cuatro: pongamos el de los oficiales retirados, el de los que se habían elegido por patrono determinado dios o diosa, el profesional, el de los aficionados a cierto vino o a cierta lechoncita. Y era una manera de conocerse y controlarse uno a otro, de establecer vínculos, de tomar decisiones colegiales de categoría que tenían eco en el Parlamento.

Aquí se reunían cuatro veces al mes todos los ciudadanos, no ya sus diputados. Los atenienses no elegían a nadie para representarles. Dado el número relativamente escaso, iban en persona. Y se reagrupaban, no según los partidos, sino, en todo caso, según los *clubes*, donde habían llegado ya a un acuerdo sobre la actitud a tomar respecto a los proyectos de ley en discusión. Naturalmente, existía una notoria división entre los oligárquicos con su séquito proletario y los demócratas; mas no existía una «derecha» y una «izquierda» como en la topografía política moderna.

Este Parlamento no disponía de local. Se reunía siempre al aire libre, a veces en el teatro, a veces en el *ágora* y a veces incluso en El Pireo. La sesión se abría al alba, con una ceremonia religiosa que consistía en el sólito sacrificio a Zeus de un ternero o un cerdo. Si llovía, quería decir que Zeus estaba de mal humor y la reunión quedaba aplazada. Luego el presidente, que era elegido cada año, leía los proyectos de ley. En teoría, todos podían hablar en pro y en contra, por orden de edad. En realidad había que estar legalmente casado, no tener antecedentes penales, ser propietario de algún bien inmueble y estar en orden con los impuestos. Y estamos seguros de que en estas condiciones se encontraban a lo más el diez por ciento de los congregados. Pero, además había que poseer también el don de la oratoria, pues se trataba de una reunión de entendidos que no gustaba de meterse con el que subía a la tribuna.

Éste no podía quitar ojo a la clepsidra de agua que medía el tiempo y cuya institución es lástima que los Parlamentos de hoy día hayan olvidado. Había que decir todo lo que se tenía que decir, bien, clara y rápidamente. No sólo esto, sino que quien presentaba una proposición era responsable de la misma, en el sentido de que, al cabo de un año de su adopción, si los resultados habían sido negativos, además de anular el acuerdo, se podía multar al autor de la propuesta. Y también es lástima que se haya perdido esta costumbre. Se votaba por aclamación, salvo en casos particulares en los que se exigía el escrutinio secreto. Y el resultado era definitivo: la proposición se convertía automáticamente en ley. Pero antes de llegar a este resultado final, habitualmente se pedía el parecer de la *bulé* o *Consejo*, que era una especie de Tribunal constitucional.

Lo formaban quinientos ciudadanos sacados a suerte de los registros de vecinos, sin fijare en calificaciones y competencias particulares. Ejercían el cargo durante un año y no podían ser sorteados de nuevo hasta que todos los demás ciudadanos hubiesen cumplido su turno. Por aquel servicio público eran modestamente pagados: cinco óbolos al día. Y se reunían en un edificio ex profeso, el *buleuterio*, en un ángulo del *ágora*. Estaban divididos en diez *pritanias*, o comités, de cincuenta miembros cada uno, según los cometidos que eran de vario y amplio control: la constitucionalidad de las proposiciones de ley, la moralidad de los funcionarios civiles y religiosos, el presupuesto y la administración pública. Estaban reunidos todos los días desde el amanecer hasta el ocaso. Cada *pritania* presidía durante treinta y seis días a toda la *bulé*, sacando a suertes cada día el presidente de entre los propios miembros. De modo que a cada ciudadano le tocaba serlo tarde o temprano, lo que hacía de Atenas una ciudad de ex presidentes y ayuda a explicarnos el gran apego de aquel pueblo a su ciudad y a su régimen.

En cuanto al Areópago, ciudadela de los aristócratas conservadores, y en tiempos omnipotente, la democracia, desde Pisístrato en adelante, lo ha ido devorando lentamente. Existe aún en tiempos de Pericles, pero reducido a una especie de Tribunal de casación, competente sólo para pronunciarse sobre los delitos que entrañan la pena capital. El poder legislativo es ahora un sólido monopolio de la *Ecclesia* y de la *bulé*.

El ejecutivo es ejercido por los nueve *arcontes* que, de Solón en adelante, componen el ministerio. En teoría, también éstos vienen imparcialmente sorteados entre el elenco de los ciudadanos. De hecho, por «casualidad» se guía la mano con mil sagacidades. El sorteado ha de demostrar primero que todos sus ascendientes son, por las dos partes, atenienses, que ha cumplido todos sus deberes de soldado y de contribuyente, el respeto que tiene a los dioses, la ejemplaridad de una vida sobre la cual son admitidas todas las insinuaciones y sobre la cual muy pocos debían de estar dispuestos a aceptar investigaciones. Pero, además, hay que pasar ante la *bulé* una especie de examen psicotécnico llamado *doquimasia*, que ponga de manifiesto el nivel intelectual del candidato, y a este respecto es fácil comprender qué clase de pasteleos se podían hacer.

El arconte permanece en el cargo un año, durante el cual ha de pedir lo menos nueve veces el voto de confianza a la *Ecclesia*. Expirado el término, toda su actividad queda sujeta a investigación por parte de la *bulé*, cuyo veredicto varía de la condena a muerte a la reelección. Si no hay ni ésta ni aquélla, el ex arconte queda jubilado del

Areópago, donde permanece, por decirlo así, como senador vitalicio pero sin poderes.

De los nueve arcontes, el formalmente más importante es el *basileo*, que literalmente querría decir rey, pero que en cambio correspondería hoy en día a «papa», dado que sus atribuciones son exclusivamente religiosas. En el papel, encarna el más alto cargo del Estado. Pero en realidad los poderes mayores, en esta sospechosa división que tiende a excluirles a todos, están en manos del arconte militar, llamado *strategos autokrator*, que es el comandante en jefe de las fuerzas armadas. Dado que Atenas no es un Estado militarista con ejército permanente y que el servicio de leva, en vez de en cuarteles, se hace en *nomadelfías* sin uniforme, donde el recluta, más que a obedecer, aprende a autogobernarse y guarda celosamente el sentido de sus derechos y de su independencia de ciudadano, no hay peligro de que el *autokrator* pueda hacer de él un instrumento para cualquier *pronunciamiento* (1) a la sudamericana.

Fue, pues, este cargo en el que en seguida fijó Pericles su atención, haciéndose reelegir año tras año desde el 467 en adelante. Pero por el mismo hecho que cada vez tenía que formar una mayoría en la *Ecclesia* y luego someterse a una investigación por parte de la *bulé*, está claro que sus poderes eran más los de un rey constitucional que los de un dictador. Por su habilidad personal logró ejercerlos en sentido extensivo, atribuyéndose poco a poco los de ministro de Relaciones Exteriores y del Tesoro. Atenas, como gran potencia naval, necesitaba de gran diplomacia y los atenienses, pareciéndoles que Pericles era muy ducho en ella, se la dejaron en contrata. Pero cada decisión que tomaba tenía que someterla a la *Ecclesia*. Más recelosos se mostraron en lo tocante a la administración de las finanzas, porque parecía que Pericles tenía las manos rotas. Y, como ejemplo, por el Partenón le hicieron, como hemos dicho, mil historias.

(1) En español en el original.

Pero las cifras son las cifras. El presupuesto del Estado, cuando Pericles fue elegido por primera vez, registraba una entrada total de mil quinientos millones de liras al año. Cuando se retiró, pese a lo que había gastado en obras públicas, las entradas habían subido a treinta y cinco mil millones.

En suma, el secreto de Pericles, el que le valió la reelección para *autokrator* durante casi cuarenta años, era tan sólo su éxito, debido a la excelencia de sus cualidades de estadista y de administrador. Tan poco abusó de ella, que tuvo que sufrir, al término de su inmaculada carrera, el proceso de Aspasia, del cual el verdadero encausado era él mismo y tuvo que implorar, llorando, piedad en público, ante mil quinientos jurados.

Si aquel proceso deshonra a alguien, no es a Pericles y ni siquiera a Aspasia, sino a Atenas.

CUARTA PARTE

EL FIN DE UNA ERA

Capítulo XXXVI

LA GUERRA DEL PELOPONESO

De prestar oídos a las malas lenguas de la época, Pericles llevó Atenas a la ruina buscando camorra en Megara, porque algunos megarenses habían ofendido una vez a Aspasia secuestrando un par de chicas de su casa de tolerancia. También entonces la gente se divertía explicando la historia con la nariz de Cleopatra.

En realidad, el asunto de Megara, que fue el comienzo de la catástrofe no tan sólo para Atenas sino para toda Grecia, tiene orígenes mucho más complejos y lejanos y no dependió en absoluto de la voluntad de un hombre, ni siquiera de un gobierno o de un régimen. Pericles no hizo una política exterior diferente a la que otro cualquiera, en su lugar, habría hecho. Para Atenas no había alternativas: o ser un imperio o no ser nada. Encerrada por la parte del continente, con pocos kilómetros cuadrados de tierra pedregosa y árida, el día en que no hubiese podido importar trigo y otras materias primas se habría muerto de hambre. Para importarlas necesitaba seguir siendo la dueña del mar. Y para seguir siendo dueña del mar, tenía que dominar con su flota todos aquellos pequeños Estados anfibios que los griegos habían fundado en las costas de su península, del Asia Menor y en las islas, grandes y pequeñas, que recortan el Egeo, el Jónico y el Mediterráneo.

El Imperio de Atenas se llamaba Confederación, como en inglés se llama *Commonwealth*. Pero la realidad que se ocultaba en este nombre hipócritamente democrático e igualatorio, era el control comercial y político de Atenas sobre las ciudades que formaban parte de la Confederación. Metona, cuando fue azotada por la sequía y la carestía, hubo de penar no poco por obtener de Atenas el permiso de importar con sus naves un poco de trigo. Atenas pretendía ser ella quien distribuyese las materias primas, primeramente para garantizar el monopolio de los fletes a sus armadores, y, después, para disponer de un arma con que reducir por el hambre aquellos pequeños Estados si hubiesen tenido veleidades autonomistas.

Pese a todo el liberalismo, Pericles no aflojó jamás ese control. Como buen diplomático, defendía el derecho a la supremacía marítima ateniense en nombre de la paz. Decía que su flota aseguraba el orden, y en cierto sentido era verdad. Pero se trataba de un orden estrictamente ateniense. Él, por ejemplo, rehusó regularmente, como sus predecesores, dar una explicación sobre el uso que se había hecho de los fondos aportados por las varias ciudades para financiar las campañas contra Persia: en realidad los había empleado para reconstruir Atenas desde los cimientos y hacer de ella la gran metrópoli en que se convirtió bajo él. En 432 recogió de los Estados confederados la bonita suma de quinientos talentos, equivalente a algo así como ciento setenta mil millones de liras de hoy. Por la «causa común», se comprende, y por la flota que garantizaba la paz. Pero esta flota era sólo ateniense y la paz le acomodaba a Atenas para mantener su supremacía. Los ciudadanos de la Confederación no tenían los mismos derechos. Cuando surgían líos judiciales en los que se viese envuelto un ateniense, tan sólo eran competentes los magistrados de Atenas, según el régimen que hoy se llama «de capitulación» y que siempre ha caracterizado al colonialismo.

En suma, la democracia de Pericles tenía límites. Dentro de la ciudad era monopolio de la pequeña minoría de ciudadanos, con exclusión de los metecos y los esclavos. Y en las relaciones con los Estados confederados no asomaba ni de lejos. En 459 Atenas había empleado la flota para intentar una expedición en Egipto y expulsar a los persas que se habían instalado allí. Aunque batidos, todavía constituían un peligro y Egipto, además de poseer bases navales de primer orden, era el gran granero de aquel tiempo. La Confederación no tenía mucho interés en anexionárselo: además, el trigo, Atenas se lo habría quitado después. Pero tuvo que financiar igualmente la empresa, que fracasó.

El mal humor contra el prepotente amo, que ya incubaba hacía tiempo, estalló en Egina, luego en Eubea y por fin en Samos. Y la flota, que debía servir a la «causa común», o sea también a la de estos tres Estados que se desangraban por financiarla, sirvió en cambio para aplastarlos bajo una violenta represión. Las represiones no son nunca un signo de fuerza, sino de debilidad. Y como a tales fueron interpretadas las de Atenas por Esparta que, encerrada en sus montañas, no se había convertido en una gran sociedad cosmopolita, no tenía literatura, no tenía salones, no tenía Universidad, pero en compensación tenía muchos cuarteles donde había seguido instruyendo soldados con la disciplina y la mentalidad de los *kamikaze*, como en los tiempos de Licurgo. Un poco por su posición geográfica en el interior del Peloponeso, un poco por la composición racial de sus ciudadanos, todos de tronco dorio y por ende guerrero, que jamás se habían fusionado con los indígenas, que permanecían en la condición de siervos y apartados de toda participación, hacían de ella la ciudadela del conservadurismo aristocrático y rural. Sus hombres políticos no tenían la brillantez de los atenienses; pero poseían el cálculo paciente de los campesinos y el sentido realista de las situaciones. Cuando fueron solicitados por los emisarios de los Estados vasallos de Atenas y de los que tamían serlo, para encabezar una guerra de liberación de la poderosa rival, oficialmente declinaron, pero bajo mano se dedicaron a urdir la trama de una coalición.

Esto no pasó inadvertido a Pericles, quien probablemente se preguntó si no sería cuestión de recuperar las simpatías perdidas, implantando las relaciones confederales sobre bases más equitativas y democráticas. Pero fuere que terminó concluyendo para sus adentros que era imposible hacerlo sin renunciar a la supremacía naval, o que previese perder el «puesto» presentando una propuesta semejante a la Asamblea, el hecho es que prefirió afrontar los riesgos de una tirantez. Su plan era sencillo: retirar, en caso de guerra, toda la población del Ática y limitarse a defender la ciudad y su puerto: la supremacía marítima le permitiría una resistencia indefinida. Trató, sin embargo, de evitar el conflicto convocando lo que hoy se llamaría una conferencia panhelénica «en la cumbre», en la que deberían participar los representantes de todos los Estados griegos para encontrar una pacífica solución a los problemas pendientes.

Esparta consideró que el adherirse a ella equivaldría a reconocer la supremacía ateniense y declinó. Fue como si hoy América convocase una conferencia mundial y Rusia rehusase o viceversa. Su ejemplo animó a otros muchos Estados, que la imitaron. Y aquel fiasco fue otro paso adelante hacia un conflicto del cual estaban ya puestas las premisas. Se trataba de saber quién, entre Atenas y Esparta, poseía la fuerza de unificar a Grecia. Atenas era un pueblo jónico y mediterránea era la democracia, la burguesía, el comercio, la industria, el arte y la cultura. Esparta era una aristocracia dórica y septentrional, agraria, conservadora, totalitaria y tosca. A estos motivos de guerra Tucídides añadió otro: el aburrimiento que la paz, que ya había durado demasiado, inspiraba especialmente a las nuevas generaciones inexpertas y turbulentas. Y tampoco esta tesis suya hay que echarla en saco roto.

El primer pretexto lo proporcionó en 435 antes de Jesucristo, Corcira con una insurrección contra Corinto, de la que era colonia. Ésta solicitó incorporarse a la Confederación ateniense, es decir, que con pobres palabras pidió la ayuda de su flota, que fue enviada en seguida y tuvo un encuentro con la de Corinto, acudida a su vez para restablecer el *statu quo*. El éxito fue dudoso y no resolvió nada. Tres años después, Potidea hizo lo contrario: colonia de Atenas, se rebeló y pidió ayuda a Corinto. Pericles mandó en su contra un ejército que la sitió durante dos años y no logró expugnarla. Estos dos fracasos constituyeron un grave golpe para el prestigio de Atenas, pues cuando se quiere mandar, hay que demostrar ante todo que se tiene la fuerza de hacerlo. La rebelde Megara se sintió alentada y se alineó al lado de Corinto, que a su vez llamó a Esparta. Atenas impuso el bloqueo a Megara, sitiándola por hambre. Esparta protestó. Atenas replicó que estaba dispuesta a retirar las sanciones si Esparta aceptaba un tratado comercial con la Confederación, lo que significaba entrar a formar parte de la *Commonwealth*. Era una propuesta provocativa, ante la que Esparta reaccionó con una contraposición otro tanto provocativa: dijo que estaba dispuesta a aceptar si Atenas a su vez aceptaba la plena independencia de los Estados griegos, esto es, si renunciaba a su primacía imperial. Pericles no vaciló en rehusar, aun a sabiendas de que aquel «no» era la guerra.

La alineación de las fuerzas estaba ya clara: de una parte Atenas con sus infinitos confederados del Jónico, el Egeo y del Asia Menor, mantenidos unidos por la flota; de la otra, Esparta con todo el Peloponeso (salvo la neutralista Argos), Corinto, Beocia, Megara, mantenidos unidos por el ejército. Pericles puso inmediatamente en práctica su plan. Reunió las tropas dentro de los muros de Atenas, abandonando el Ática al enemigo, que la saqueó, y mandó las naves a sembrar la confusión en las costas del Peloponeso. El mar era suyo, y, por tanto, los aprovisionamientos estaban asegurados: se trataba de esperar a que el frente enemigo se desintegrase.

Tal vez eso hubiese ocurrido si el hacinamiento en Atenas no hubiera provocado una epidemia de tifus petequial, que diezmó soldados y población. Como siempre sucede en estos casos, los atenienses, en vez de buscar el microbio, buscaron el responsable, y naturalmente lo identificaron en Pericles. Éste, debilitado ya por el proceso de Aspasia, había visto multiplicarse, por causa de la guerra, a sus enemigos tanto de derechas como de izquierdas. De izquierdas, el más encarnizado era Cleón, un curtidor de pieles, tosco, demagogo y valeroso. Acusó a Pericles de malversaciones. Y dado que Pericles no pudo efectivamente rendir cuentas de los «fondos secretos» que había empleado para intentar corromper a los estadistas espartanos, fue derrocado y multado, precisamente cuando la epidemia le mataba a su hermana y sus dos hijos legítimos. Es verdad que, arrepentidos en seguida después, los atenienses le llamaron de nuevo al poder, y es más, haciendo una excepción a la ley impuesta por él mismo, confirieron la ciudadanía al hijo que había tenido con Aspasia. Pero el hombre estaba ya moralmente acabado y pocos meses después lo estuvo también físicamente. Triste fin de una carrera gloriosa.

Le sustituyó Cleón, su antítesis humana. Aristóteles dice de él que subía a la tribuna en mangas de camisa y que arengaba a los atenienses con un lenguaje de pillastre, vulgar y pintoresco. Pero fue un buen general. Derrotó a los espartanos en Esfacteria, rechazó sus proposiciones de paz, dominó con inaudita violencia las revueltas de los confederados y al final murió batiéndose como un león contra el héroe espartano Brásidas.

La guerra, que arreciaba hacía casi diez años, había sembrado la ruina en toda Grecia, sin arribar a ninguna solución. Amenazada por una revuelta de esclavos, Esparta propuso la paz. Atenas aceptó, siguiendo por fin el parecer de los aristócratas conservadores, uno de los cuales, Nicias, firmó el tratado en 421 y le dio su nombre.

Éste preveía no sólo una paz por cincuenta años, sino también una colaboración entre ambos Estados en caso de que en alguno de los dos los esclavos se sublevaran. Los grandes enemigos vuelven a encontrar la concordia para mantener las injusticias sociales.

Capítulo XXXVII

ALCIBÍADES

Tal vez aquella paz, aun sin durar cincuenta años, que tales eran las intenciones de los contratantes, hubiese durado empero un poco más de seis, como aconteció, de no haber llevado el nombre de Nicias.

Era éste el vástago de una dinastía de encumbrado linaje y, como todos sus colegas del partido conservador, había desaprobado vivamente la guerra contra Esparta, ciudad en la que todos los reaccionarios de Grecia veían un modelo que imitar. Era también uno de los pocos aristócratas ricos. Incluso, al parecer, su patrimonio era, con el de Calias, el más fuerte de Atenas: se evaluaba en quinientos millones de liras, casi todos empleados en esclavos, que él alquilaba en cuadrillas a los administradores de las minas.

Este comercio, que a nosotros nos parece odioso, pero que en aquellos tiempos era considerado moralísimo, no impedía en absoluto a Nicias pasar por hombre piadoso, devotísimo de los dioses, para los que no transcurría día sin que él hiciese algo. Ora dedicaba una estatua de Atenea, ora una parte de su patrimonio a Dionisio, financiando como corego los más suntuosos espectáculos en su honor. Para cada mínimo acto que cumplir, consultaba al numen competente y le pagaba la respuesta con *ex votos* costosos. Nunca había salido de casa con el pie izquierdo. Inscribía palabras mágicas en las paredes de su morada para protegerla de los incendios. Los días nefastos (pongamos el martes y el viernes) jamás había iniciado ninguna empresa. Para cortarse el pelo esperaba la luna llena. Cuando el vuelo de los pájaros indicaba mal tiempo, pronunciaba la fórmula de conjuro y la repetía veintisiete veces. Organizaba y pagaba de su bolsillo procesiones para la cosecha. Abandonaba el Senado si oía el chillido de un ratón. Se tapaba los oídos a cada palabra de sonido funesto. A cada muerto de su familia, que siendo antigua habían de ser muchos, le dedicaba una ceremonia especial, invocando por el nombre a cada uno de ellos a cada bocado que engullía: tantos muertos, tantos bocados; tantas muertas, tantos tragos. Es más, comía incluso con una tablilla ante los ojos en la cual estaban escritos los nombres de todos sus antepasados, para no olvidar a ninguno; y a medida que honraba a uno, tachaba el nombre con tiza, eructaba en señal de saludo y pedía otro servicio. Después de lo cual, como democristiano ejemplar, alquilaba otro rebaño de esclavos y se ganaba otra propinilla de millones.

Para combatir a un hombre semejante, cargado de dinero y a quien el resultado ruinoso de la guerra a la cual él siempre se había opuesto, había terminado dándole la razón, su adversario Alcibíades, aun cuando aristócrata también, no tenía más que un medio: tomar la sucesión ideológica de Pericles al frente del belicoso partido demócrata y tratar de desacreditar la obra «distensiva», aquello que hoy se llamaría el «espíritu de Munich», del partido conservador.

Alcibíades no tenía dinero. Y no podía ni menos ufanarse de contar con la protección de los dioses, con los cuales se mostraba muy irrespetuoso. Pero en compensación poseía un blasón, la belleza, el espíritu, el valor y la insolencia. Hijo de una prima de Pericles, se había criado en casa de éste, quien, seducido por la exuberancia y la genialidad del muchacho, había tratado de disciplinar sus dotes y de orientarle hacia el bien. En vano. Egocéntrico y extravertido, Alcibíades, con tal de causar sensación y hacer carrera, no reparaba en los medios. Cierto que más por ambición que por patriotismo se había batido como un héroe contra los espartanos, primero en Potidea y luego en Delios, si bien algunos dijesen que el verdadero autor de las hazañas que se le atribuían había sido Sócrates, que le quería con un amor sobre cuya naturaleza tal vez es mejor no hacer indagaciones.

Alcibíades formaba parte del grupo de jóvenes intelectuales que el Maestro ejercitaba en el arte sutil de razonar, pero de vez en cuando se alejaba para ir detrás de prostitutas y mozalbetes de equívoca fama y entonces Sócrates perdía la cabeza, cuenta Plutarco, y se ponía a buscarle como a un esclavo fugitivo. Después Alcibíades volvía, lloraba de arrepentimiento más o menos fingido en los brazos del viejo, que se lo perdonaba en seguida, y preparaba otra de las suyas. Un día se encontró con Hipónaco, que era uno de los más ricos jefes conservadores y, por una apuesta, le abofeteó. Al día siguiente se presentó en su casa, se desnudó y se echó a los pies del ofendido suplicándole que le azotase en castigo. El pobre hombre, en vez de un buen par de vergajazos le dio por esposa a su hija Hipareta, el mejor partido de Atenas, con una dote de veinte talentos. Alcibíades los disipó inmediatamente en un palacio y una cuadra de caballos de carrera con los que, en el *derby* de Olimpia, ganó los premios primero, segundo y cuarto.

Atenas estaba loca con él. Adoptó, como en Inglaterra, el vicio del tartamudeo, porque él era ligeramente tartamudo, y se dejó imponer la moda de ciertos zapatos sólo porque él la lanzó. Necesitando siempre dinero para su desenfrenado lujo, se lo hacía regalar hasta de las hetairas más famosas. Y para mostrar que ninguna mujer se le resistía, hizo grabar en su escudo de oro un Eros con el rayo en la mano. Entre otras cosas, quiso una flotilla de trirremes para su uso particular. Y de una de ellas hizo su *garçonnière* flotante, con una tripulación formada de músicos. Un día, Hipareta huyó de casa y le citó ante los tribunales para divorciarse. Él acudió y, delante de los jueces, la raptó. La pobre mujer aceptó su hado de esposa engañada, sufrió en silencio las humillaciones que él le infligió y poco después murió de pena.

Ahora bien, este extraordinario y turbulento personaje, violador de leyes y de mujeres, seductor no tan sólo de corazones femeninos, sino también de masas electorales, era partidario de la guerra porque la guerra significaba un atajo para sus ambiciones, y detestaba la paz porque llevaba el nombre de Nicias. La Constitución no le permitía, ni siquiera cuando fue elegido arconte, denunciar el tratado. Pero él, aun respetándolo formalmente, se dio a fomentar ocultamente una coalición contra Esparta, que Atenas armó sin participar en ella y que fue severamente derrotada en Mantinea en 418. Poco después mandó una flota a Milo, que se había rebelado, hizo condenar a muerte a todos los adultos varones, deportar como esclavas a las mujeres y a los niños, y entregar los bienes a quinientos colonos atenienses. A la sazón, el partido demócrata y las clases industriales y comerciales que le sostenían y financiaban volvían a levantar cabeza e hicieron de él uno de los diez generales entre los que se dividía el mando de las fuerzas armadas. Plutarco cuenta que, al oír aquella noticia, Timón, un viejo misántropo que odiaba a los hombres y gozaba con sus calamidades, se frotó las manos de contento.

Poniendo a contribución toda su tortuosa diplomacia, Alcibíades se dedicó a convencer a los atenienses de que el único modo de recuperar el perdido prestigio y reconstruir un Imperio, era conquistar Sicilia. Se ofrecía un buen pretexto. La ciudad jonia de Lentini había mandado de embajador en Atenas a Gorgias para solicitar ayuda contra la doria Siracusa que quería anexionársela. Nicias suplicó a la Asamblea que rechazase la propuesta. Alcibíades la avaló, seguro de recibir el mando de la expedición, y la hizo aprobar.

Mas el azar se entremetió. Una noche, mientras hacían los preparativos, las estatuas del dios Hermes fueron impíamente mutiladas. Se ordenó una encuesta para indagar las responsabilidades de aquel sacrilegio. Y las sospechas recayeron sobre Alcibíades, que tal vez no tenía nada que ver y era solamente la víctima de una maquinación de los conservadores para evitar la guerra. Él solicitó un proceso. Pero en espera de que fuese celebrado, el mando de la expedición fue confiado a Nicias, es decir, a quien no la quería.

Nicias había sido ya general en la guerra contra Corinto. Había ganado su batalla. Pero, mientras volvía a Atenas, recordó haber dejado insepultos a dos soldados suyos y volvió atrás, pidiendo humildemente a los vencidos que le permitieran inhumar los dos cadáveres. Los atenienses se habían reído un poco de tanta santurronería; pero después de la afrenta a Hermes, querían estar seguros de que su comandante fuese querido por los dioses y por eso le eligieron a él.

Antes de aceptar, Nicias, como de costumbre, consultó los oráculos y hasta mandó emisarios a Egipto para interrogar a Ammón, el cual dijo que sí. Suspirando y poco convencido, el mojigato general dio la señal de partida. En el último momento recordó que estaban en la nefasta Plinterias, como quien dice martes y trece; pero era demasiado tarde para revocar la orden. La noticia de que los cuervos estaban picoteando la estatua de Palas –otro signo siniestro– acabó por ponerle tan nervioso que aquel día, por primera vez, salió de casa con el pie izquierdo. Para congraciarse de nuevo con el cielo, durante todas aquellas semanas de navegación ordenó ayunos y preces a sus soldados que desembarcaron en la costa sícula desmoralizados y debilitados. Siracusa pareció en seguida como de difícil conquista. Y el cielo se ensañó con los sitiadores descargando lluvias torrenciales. Nicias pasaba el tiempo rezando a los dioses, que le respondieron mandándole una epidemia. Por fin, espantado, decidió abandonar la empresa y reembarcar el ejército. Mas precisamente en aquel momento hubo un eclipse de luna, que los augures lo interpretaron como una orden celeste de aplazar la partida por «tres veces nueve días», o sea veintisiete días.

Habiendo comprendido finalmente con quién se las habían, los siracusanos efectuaron una salida nocturna, asaltaron la flota ateniense y le pegaron fuego. El gazmoño general se batió como un bravo soldado. Fue capturado vivo por los siracusanos y pasado por las armas inmediatamente junto con todos los demás prisioneros, menos aquellos que –como hemos dicho– sabían recitar de memoria algún verso de Eurípides.

Como buenos germánicos, los dorios de Siracusa sentían tanta pasión por la sangre como por el arte y tenían igualmente fácil la horca y el «sentimiento».

Capítulo XXXVIII

LA GRAN TRAICIÓN

Con la flota, Atenas había perdido, en las playas sicilianas la casi totalidad del ejército, esto es, la mitad de sus ciudadanos varones. Y como los desastres no vienen nunca solos, a éste se sumó otro: la deserción de Alcibíades quien, para eludir el proceso se había refugiado en Esparta poniéndose a su servicio. Y Alcibíades era uno de esos hombres que constituyen un peligro para quien lo tiene a su favor, pero una desdicha para quien lo tiene en contra.

Tucídides le atribuye estas palabras, cuando, fugitivo, se presentó a los oligarcas espartanos: «Nadie sabe mejor que yo, que he vivido en ella y soy su víctima, lo que es la democracia ateniense. No me hagáis gastar saliva sobre una cosa de tan evidente absurdidad.» Tales palabras fueron sin duda del agrado de aquellos reaccionarios, pero no desarmaron su desconfianza. Alcibíades, es cierto, era aristócrata y partidario de la guerra. Para granjearse la confianza de los espartanos, se dedicó a imitar sus estoicas y puritanas costumbres. Aquel que hasta entonces había sido el árbitro de todas las elegancias y refinamientos, tiró los zapatos para pasearse descalzo, con una basta túnica en los hombros, se alimentó de cebollas y empezó a bañarse hasta en invierno en las gélidas aguas del Eurotas. Era tal el rencor que incubaba contra Atenas que para vengarse de ellos ningún sacrificio le parecía desmedido. Así logró persuadir a los espartanos de que ocupasen Deceleia, donde Atenas se abastecía de plata.

Desgraciadamente, aun sucio y mal vestido, era todavía un buen mozo y sus maneras aparecían irresistibles a las mujeres, sobre todo a las de Esparta, que no estaban acostumbradas a ellas. La reina se enamoró de él y cuando el rey Agis volvió del campo, donde había hecho las grandes maniobras, encontró un arrapiezo del cual le constaba no haber sido el autor. Alcibíades declaró, para excusarse, que no había podido sustraerse a la tentación de contribuir con su sangre a la continuidad de la dinastía en un trono glorioso como el de Esparta, pero de todas suertes juzgó prudente embarcar como oficial de marina en una flotilla que partía hacia Asia. Los amigos le aconsejaron, una vez desembarcado, que mudase de aires. La flotilla, en efecto, era perseguida por un mensajero que tenía orden de eliminar al adúltero. Éste tuvo apenas tiempo de evitar la puñalada y en Sardes fue a ver al almirante persa Tisafernes, a quien le ofreció, para cambiar, sus servicios contra Esparta.

Dejémosle un momento en los líos de su triple juego, para volver a Atenas, al borde de la catástrofe. La ciudad estaba ya totalmente aislada, pues hasta los más fieles satélites se iban pasando al enemigo. Eubea no enviaba más trigo y no había una flota para obligarle a ello. Los espartanos, al ocupar Deceleia, además de las minas de plata, se habían adueñado de los esclavos que en ellas trabajaban y que se alistaron en su ejército. Y por si fuera poco habían iniciado tratos con Persia para aniquilar al insolente adversario común, prometiéndole el archipiélago jonio. Era la gran traición. Los griegos llamaban en su ayuda a los bárbaros para destruir a otros griegos.

En el interior, el caos. El partido conservador, acusando al demócrata de haber querido la ruinosa guerra, organizó una rebelión, tomó el poder, lo confió a un Consejo de los Cuatrocientos y, asesinando algunos jefes de la oposición, la redujo a tal espanto que la Asamblea, si bien de mayoría aún demócrata, votó los «plenos poderes», es decir, que abdicó los propios.

Pero después de la revolución vino el golpe de Estado. Algunos de los mismos conservadores, guiados por Terámenes, volvieron a mandar a sus casas a los Cuatrocientos, les sustituyeron por un Consejo de Cinco mil y trataron de crear una «unión sagrada» con los demócratas para dar vida a un gobierno de salvación nacional. Podía ser una solución, de no haber surgido una especie de «rebelión de Kronstadt» por parte de los marinos de la reducida flota, quienes anunciaron que no volverían a entrar en el puerto un cargamento de trigo si no se restauraba inmediatamente el gobierno demócrata. Era el hambre. Terámenes expidió mensajeros a Esparta: Atenas estaba dispuesta a abrir las puertas a su ejército, si venía para traer vituallas y apuntalar el régimen. Pero los espartanos, como de costumbre, perdieron tiempo pensándolo, la población hambrienta se rebeló, los oligarcas huyeron y los demócratas volvieron al poder para organizar una resistencia a ultranza.

Nada puede darnos mejor la medida de la desesperación a la que estaban reducidos, como la decisión que tomaron de llamar, para ponerse al frente de sus reducidas fuerzas, a Alcibíades, quien, no contento con haber traicionado a Atenas con Esparta y después a Esparta con Persia, había intrigado también con Terámenes. En 410 volvió a la patria, como si hasta aquel momento le hubiese servido fielmente, se puso al frente de la flota y durante tres años infligió a la espartana una nutrida serie de derrotas. Atenas respiró, comió y aclamó, pero se olvidó de mandar los haberes a los marinos. Con el desenfado que le distinguía, Alcibíades decidió obrar por su cuenta. Dejando el mando de la escuadra a su lugarteniente Antíoco con orden de no moverse de las aguas de Nozio pasara lo que pasara, partió con pocas embarcaciones hacia Caria para saquearla y proveerse de dinero. Pero Antíoco, que era un ambicioso, vio la buena ocasión para demostrar sus propias capacidades: fue el encuentro de la flota espartana mandada por Lisandro y perdió la suya, a la par que su vida. Alcibíades, esta vez, nada tenía que ver con ello. Pero como gran almirante fue considerado responsable de aquel enésimo y definitivo desastre y huyó a Bitinia.

En Atenas se tomaron decisiones supremas. Todas las estatuas de oro y plata dedicadas a la divinidad que fuese, se fundieron para financiar la construcción de una nueva flota, que fue adjudicada a diez almirantes, uno de los cuales era hijo de Pericles y de Aspasia. Encontraron a la escuadra espartana en las islas Arginusas (406 a. J. C.) y la derrotaron; pero después perdieron veinticinco naves en una tempestad. Los ocho almirantes supervivientes fueron sometidos a proceso, y le tocó ser juez también a Sócrates, quien se pronunció por la absolución, pero fue batido. Los ocho almirantes fueron ejecutados. Poco después, los autores de la condena de muerte fueron a su vez condenados a muerte. Pero el daño ya estaba hecho. Hubo de sustituir a los almirantes muertos con otros que valían menos que ellos y que buscaron un desquite contra Lisandro en Egospótamos, cerca de Lámpsaco, donde Alcibíades estaba refugiado en aquel momento. Desde lo alto de una colina vio las naves atenienses, diose cuenta enseguida de que habían sido mal alineadas y se apresuró a advertir a sus compatriotas. Éstos le acogieron mal y le echaron tachándole de traidor, precisamente la vez en que Alcibíades no lo era. El día siguiente, el traidor hubo de asistir impotente a la catástrofe de la última flota ateniense, que perdió en el encuentro doscientas naves logrando salvar solamente ocho. Lisandro, que había sabido del paso de Alcibíades mandó un sicario para matarle. Alcibíades buscó refugio en casa del general persa Farnabazo. Pero ya no era más que un Quisling que no encontraba protectores dispuestos a creerle. Farnabazo le dio un castillo y una cortesana, pero también un piquete de guerreros que en realidad eran unos sicarios y que pocas noches después le asesinaban. Así, a los cuarenta y seis años, concluyó la carrera del más extraordinario, inteligente e innoble traidor que la Historia recuerde.

Atenas no le sobrevivió de mucho. Lisandro la bloqueó con su flota y durante tres meses la hizo perecer de hambre. Para indultar a los supervivientes impuso las siguientes condiciones: demolición de las murallas, llamada al poder a los conservadores huidos y ayuda a Esparta en toda guerra que ésta hubiese de emprender en el futuro.

Corría el año 404 antes de Jesucristo cuando los oligarcas volvieron «en la punta de las bayonetas enemigas», como se diría ahora, bajo la guía de Terámenes y de Critias, quienes instituyeron, para gobernar la ciudad, un Consejo de los Treinta. Y hubo una insensata opresión. Además de los que fueron asesinados, cinco mil demócratas tuvieron que emprender el camino del exilio. Todas las libertades quedaron revocadas. Sócrates, a quien se le prohibió seguir enseñando y que se negó a obedecer, fue encarcelado, por bien que Critias fuese amigo y ex alumno suyo.

Mas las reacciones duran poco. El año siguiente, los desterrados demócratas habían formado ya un ejército a las órdenes de Trasíbulo y con él marchaban a la reconquista de Atenas. Critias llamó la población a las armas, pero ésta no respondió. Sólo un puñado de asesinos comprometidos ya con su régimen se unió a él en una resistencia sin esperanza. Fue derrotado y muerto en una corta batalla y Trasíbulo, vuelto a entrar en Atenas con los suyos, restableció un gobierno democrático que se distinguió en seguida por su escrúpulo legalista y la benignidad de las depuraciones. Hubo condenas al destierro, pero ninguna pena capital; los afectados fueron tan sólo los grandes responsables. Para todos los demás hubo amnistía.

Esparta, que se había empeñado en sostener el régimen oligárquico, se contentó con exigir al democrático los cien talentos que había pedido como indemnización de guerra. Y como los obtuvo en seguida, no insistió con más pretensiones.

Capítulo XXXIX

LA CONDENA DE SÓCRATES

A esta regla de sabia tolerancia hacia sus adversarios, la restaurada democracia hizo una sola excepción: en perjuicio de un hombre que era sin duda el más grande de los atenienses vivos, y que no era adversario: Sócrates.

La condena de Sócrates queda como uno de los más grandes misterios de la Antigüedad. El setentón Maestro había rehusado obediencia a los Treinta y denunciado al mal gobierno de Critias. Escapaba, por tanto a cualquier acusación de «colaboracionismo», como hoy se diría, y no era susceptible de «depuración». De hecho, sus adversarios no le acusaron en el plano político, sino en el religioso y moral. La imputación que se le dirigió en 399 era de «impiedad pública respecto a los dioses, y corrupción de la juventud». El jurado estaba compuesto por mil quinientos ciudadanos. Y en aquello que hoy llamaríamos la tribuna de la Prensa, sentábanse, entre otros, Platón y Jenofonte, cuyas reseñas permanecen como los únicos testimonios dignos de consideración del proceso.

Fue el «affaire Dreyfus» de la época. Y como siempre sucede en esos casos, los motivos pasionales se sobrepusieron a todo criterio de justicia. Mas precisamente por esto el proceso nos dice más acerca de la psicología del pueblo griego que cualquier libro.

De los tres ciudadanos que habían presentado la querella, Anito, Meletos y Licón, el primero tenía motivos personales de rencor para con Sócrates porque, cuando tuvo que ir al destierro, su hijo se había negado a seguirle para quedarse en Atenas con el Maestro, del cual era un apasionado partidario, se había dado a la buena vida y murió medio alcoholizado. Anito era un hombre de bien, un demócrata auténtico que por sus ideas había sufrido destierro y que después combatió valerosamente bajo Trasíbulo respetando la vida y los bienes de los oligarcas que habían caído en sus manos. Pero, como padre, era lógico que guardase cierto resentimiento. Lo que sorprende es que éste fuese compartido por gran parte de los ciudadanos, como demostraron los hechos.

Los motivos inmediatos de la impopularidad de Sócrates eran evidentes, pero de escaso relieve. Se le reprochaba haber tenido entre sus discípulos a Alcibíades y a Critias, muy odiados en aquel momento. Pero uno y otro se habían apartado muy pronto del Maestro, precisamente por refractarios a sus enseñanzas. Además, entre los estudiantes de Sócrates siempre había habido de todo. En cuanto a sus antiguas costumbres sexuales, en la Atenas de aquel tiempo no habían sido nunca motivo de escándalo.

Pero eran otras y más profundas las razones por las que muchos, sin tener conciencia de ello, le detestaban. Y las había indicado claramente la comedia de Aristófanes, que no constituyó en absoluto, como dice Platón, un texto de acusación contra el encausado, pero que documenta los motivos por los cuales habían sido mal visto. Sócrates era, por naturaleza, un aristócrata, no en el sentido trivial y vulgar de pertenecer a una clase y participar de sus prejuicios, sino en el sentido intelectual, que es el único que cuenta. Era pobre, iba vestido como un andrajoso y nadie podía reprocharle la menor deslealtad respecto al Estado democrático.

Al contrario, había sido un buen soldado en Anfípolis,

en Elios y en Potidea. Se había mostrado como un juez escrupuloso en el proceso de los almirantes de las Arginusas. Se había rebelado a Critias, a pesar de ser su amigo. El respeto a las leyes de la ciudad, antes de predicarlo en el *Critón*, lo había practicado.

Como filósofo, empero, había exigido que aquellas leyes estuviesen a tono con la justicia y había impelido a sus discípulos a fiscalizar que así ocurriese. Para él, el ciudadano ejemplar era el que obedecía cuando recibía una orden de la autoridad, pero antes de recibirla y después de haberla cumplido, discutía si la orden era buena y si la autoridad la había formulado bien. No se jactaba de saberlo en absoluto, pero reivindicaba el derecho a indagarlo y por esto había fundado todo su método en las preguntas. «*Ti estí?*», preguntaba. «¿Qué es esto?» Buscaba los conceptos generales y trataba de conseguirlos a través de las inducciones. «Dos cosas –dice Aristóteles– se le deben reconocer: los discursos inductivos y las definiciones.» Y su objeto era claro: preparar una clase política instruida que gobernase según justicia, tras haber aprendido bien qué es justicia. Llevaba en la cabeza una *noocracia*, o sea una especie de dictadura de la aptitud que naturalmente excluía la ignorancia y la superstición.

Todo esto la plebe no lo sabía porque no era capaz de seguir la dialéctica socrática. Pero lo intuía. E instintivamente odiaba a Sócrates y su sutil modo de razonar, del cual se sentía excluida. Aristófanes, con su tosco «qualunquismo» (1) precursor, no había sido más que el intérprete de aquella protesta plebeya, la cual pretendía oponer a Sócrates un sentido común y estaba animada por la envidia que todos los hombres mediocres sienten hacia los de intelecto superior. Porque no hay que creer que Atenas estuviese compuesta exclusivamente de filósofos cultos. Como en la Florencia del siglo XVI y en el París del siglo XVIII, la gente de cultura constituía un restringida minoría en medio de una masa de bajo nivel.

(1)   Partido político italiano contemporáneo.

Ahora bien, de esta masa procedía la mayoría de los jurados y la del público que sobre aquéllos reflejaba sus propias pasiones. Es de creer, sin embargo, que difícilmente se habría llegado a la condena, si el mismo Sócrates no hubiese puesto lo suyo para provocarla. No es que se negara a defenderse. Lo hizo y hasta con elocuencia, si bien no hacía falta mucha para refutar las acusaciones. Dijo que siempre había respetado formalmente a los dioses. Era verdad y nadie pudo replicarle que, sin embargo, no había creído en ellos, pues en aquellos tiempos tal problema no se planteaba. En cuanto a la corrupción de los jóvenes, desafió a quien fuere a negar que siempre les había exhortado a la templanza, a la piedad y a la prudencia. Mas en seguida se lanzó a la más orgullosa e inoportuna apología de sí mismo, proclamándose investido por los dioses de la misión de revelar la verdad.

Todos palidecieron. No solamente porque aquellas palabras parecían un desafío al tribunal, sino también porque sonaban absolutamente a novedad en boca de un hombre que siempre se había mostrado modesto y propenso a la autocrítica. Los jurados trataron de pararle en ese peligroso camino. Pero él no les escuchó y siguió hasta el fondo, pidiendo al fin ser no sólo absuelto de la acusación, sino proclamado bienhechor público.

Según el enjuiciamiento ateniense, los veredictos eran dos. En el primero se afirmaba o se negaba la culpabilidad. En el segundo se determinaba la pena, por la cual el acusador hacía una propuesta, el acusado otra y después el tribunal elegía entre las dos, sin poder decidir una tercera. Por lo que, cuando el acusador pedía la pena de muerte, el acusado solicitaba, pongamos dos años de cárcel, para ofrecer a los jueces una escapatoria; pero no una medalla. Sócrates, en cambio, a la propuesta de muerte de Meletos, respondió pidiendo ser alojado en el Pritaneo, el Viminal de aquel tiempo. Así, con una altanería que debía de costarle, al fin y al cabo, un gran esfuerzo, porque no estaba en su carácter, desairó a público, jueces y jurados. De éstos, setecientos ochenta votaron a favor de la pena capital y setecientos veinte en contra. Sócrates podía aún proponer una alternativa. Primeramente se negó, después, por fin, se rindió a las súplicas de Platón y de otros amigos, y se avino a satisfacer una multa de treinta minas, que aquéllos se declararon dispuestos a pagar. Los jurados volvieron a reunirse. Había buenas esperanzas de que la catástrofe fuese evitada y el temor era grande en todos, excepto en Sócrates. Cuando se recontaron los votos, los partidarios de la pena de muerte habían aumentado en ochenta.

Sócrates fue encerrado en la cárcel, donde se permitió que sus discípulos le visitaran. A Critón, que le decía: «Mueres inmerecidamente», respondió: «Pero si no lo hiciese, lo merecería.» Y a Fedón, su favorito del momento: «Lástima de tus rizos. Mañana tendrás que cortártelos en señal de luto.» No se conmovió siquiera cuando llegó Xantipa, llorando con su último hijo en brazos: pero rogó a uno de sus amigos que la acompañaran a casa. Llegado el momento, bebió la cicuta con mano firme, se tendió en el lecho, se cubrió con una sábana, y debajo de ésta esperó la muerte, que le comenzó por los pies y le subió lentamente a lo largo del cuerpo. En torno a él sus discípulos lloraban. Les consoló mientras tuvo un poco de aliento: «¿Por qué os desesperáis? ¿No sabíais que desde el día en que nací la naturaleza me ha condenado a morir? Mejor es hacerlo a tiempo, con el cuerpo sano, para evitar la decadencia...»

Acaso en estas palabras resida el secreto del misterio. Sócrates había sentido que el sacrificio de la vida aseguraría el triunfo de su misión. Valeroso como era, no le pareció siquiera un gran sacrificio. Contando ya setenta años, no renunciaba a gran cosa. En compensación se aseguraba una gran hipoteca sobre el futuro. Todos se habían engañado con él, deslumbrados por su carencia de vanidad. Bajo su aparente modestia se ocultaban un orgullo y una ambición inmensas y, sobre todo, una profunda fe en la validez de lo que había enseñado y que, por aquella espontánea aceptación de la muerte, alcanzaba una importancia profética.

Los frutos no tardaron en madurar. Apenas el cadáver había caído en la fosa, Atenas se rebelaba ya contra quien había provocado la condena. Nadie quiso volver a dar un tizón a los tres acusadores para encender sus fuegos. Meletos fue lapidado y Anito desterrado. Es un destino que sometemos a la meditación de todos los que se fortalecen con los más bajos instintos del pueblo para cometer una injusticia contra los mejores.

Capítulo XL

EPAMINONDAS

Ahora bien, en aquella Grecia empequeñecida, desconcertada y ensangrentada, tres ciudades se hallaban poco más o menos en el mismo plano y, si hubiesen llegado a entenderse y colaborar, acaso hubieran llegado a tiempo de salvar el país y a ellas mismas: Atenas, Tebas y Esparta. Pero Esparta estaba ya convencida de merecer la primacía y las otras dos no estaban dispuestas a reconocérsela.

No les faltaban razones, pues allí donde pudieron ejercer su predominio los espartanos no se mostraron en absoluto dignos de él. Los satélites de Atenas habían apenas acabado de desahogar su entusiasmo por la liberación del vasallaje, cuando ya consideraban a los «liberadores» aún más odiosos que el antiguo amo. El nuevo, en cada uno de sus Estados, instaló un gobernador al frente de una gendarmería espartana, cuya principal misión consistía en exprimir del erario un pesado tributo para Esparta. Ningún autogobierno podía formarse sin su permiso, el cual sólo se concedía a los reaccionarios.

Atenas no había llegado nunca hasta este punto. Pero tal vez nadie hubiese añorado la mayor libertad que ella había consentido, si el orden instaurado en su lugar por Esparta hubiese sido respetable. Y aquí se vio precisamente qué efectos deletéreos puede producir a veces una disciplina excesiva. Los gobernadores que fueron a administrar las colonias (pues eran tales, y no otra cosa), habían sido educados en su patria, según el severo código de Licurgo, con «desprecio de lo cómodo y lo agradable». Frío, hambre, renuncias, marchas forzadas y penitencias habían sido los fundamentos de su pedagogía. Y mientras permanecían en su patria, bajo el control de sus semejantes y en una sociedad que no consentía errores, le eran fieles. Mas en cuanto se encontraban investidos de un poder absoluto fuera de su ciudad y en contacto con pueblos en los que lo cómodo y lo agradable no eran despreciados en absoluto, se ablandaron inmediatamente, como ha sucedido en Italia, entre 1940 y 1945, a muchos alemanes primero y después a muchos americanos e ingleses, venidos a nosotros con el ceño moralista y autoritario típico de estas razas, y que pronto se aclimataron. No hay nada más corrompible que los incorruptos. Poco entrenados como están a la tentación, cuando ceden no conocen ya límites.

Fue el destino de los espartanos en el extranjero: ladrones, prevaricadores y libertinos. Y no salió tan sólo mancillado el prestigio de Esparta, sino también la buena salud de la sociedad, entre la cual se desarrolló de improviso la fiebre, hasta entonces reprimida, del oro y la especulación. Las riquezas, dice Aristóteles, se concentraron solamente en la clase patronal, reducida de número por las continuas guerras, pero todavía prepotente y prevaricadora, sobre la masa de los periecos y de los ilotas reducidos a la miseria más negra. Y sobre esta peligrosa situación interior se injertó una nueva guerra exterior.

Persia atravesaba un momento difícil. En 401 se había rebelado contra el rey Artajerjes II su joven hermano Ciro, que enroló en su ejército un cuerpo de doce mil mercenarios espartanos al mando del ateniense Jenofonte, ex discípulo de Sócrates. En Cunasa, Ciro fue descalabrado y muerto. Y los griegos, por no seguir su suerte, iniciaron aquella famosa *anabasis* que después, bajo la pluma de su comandante, se tornó también en un bellísimo relato. Hostigados continuamente por las patrullas enemigas y acechados por una población hostil, los supervivientes cruzaron una de las más inhóspitas tierras del mundo para alcanzar, desde las orillas del Tigris y del Éufrates, las costas del mar Negro, consteladas de ciudades griegas, donde los ocho mil seiscientos que quedaron fueron acogidos fraternalmente.

Fue un episodio que llenó de orgullo a toda Grecia y que convenció al rey de Esparta, Agesilao, de que Persia era un gran imperio, sí, pero de arcilla (y no se equivocaba). «¿Qué os hace creer –preguntó a quien le aconsejaba prudencia– que el gran Artajerjes sea más fuerte que yo?» Y, sin ninguna provocación, partió a la guerra con un pequeño ejército. Ahora bien, tengamos muy en mientes el hecho de que aquel pequeño ejército, aunque compuesto de espartanos que ya no eran como los de antes, avanzó como a través de mantequilla, desbaratando uno tras otro los que Artajerjes mandó en su contra. Pues es cosa que nos permitirá comprender otras muchas. Hasta que el gran rey, advirtiendo que no podía contar con sus tropas, que no valían nada, expidió mensajeros secretos y sacos de oro a Atenas y a Tebas para sublevarlas a espaldas de Agesilao.

Las dos ciudades no esperaban más que la ocasión. Formaron un ejército y lo mandaron a Coronea, mientras la escuadra ateniense se unía a la persa. En Coronea, Agesilao, volviendo rápidamente sobre sus pasos, barrió al enemigo en una sangrienta batalla campal. Pero el almirante ateniense Conón destruyó la flota espartana en Cnido (394 a. J. C.), y desde aquel momento Esparta desapareció definitivamente como potencia marítima.

Podía haber sido la resurrección de la ateniense. Pero Agesilao imitó a Artajerjes mandándole mensajeros secretos para ofrecerle todas las ciudades griegas de Asia a cambio de la neutralidad. Así, el rey persa, que estaba a punto de perder el reino, acabó acrecentándolo. Impuso en 387 la paz de Sardes, llamada también «la paz del rey», que destruía los frutos de Maratón. Todo el Asia griega fue suya, junto con Chipre. Atenas tuvo Lemnos, Imbros y Esciros. Y Esparta siguió siendo la más fuerte potencia terrestre, pero a los ojos de Grecia entera con el estigma de la traición por haber hecho –entendámonos– contra Atenas y Tebas lo que Tebas y Atenas habían hecho contra ella.

Como de costumbre, Esparta que jamás había sabido tratar con los extranjeros y era incapaz de diplomacia, en vez de hacer olvidar y perdonar la traición, no perdió ocasión de recordársela a todos comportándose como el gendarme de Artajerjes e imponiendo gobiernos oligárquicos en la propia Beocia, feudo de Tebas.

Mas aquí un joven patriota, Pelópidas, urdió una conjuración con seis compañeros suyos, que un buen día asesinaron a los ministros pro espartanos, restablecieron la Confederación beocia y aclamaron como beotarca, o sea presidente, a Pelópidas, el cual proclamó la guerra santa contra Esparta, ordenó la movilización general y confió el mando del ejército a uno de los más extraordinarios y complejos personajes de la Antigüedad: Epaminondas.

Epaminondas era un invertido, como lo era también Pelópidas. Y el amor, no la amistad, era el vínculo que les unía. Pero la homosexualidad, en la Grecia de aquel tiempo, no era en absoluto sinónimo de afeminamiento y depravación. Del jovencísimo Epaminondas, hijo de una familia aristocrática y severa, se decía que nadie era más docto y menos locuaz que él. Era el clásico «reprimido», lleno de complejos. Desde pequeño se le había impuesto una vida ascética, controlada por una férrea voluntad y turbada por crisis religiosas. De haber nacido cuatro siglos más tarde, Epaminondas se hubiese convertido seguramente en un mártir cristiano. No amaba la guerra, era más bien un «objetor de conciencia». Y cuando le ofrecieron el mando respondió: «Reflexionadlo bien. Porque si vosotros hacéis de mí vuestro general, yo haré de vosotros mis soldados y como tales llevaréis una vida muy dura.»

Pero Tebas era presa del delirio patriótico y todos se sometieron de buen grado a la tremenda disciplina que Epaminondas instauró.

Con la meticulosidad que solía, el jovencísimo general hizo un cuidadoso estudio de la estrategia y la táctica espartanas, que consistían siempre en el habitual ataque frontal para hundir las líneas enemigas por el centro. Él no tenía más que seis mil hombres que oponer a los diez mil espartanos que el rey Cleómbroto estaba conduciendo a marchas forzadas hacia Beocia. Epaminondas alineó su pequeño ejército en la llanura de Leuctra. Pero a diferencia del enemigo, desguarneció el centro para reforzar las alas, especialmente la derecha, donde el elemento de choque estaba formado por un sacro pelotón de trescientos hombres, homosexuales como él, por parejas, cada uno comprometido bajo juramento a permanecer hasta la muerte al lado del que era su «compañero», y no solamente en el campo de batalla.

Esta singular sección tuvo, con su encarnizamiento, una importancia decisiva en el resultado de la batalla. Los espartanos, avezados a forzar sobre el centro, no estaban en absoluto preparados para contener un ataque de flanco. Sus alas fueron desbaratadas. Y toda Grecia se quedó sin aliento al oír que su ejército, imbatido hasta entonces, había sido deshecho por un enemigo cuyos efectivos eran poco menos que la mitad de los espartanos y que hasta entonces no había gozado de crédito alguno.

El éxito embriagó al ex objetor de conciencia Epaminondas, quien, con Pelópidas, se convenció de poder dar a Tebas aquella preeminencia a la que en adelante Esparta y Atenas debían renunciar. Irrumpió en el Peloponeso, liberó Mesenia, fundó Megalópolis para que los árcades, que jamás se habían sometido a Esparta, hicieran de ella su fortaleza, y avanzó incluso hasta Laconia, o sea en el corazón del enemigo, cosa que nunca había sucedido y que nos demuestra en qué se habían convertido los famosos guerreros de Esparta.

Pero una vez más los odios y los celos impidieron que

Grecia se unificase. Atenas, que había saludado con gozo la victoria tebana en Leuctra como fin de la preponderancia espartana, veía ahora con recelo la consolidación de la tebana. Tanto, que se coligó con el viejo enemigo mortal, a cuyo ejército unió el suyo para cortar el paso a Epaminondas. La batalla tuvo lugar en Mantinea, el año 362 antes de Jesucristo. Epaminondas venció una vez más, pero fue muerto en combate por Grilo, hijo de Jenofonte. Y con él se esfumaron los sueños hegemónicos de Tebas.

Ninguna de las tres grandes ciudades griegas tenía la fuerza para imponer la propia supremacía, pero cada una tenía la de impedir la ajena. Como Europa después de la Segunda Guerra Mundial, Grecia estuvo después de Leuctra y Mantinea, más dividida y fue más egoísta, más disparatada y más débil que antes.

Capítulo XLI

LA DECADENCIA DE LA *POLIS*

Después de la muerte de Epaminondas y el ocaso de la efímera supremacía de Tebas, Atenas se ilusionó con poder recobrar su antigua posición imperial. Había reconstruido sus murallas y, bien o mal, seguía siendo la única potencia naval de Grecia. Sus viejos satélites, ahora que habían comprobado de qué pasta eran los llamados «liberadores», tenían muchas menos prevenciones para con el antiguo amo, y las prolongadas guerras en que se habían visto envueltos les enseñaron que no podían defenderse solos.

Pero la baza más fuerte que Atenas había sabido conservar en la mano era la dracma, que había permanecido, en medio de tantas vicisitudes, casi inalterada. Los gobiernos atenienses, fuesen de derechas o de izquierdas lo habían volcado todo, sin ahorrar, en el horno de la guerra. Escuadras enteras se habían ido a pique, la población estaba diezmada, y el Ática entera, o sea todos los recursos agrícolas, habían sido desbaratados y asolados por invasiones y saqueos. Pero se habían entercado en la defensa de la dracma, negándose a desvalorizarla con la inflación.

275

Con ella se compraba todavía una medida de trigo, y su valor en plata no había variado. El de Atenas era aún el único sistema bancario organizado racionalmente. Y todo el comercio internacional del Mediterráneo estaba basado en su moneda.

Apenas tuvieron un poco de respiro, los atenienses no pensaron absolutamente en poner en orden las alquerías y los cultivos que los campesinos habían abandonado para refugiarse en la ciudad huyendo de los invasores. Por lo demás, no querían volver al campo porque, desgraciadamente, la urbanización es siempre irreversible. El campo ático fue, pues, repartido entre pocas familias ricas, casi todas de industriales y de comerciantes, que confiaron sus latifundios al trabajo de los esclavos. De éstos, el gobierno, a propuesta de Jenofonte, hizo gran acopio. Compró, parece ser, diez mil; y alquilándolos a los propietarios rurales y a los administradores de las minas de plata logró saldar el déficit del presupuesto.

La reapertura de los mercados continentales y mediterráneos encontró, pues, a Atenas muy dispuesta a satisfacer la demanda de los productos manufacturados que a causa de la guerra escaseaban. Pero como la industria no estaba utillada para hacer frente a estas nuevas necesidades, lo que más se desarrolló fue el comercio y la Banca. Los Bancos concedieron importantes créditos a la gente de iniciativa para que fuera a comprar de todo donde lo encontrase y lo distribuyese donde no hubiera. Así muchos particulares se convirtieron en propietarios de flotas enteras, que tenían precisamente este cometido. Aún más, banqueros como Pasión se hicieron armadores ellos mismos y su organización alcanzó tal eficiencia, que cualquier recibo que llevase sus firmas era considerado por los tribunales un documento irrefutable como prueba.

Además de este bienestar económico, parecía que Atenas hubiese conquistado también la sensatez, es decir, la firme voluntad de no recaer en los errores que le habían costado, después de Pericles, el Imperio. Poniendo en pie una nueva Confederación, se comprometió solemnemente a renunciar a toda anexión y conquista fuera del Ática. Y tal vez fue una promesa hecha de buena fe. Pero después las tentaciones fueron más fuertes que los buenos propósitos. Bajo varios pretextos, la isla de Samos y las ciudades macedonias de Pidna, Potidea y Metón hubieron de aceptar «colonias» atenienses, que poco a poco se volvieron los amos. Los aliados protestaron y algunos se retiraron de aquella especie de OTAN. Es curioso ver cómo ni siquiera la experiencia sirve jamás de algo. Atenas por querer someter por la fuerza a sus satélites, había perdido el primer Imperio.

Pero recurrió a los mismos métodos para apuntalar el segundo. Cuando Quíos, Cos, Rodas y Bizancio se secesionaron declarando una rebelión «social», Atenas mandó contra ellas una flota mandada por Timoteo e Ifícrates. Y como éstos no se atrevieron a empeñar la batalla durante una tempestad, les llamó y les sometió a proceso.

Entre revueltas y represiones, la segunda Confederación alcanzó el año 355, cuando hasta a los ojos de los más empecinados «estalinistas» de Atenas estuvo claro que proporcionaba más perjuicios que ventajas. La única decisión que los confederados tomaron de común y espontáneo acuerdo, fue la de disolverla. Después de lo cual Atenas se encontró más sola que antes y de un modo aún más fraccionado y centrífugo.

Como siempre acaece en semejantes crisis, cuando una comunidad pierde el sentido de la propia misión y el control del propio destino, se desencadenaron los egoísmos personales y de grupo. El vocabulario de Atenas se enriqueció con tres nuevas palabras: *pleonexia*, que significa manía de lo superfluo; *chrematistike*, que quiere decir fiebre del oro; y *neoplutoi*, que corresponde a nuestro «tiburón». Platón decía que había dos Atenas: la de los pobres y la de los ricos, en guerra una contra otra. E Isócrates añadía: «Los ricos se han vuelto tan antisociales, que preferirían tirar al mar todos sus bienes antes que ceder una parte a los pobres, los cuales por su parte tienen más odio a la riqueza ajena que compasión de las propias estreche-

277

ces.» Aristóteles asegura que había un *club* aristocrático cuyos miembros se comprometían bajo juramento a obrar contra la colectividad. La medida del colapso económico y moral nos es dada por la reforma fiscal que dividió a los contribuyentes en cien *simorias*, en cada una de las cuales dos acaudilladores, considerados como los más ricos, habían de contribuir por todo el grupo, con libertad de rembolsarse después de los demás. Era la codificación del desorden y de los abusos. Las evasiones y las corrupciones eran la regla. Como si un oscuro instinto les advirtiese de la inminente catástrofe, todos tiraban a gozar de la vida, sin preocuparse de nada más. De hacer caso a Teopompo, no había ya ninguna familia que se tuviese en pie, y la disgregación no se limitaba a las clases altas. Cuando lograron reconquistar el poder, en seguida después del paréntesis conservador, la pequeña burguesía y el proletariado no dieron a la ciudad gobiernos ni ejemplos mucho más sanos. La población, incluyendo la del campo, no contaba más que veinte mil ciudadanos. «Y para buscar uno de buen fuste –decía Isócrates– hay que ir a buscarlo al cementerio.»

¿Qué fue lo que provocó, así de pronto, la catástrofe de un pueblo que, hasta la generación precedente, había sido el más vital del mundo?

Los historiadores suelen responder que fueron las discordias intestinas de Grecia con las guerras que siguieron entre Atenas, Tebas y Esparta y todo el cortejo de sus satélites. Y, desde un punto de vista puramente mecánico, es cierto. Pero no es posible dejar de reflexionar que aquellas guerras intestinas habían existido siempre, desde que Grecia era Grecia, y siempre bajo la amenaza del mismo peligro exterior: el persa. Sin embargo, Grecia se había salvado siempre, pese a seguir dañándose, y, lo que es más, sin haber dejado nunca de expansionarse. En tiempos de Jerjes, la misma Atenas había caído en manos del enemigo. No obstante, pocos meses después su flota perseguía a la persa hasta las costas de Asia Menor. Ahora bien, a distancia de menos de un siglo, Persia ocupaba solamente algunas islas y no daba en absoluto ningún signo de ser más fuerte que la de entonces. Pero Grecia no reaccionaba, se sentía perdida y esperaba de un rey macedonio, que consideraba extranjero, el rescate y la salvación. Tenía que haber, pues, en su mecanismo, algo que ya no funcionaba y no le permitía recobrarse.

Este «algo» es más bien complejo, pero se encuentra resumido en una palabra que justamente en aquellos años fue acuñada y comenzó a circular: *kosmópolis*.

Todo el sistema político, económico y espiritual de Grecia estaba basado en la *polis*, o sea en la ciudad estado, la cual presuponía una población limitada que participase directamente en la gestión de la cosa pública. La *polis* no conocía, ni tan siquiera en régimen democrático, el llamado «sistema representativo», por el cual la masa delegaba en una restringida minoría el cometido de dictar leyes y controlar su aplicación por parte del gobierno. En la *polis*, cada cual era, al mismo tiempo, soberano y súbdito. Todos los ciudadanos eran, por así decirlo, los diputados de sí mismos, todos iban al Parlamento a defender sus personas y sus intereses. Y a cada uno, antes o después, según el sorteo, le tocaba ser presidente de una *pritania*, que correspondería más o menos a una sección de nuestro Consejo de Estado, para criticar la administración pública.

Todo ello hacía de los griegos un pueblo de «dilettantes» en el significado más noble de la palabra, es decir, en el sentido de que nadie podía limitarse a la actividad personal. La acusación de Demóstenes a un tal que, según él «descuidaba la ciudad», habla claro. En la *polis*, era considerado, si no un crimen, una inmoralidad. Y la consecuencia era una falta total de «técnicos» o de «expertos», como quiera decirse. La *polis* impedía que se formasen, obligando a todos a ocuparse de todo, lo que no permitía a nadie especializarse en nada. El historiador alemán Treistschke escribió una vez que la diferencia entre alemanes e italianos estriba en que los primeros «son» doctores, ingenieros, etc.; los segundos «hacen» de doctores, de ingenieros, etc.

Ahora bien, los antiguos eran, en ese aspecto, mucho más avanzados que los italianos modernos, en el sentido de que llevaban el «dilettantismo» hasta sus extremas consecuencias. En la *polis*, al menos hasta Jenofonte, no había siquiera especialistas de la guerra. Los reclutas eran instruidos, no en los cuarteles, sino en las *nomadelfías*, donde se les enseñaba más a administrar la cosa pública que a combatir al enemigo, y el mismo Estado Mayor no era «de carrera»; hasta los generales y los almirantes eran de «complemento» y recibían el mando según el cargo político que ejerciesen en aquel momento. La *autarquía* de la *polis* no era solamente un hecho que obligaba a una especie de autosuficiencia al propio individuo. Cada uno era el propio comandante, el propio empleado, el propio legislador, el propio policía, el propio médico, el propio sacerdote y el propio filósofo. Y en esta complejidad del hombre está el hechizo y el valor de la civilización griega, como lo será la del Renacimiento italiano.

Homero llamaba *areté* a esta característica de sus compatriotas y la consideraba su suprema virtud. Pero el hombre occidental, del cual los griegos fueron los primeros y tal vez los más grandes adalides, lleva en el cuerpo un estímulo que no le permite estancarse en ninguna conquista: el estímulo del progreso que le empuja a tratar de saber, de hacer más y mejor. Un ejemplo bastará para explicarlo. En la primera batalla naval contra los persas, librada en aguas de Lades, los lentos y perezosos trirremes atenienses siguieron la táctica más simplista: la de echarse encima de los bajeles enemigos y espolonearlos. Era lógico por lo demás, pues las dotaciones estaban constituidas por gente que tal vez era la primera vez que navegaban, y los oficiales eran hombres que hasta entonces habían sido abogados o tenderos. Entendían de administración pública porque participaban en ella, pero no eran ciertamente especialistas en la guerra y ni siquiera en la navegación.

Pero en la batalla de Artemisium las cosas habían cambiado. Las naves atenienses fingieron embestir con los espolones a las persas, pero en el último momento se desviaban para rozarlas solamente, arrancando los remos de manos de los remeros adversarios, cuyas embarcaciones quedaban así a merced del enemigo. Esta maniobra requería, por parte de oficiales y tripulación, una gran habilidad y una experiencia consumada. Era, pues, evidente que en adelante Atenas, bajo el estímulo del peligro, había formado «profesionales», dedicados exclusivamente a las cosas del mar y que no se parecía ya mucho al ciudadano clásico de la *polis*, aficionado a todo y especializado en nada.

Algo similar había acontecido también en el ejército a consecuencia de la guerra del Peloponeso, que lo había sometido a una prueba muy dura. Ifícrates no era un general de carrera cuando tomó el mando de un regimiento contra los espartanos: era un magistrado que hasta entonces se había ocupado solamente en política. Mas, queriendo hacer bien las cosas, se dio a estudiar la táctica de la infantería y llegó a la conclusión de que la ateniense iba equipada de manera demasiado pesada para la guerra de montaña; así, poco a poco, transformó sus huestes en una división de «tropas de asalto», con las que infligió al enemigo, mucho más potentemente armado, una soberana paliza.

Jenofonte es el fruto maduro de esta evolución. El ex discípulo de Sócrates, que bajo la dirección del Maestro se encaminaba al *areté*, o sea que se preparaba para convertirse en uno de aquellos hombres completos, numerosísimos en Atenas, capaces de discurrir acerca de todo –Historia, Filosofía, Medicina, Economía–, pero sin una profesión concreta, fue entonces convirtiéndose poco a poco en un típico soldado profesional al frente de una tropa de «mercenarios», es decir de soldados profesionales también.

Esto ejerció sus efectos sobre la mentalidad y las costumbres de los griegos, como nos demuestran las vicisitudes del propio Jenofonte, que en su vejez vemos retirado en el campo, en Esquilunto, en las cercanías de Olimpia. Los atenienses lo habían desterrado, parece ser, por colaboracionismo con los Treinta del Gobierno reaccionario. Y hasta aquí, nada hay de extraño. Mas un poco extraño era que el general hubiese elegido el lugar de su propio confinamiento en una provincia espartana, es decir, en casa del más implacable enemigo de su patria. Y aún, además de sostener relaciones de cordial amistad con el rey de Esparta, Agelisao, correspondía a su amistad dándole consejos de logística, de estrategia y de organización militar, sin la más remota sospecha de que ello representase algo parecido a una traición.

El hecho es que Jenofonte, como muchos otros compatriotas suyos, no sentían ya la *polis* y el compromiso de lealtad aparejado a ella. Del mismo modo que los científicos atómicos se consideran, hoy día, dispensados de determinadas servidumbres patrióticas y ligados tan sólo a un empeño profesional que les permite cambiar desenfadadamente de nacionalidad y de dueño, así Jenofonte razona no ya como ciudadano, sino como hombre profesional, que sólo se siente vinculado a la profesión. Es un especialista dispuesto a servir a quien le permita desarrollar su profesión y basta. Se dirá: también Alcibíades lo hizo, poniéndose al servicio primero de Esparta y después de Persia. Es verdad, mas por ello fue condenado a muerte por traidor, traidor él mismo se consideraba y como tal murió. Jenofonte no tuvo jamás tal sospecha, ni nadie le acusó de serlo. En la sociedad ateniense se daba por supuesto que un hombre profesional iba adonde la profesión le llamaba. Estaba obligado solamente a hacerlo bien. Es decir, que al deber del ciudadano se había sobrepuesto el del «técnico».

Ahora bien, aquellos *técnicos* no querían ya saber nada de una *polis* de confines demasiado angostos y de limitadas posibilidades, y de hecho fueron ellos quienes acuñaron la palabra *cosmópolis*, es decir, se adelantaron a la exigencia de un mundo que ya no estaba encerrado dentro de un modesto cinturón de murallas y sincopado por las autarquías nacionales. Como hoy mucha gente ha destruido ya el mito de la patria para sustituirlo con el de Europa, así también muchos griegos comenzaron a pensar en términos de Grecia y ya no en los de Atenas, o de Tebas, o de Esparta, como hasta entonces.

Hubiera sido excelente cosa que, después, Grecia se hubiese constituido. Pero desgraciadamente no se constituyó; y de la decadencia de la *polis* subsistieron solamente los efectos negativos, que fueron sobre todo la desafección del ciudadano a su Estado y el desenfreno de sus egoísmos. Se vio sobre todo en el teatro, donde la comedia política de Aristófanes, testimonio del apasionado interés de todos por los negocios públicos, fue sustituida por otra de sabor populachero con mezquinos problemas de vida doméstica y escenas «neorrealistas» (tan viejos son los vicios en el mundo) de barullos en el mercado, de «estraperlismos» y de esposas infieles. Es una comedia a tono con un público no integrado ya por aquellos cívicos «dilettantes» que actuaban de ministro en tiempos de paz, de generales o almirantes en tiempos de guerra, de oradores en la plaza pública, de industriales en la tienda, de poetas y filósofos en los salones, como en tiempos de Pericles, sino de «profesionales» más o menos estimados, cada uno de los cuales ejercía su oficio y del resto no sabía ni jota, y sobre todo se burlaba de las grandes cuestiones de interés colectivo.

Por otra parte, era la nueva organización social que lo imponía. Platón y Aristóteles habían tenido sus buenos motivos al decir que una *polis* se gobierna bien solamente cuando sus ciudadanos son tan pocos que se conocen todos entre sí. Esto ya no sucedía en las *poleis* griegas. Y, aparte el número de sus habitantes, el progreso técnico imponía una división del trabajo mucho más compleja, es decir, mucho más especializada. Un abogado, para conocer todas las leyes que los varios gobiernos habían dictado, tenía que dedicarse a ellas todo el día en detrimento de todos sus demás intereses. Los médicos, de Hipócrates en adelante, debían estudiar más anatomía que filosofía. El progreso, en suma, mataba al noble «dilettantismo», que había sido la más seductora característica de los griegos de

Pericles, y el «dilettantismo» se llevaba a la fosa a la *polis*.

He aquí lo que no funcionaba ya en la Grecia que emergía de las guerras del Peloponeso. No eran las carnicerías ocurridas en el campo de batalla, las invasiones, los saqueos, las flotas naufragadas ni el desbarajuste económico lo que la ponía a merced de cualquier invasor. Era el agotamiento de la pilastra sobre la cual había construido su civilización: la ciudad-estado, a la sazón no adecuada ya a las nuevas necesidades de la sociedad.

Capítulo XLII

DIONISIO DE SIRACUSA

La incapacidad de superar los límites y los esquemas de la ciudad-estado, o sea de formar una verdadera y propia nación, debía de ser, por así decirlo, consustancial con la raza helénica, pues está también en la base de la quiebra de Siracusa, la más importante colonia griega, que en cierto momento parecía tener que ocupar en el mundo el lugar de la madre patria.

Como hemos dicho, los griegos, aun antes de que Roma naciese, habían desembarcado en las costas italianas, donde fundaron varias ciudades: Brindisi, Tarento, Síbaris, Crotona, Reggio, Nápoles, Capua. Y tal vez desde estos trampolines hubiesen podido hacer griega la península entera en nombre de la superior cultura, si con ésta no hubiesen traído consigo el vicio de dividirse y de litigar. Crotona destruyó a Síbaris, Tarento destruyó a Crotona. Y, en suma, no se logró jamás establecer una colaboración entre aquellas *poleis*, ni tan siquiera cuando fueron amenazadas por el común enemigo romano, que acabó por engullírselas a todas.

Las colonias más importantes eran las de Sicilia, donde

los griegos, atraídos por las inmensas riquezas de la isla, habían empezado a desembarcar en el siglo VIII antes de Jesucristo. Hoy día cuesta creerlo, pero en la Antigüedad Sicilia era un paraíso tal de bosques, de trigo y de árboles frutales que se llamaba «la tierra de Démeter», que era la diosa de la abundancia. En aquel tiempo estaba habitada por escasos grupos de sicanos venidos de España y de sículos venidos de Italia. Después, en la costa occidental fueron a establecerse también los fenicios, que fundaron Palermo. Pero eran colonias pequeñas y discordes, que no opusieron ninguna resistencia a los recién llegados griegos, los cuales, con muy otra vitalidad, se desparramaron no sólo a lo largo de la costa oriental, sino también por la occidental, donde fundaron Agrigento.

Muy pronto hubo todo un florecer de ciudades, propiamente al modo griego. Y entre estas ciudades destacaron Leontini, Mesina, Catania, Gela, y sobre todo Siracusa. Esta última fue fundada por los corintios que, obligando a los sículos a retirarse hacia el interior, donde se dedicaron a la ganadería, construyeron un puerto en torno del cual nació una metrópolis que al comienzo del siglo V frisaba en el medio millón de habitantes.

El gran realizador de aquella empresa fue un tirano, Gelón, que se instaló en el poder a consecuencia de una revolución democrática que derrocó al viejo régimen aristocrático y conservador. La historia, como veis, es monótona. En Gelón la inteligencia era inversamente proporcional a los escrúpulos, mientras que el éxito directamente proporcional a los delitos con los cuales lo alcanzó. Hay que reconocer que, con toda probabilidad, todas las colonias griegas de Sicilia hubieran quedado sometidas a Cartago, que había mandado una flota al mando de uno de sus muchos Amílcares, si Gelón, por la violencia y la traición, no hubiese unificado el mando. El mismo año –y algunos llegan a decir el mismo día– que Temístocles alineaba las naves contra las de Jerjes en Salamina, Gelón formaba sus soldados contra los de Amílcar en Himera y le derrotaba en una memorable batalla que limitó la supremacía cartaginesa a la Sicilia occidental, dejando la oriental bajo la influencia griega.

Durante todo el siglo IV antes de Jesucristo, Siracusa a pesar de las turbulencias de política interior, siguió desarrollándose en una continua alternación de etapas demócratas y largos regímenes totalitarios. Dionisio fue el tirano más despiadado y más instruido. Desde su atrincherada fortaleza de Ortigia, dominó la ciudad con métodos estalinianos y criterios vagamente socialistas. En la distribución de tierras, por ejemplo, no hacía distinciones entre ciudadanos y esclavos, entregándoselas imparcialmente a éstos y a aquéllos. Y cuando las cajas del Estado (el cual se confundía, naturalmente, con su persona) estaban vacías, anunciaba que Démeter se le había aparecido para reclamar que todas las damas de Siracusa depositasen sus joyas en el templo. Ellas, naturalmente, se apresuraban a llevárselas porque, aunque hubiesen tenido la tentación de desobedecer la orden divina, estaba la policía humana de Dionisio para disuadirlas. Después de lo cual, éste se hacía «prestar» las joyas por Démeter.

Era un curioso hombre infatuado de técnica y de poesía. Para echar a los cartagineses de la isla, mandó contratar en todas las ciudades griegas a los especialistas en mecánica, haciendo secuestrar a los que se rehusaron. El invento de la catapulta le embelesó y le hizo creer que con aquella arma en la mano nadie podría resistirle ya. Por lo que mandó un embajador a Cartago para intimarla a abandonar Sicilia. Siguieron casi treinta años de guerras y de matanzas del todo inútiles, pues, al final, todo quedó como antes: los griegos dueños de Sicilia oriental y los cartagineses de la occidental. Dionisio se replegó entonces a un programa más modesto: unificar bajo su mando a todos los griegos de la isla y de la península. Lo consiguió, pero sólo por la violencia. Como Atenas con sus satélites, así Siracusa se mostró incapaz de fusión con sus súbditos y sus relaciones con éstos quedaron sólo mantenidas por la fuerza. Cuando, por ejemplo, trató con Reggio, Dionisio se declaró dispuesto a respetar las libertades mediante el pago de una fuete suma. Después, cuando la hubo cobrado, vendió a todos los reggianos como esclavos.

Sin embargo, aquel déspota tenía también aspectos humanamente simpáticos. Cuando el filósofo pitagórico Fincias, condenado a muerte por él, le pidió un día de permiso para ir a su casa, fuera de la ciudad, a ordenar sus asuntos, Dionisio consintió con tal que dejase en rehenes a su amigo Damón. Y cuando vio presentarse a éste confiadamente y a Fincias llegar a tiempo, en vez de hacerle matar, pidió humildemente ser admitido en la amistad de ambos, que le había conmovido. Otra vez condenó a trabajos forzados en las minas al poeta Filoxeno que había criticado sus versos. Luego se arrepintió, le llamó y ofreció en su honor un gran banquete al final del cual leyó otros versos e invitó a Filoxeno a juzgarlos. Filoxeno se levantó y, haciendo un signo a la guardia, dijo: «Llevadme a la mina.»

Fue esta pasión por la poesía, que siguió cultivando su asiduidad, lo que indirectamente le costó la vida a Dionisio. En 367, una comedia suya obtuvo el primer premio en Atenas. El tirano, si bien de satisfacciones hubiese ya sacado a porrillo con su omnipotencia, fue tan feliz con aquel modesto premio literario, que lo festejó con un banquete pantagruélico, al término del cual un ataque apoplético le fulminó.

Le sucedió su hijo de veinticuatro años Dionisio II, no más rico que su padre en cuanto a escrúpulos, pero mucho más pobre en cuanto a ingenio. Tuvo, sin embargo, dos excelentes consejeros en su tío Dión y en el historiador Filisto.

El primero le convenció para que llamara a Platón, del cual era grandísimo admirador, seguro que el joven soberano se prestaría gustosamente a realizar los planes políticos de aquél. Dionisio quedó, en efecto, muy impresionado por el filósofo, que le puso a estudiar matemáticas y geometría como introducción a la verdadera sapiencia. El joven estaba lleno de buenas intenciones y Platón se ilusionó con hacer de él su instrumento. Pero el maestro bebía a escondidas y por la noche se hacía visitar en palacio por la juventud de peor fama de Siracusa.

Filisto esperó a que el rey estuviera un poco cansado de teoremas y de triángulos isósceles y luego comenzó a murmurarle al oído que Platón era sólo un emisario de Atenas, la cual, no habiendo podido conquistar Siracusa con el ejército de Nicias, trataba de hacerlo ahora con las figuras geométricas de Euclides y con la complicidad de Dión.

Dionisio se alegró de creerlo y expulsó al tío. Platón protestó, y como no consiguió que se revocase la disposición, dejó la ciudad para reunirse en Atenas con el pobre exiliado. Éste, pocos años después, volvió a su patria al frente de otros ochocientos desterrados y derrocó a Dionisio, que huyó. Los siracusanos exultaron, mas para impedir que a un tirano le sustituyese otro, le quitaron el mando a Dión, quien se retiró sin amargura a Leontini. Dionisio volvió a la carga y derrotó a las fuerzas populares de Siracusa que, desesperada, hizo un nuevo llamamiento a Dión. Éste acudió, venció de nuevo, anunció una dictadura temporal para poner de nuevo en orden el Estado, y como premio recibió una puñalada en nombre de la «libertad».

Dionisio volvió a ser dueño de la ciudad y los siracusanos hicieron un llamamiento a la madre patria, Corinto, para que fuera a liberarles. Entonces vivía en Corinto, casi echado al monte, el aristócrata Timoleón, que había matado a su hermano para impedirle que se convirtiese en dictador. Maldecido por todos, hasta por su madre, Timoleón armó a un puñado de hombres, al frente de los cuales desembarcó en Sicilia, y con un prodigio de estrategia derrotó al ejército de Dionisio. Dícese que no tuvo ni una baja. Y esto nos hace sospechar que el prodigio de estrategia consistió en el hecho de que el enemigo salió corriendo o se pasó a él. El propio soberano fue capturado. Pero Timoleón, en vez de matarle, le dio todo lo que tenía en el bolsillo para que pagase el viaje hasta Corinto, donde efectivamente Dionisio pasó el resto de sus días. Después, él mismo se retiró a la vida privada, limitándose a reaparecer entre los siracusanos sólo cuando éstos le llamaban para escuchar sus consejos.

Cuando murió, pobre y sin cargos, en 337, Siracusa le conmemoró como el más grande y el más noble de sus ciudadanos. Gracias a él, había encontrado de nuevo, al menos de momento, la libertad. Pero en compensación estaba perdiendo rápidamente la fuerza que le había permitido resistir victoriosamente la presión cartaginesa.

Capítulo XLIII

FILIPO Y DEMÓSTENES

Probablemente la mayor parte de los griegos ignoraba hasta la existencia de su provincia más septentrional, la Macedonia, cuando Filipo, en 358 antes de Jesucristo, subió al trono según el proceder habitual en aquella comarca y en aquella corte, o sea, una serie de asesinatos en familia. Las ciudades-estado del Sur tenían escasísimas relaciones con aquellos parientes lejanos del Norte, que, si bien hablaban su misma lengua o poco más o menos, no les había dado ni un poeta, ni un filósofo ni un legislador.

Pero tampoco los macedonios, por su lado, habían sentido jamás ninguna necesidad de meter baza en los asuntos ni en las riñas de Atenas, de Tebas y de Esparta. Eran dispersas tribus de pastores que vivían en régimen patriarcal, agrupadas cada una en torno a su propio principillo. Su evolución política no había seguido en absoluto la de Grecia; se había quedado en medieval. Había un rey, pero su poder estaba limitado por ochocientos vasallos, cada uno de los cuales, en su propia circunscripción, sentíase dueño absoluto y no admitía interferencias. No iban sino raramente y a desgana a Pella, la capital, que de hecho no pasaba de ser una aglomeración de cabañas en torno de la única plaza: la del mercado. El rey, cuando había de tomar alguna decisión importante, tenía que consultarles y no siempre lograba su consenso.

El nuevo soberano, empero, no era, como sus predecesores, «hecho en casa». De chico le habían mandado a estudiar en Tebas, donde se metió en las malas compañías de los parientes y amigos de Epaminondas. No había aprovechado mucho las lecciones de Filosofía e Historia. Pero siguió con atención las de estrategia que aquel gran capitán había enseñado a su ejército. Pese a las muchas lagunas de su cultura, cuando volvió entre los pastores de Pella, fue considerado un sabio. De hecho, él sabía lo que aquéllos, criados en la montaña y sin puntos de referencia, ignoraban: o sea, que Macedonia era una comarca semibárbara, que debía romper su aislamiento con el resto de Grecia y que el mejor modo de hacerlo era apoderarse de ella. Mas esto sólo se podía conseguir después de haber unificado el mando de Macedonia, o sea tras haber destruido o embridado las fuerzas feudales y centrífugas de los principillos locales.

Lo consiguió un poco por la fuerza y otro poco por la astucia, porque de ambas cosas tenía a porrillo. Era un pedazo de hombre listo y prepotente, guerrero intrépido, cazador infatigable, siempre dispuesto a enamorarse indistintamente de una hermosa mujer que de un guapo muchacho. Un trasfondo de astucia se encontraba en cada gesto suyo, hasta en el más espontáneo. Era de natural simpático, pero lo sabía y se aprovechaba. El mismo Demóstenes, su irreductible adversario, después de haberle conocido exclamó: «¡Qué hombre! Por el poder y el éxito ha perdido un ojo, tiene un hombro roto y un brazo paralizado. ¡Y todavía no hay quien pueda hacerle poner de rodillas!»

Por primera vez desde su advenimiento al trono, los «compañeros del rey», como se llamaban los ochocientos señorones macedonios, para afirmar su paridad con él comenzaron a frecuentar Pella, adonde Filipo les atraía con fiestas, con los dados, las mujeres y los torneos. A menudo jugaba con ellos hasta avanzada la noche. Pero su objeto no era solamente divertirles y divertirse. Entre una cacería y una borrachera tejía la trama del mando único en la nueva organización copiada de Epaminondas, y contagiaba a aquellos indóciles barones sus sueños de gloria y de conquista. Se impuso a quien se le resistía corrompiéndole y a veces matándole, acaso «por accidente» en cacerías o torneos, sin perjuicio de conmoverse sobre el cadáver y de tributarle regias exequias. Aquel hombre de modales rudos y francos sabía mentir como el más vil de los hipócritas. Su diplomacia apuntaba lejos y no conocía escrúpulos. En pocos años puso en pie el más formidable instrumento de guerra que haya conocido la Antigüedad antes de las legiones romanas: la falange, rígida muralla de dieciséis filas de infantes, protegida en los flancos por escuadrones de espantable caballería. La falange no contaba más que con diez mil hombres. Pero eran, a diferencia de los demás griegos, soldados toscos, entrenados, por su propia vida de pastores, en la disciplina y el sacrificio.

Con perfecta elección del momento, Filipo esperó que Atenas estuviese sumida en la «guerra social» que puso término a su segundo Imperio, para adueñarse con un golpe de mano de Anfípolis, Pidna y Potidea, distritos mineros y claves del comercio ateniense con Asia. Y a las protestas de Atenas respondió: «Con un arte y una literatura como la que tenéis, ¿por qué dar importancia a esas pequeñeces?» Poco después, otras dos «pequeñeces» cayeron en sus manos: Metón y Olinto, o sea todo el oro de Tracia y el control del alto Egeo.

Dónde quería llegar Filipo, era claro. Es decir, lo habría sido si los griegos hubiesen tenido el valor de reconocerlo. Pero, otra vez más, en lugar de unirse contra la amenaza común, prefirieron pelear entre ellos. Por una cuestión de dinero, atenienses y espartanos se habían coligado contra la Liga anficiónica de Beocia y Tesalia, que, derrotada, llamó a Filipo. Éste acudió, en Delfos fue aclamado protector del templo de Apolo, patrono de la liga, y graciosamente aceptó la presidencia honoraria de las Olimpíadas siguientes, lo que era un poco la candidatura a la soberanía sobre Grecia.

Finalmente, Atenas despertó: pero hizo falta la oratoria de Demóstenes para arrancarla de su pereza. Para quien ama la libertad, es bastante doloroso saber que en Grecia ésta haya encontrado su último adalid en un hombre semejante. Pero los tiempos no ofrecían otro mejor. Demóstenes era hijo de un armero acomodado que, al morir, le había dejado unos cincuenta millones de liras, confiados al cuidado de tres administradores. Éstos los administraron tan bien que cuando Demóstenes, a los veinte años, trató de rescatarlos, no encontró ni un céntimo. Y tal vez sacara un ejemplo y una moral de esta lección.

Aquel que estaba destinado a convertirse en el más grande o al menos en el más famoso, de todos los oradores, no era un orador nato. Estaba afectado de tartamudez y para curársela dícese que se habituó a hablar con una piedrecita en la boca y a declamar corriendo en cuesta. Pero jamás fue un improvisador. A menudo se recluía en una caverna, afeitándose solamente media cara para no ceder a la tentación de salir, para preparar por escrito sus requisitorias. Empleaba en ellas meses enteros y después las ensayaba y volvía a ensayar ante un espejo para estudiar todos los efectos, incluso los mímicos. Con tal de conseguirlos, no ahorraba contorsiones, alaridos, muecas. El oyente común se divertía como en el teatro. Pero nosotros estamos con Plutarco, que definió aquel método como «bajo, humillante e indigno de un hombre», y llamamos la atención sobre este juicio a muchos pequeños Demóstenes contemporáneos del país.

Demóstenes había debutado escribiendo «comparecencias» por cuenta de otros, a menudo a favor de los dos litigantes de la misma causa. Pero después se convirtió en abogado del gran banquero Formión y, no teniendo necesidad de dinero, se dedicó solamente a procesos célebres en defensa de clientes de alto copete, entre ellos la Libertad.

¿La amaba verdaderamente, o solamente vio en ella el pretexto para labrarse una gran reputación y una carrera política? No contestó jamás a su adversario Hipérides, que le acusó de defender la libertad de Atenas contra Filipo para revenderla a los persas que se la pagaban bien. Si no era verdad, era verosímil, pues la moralidad del hombre tenía bastantes lagunas. «Nada que hacer con Demóstenes —decía su secretario—. Si una noche encuentra una cortesana o un guapo chico, al día siguiente el cliente le esperará en vano en el tribunal.» Pero era un histrión tal, que sus llamamientos a la resistencia contra el macedonio tenían el apasionado acento de la verdad. Contra él estaba lo que hoy se llamaría «el espíritu de Munich», el partido de la paz, capitaneado por Foción y Esquines.

Foción era un hombre de bien, de costumbres estoicas, que batió el *récord* de Pericles haciéndose elegir *estrategos* cuarenta y cinco veces seguidas. Cuando un discurso suyo en la Asamblea era interrumpido por un aplauso, preguntaba sorprendido: «¿Acaso he dicho alguna estupidez?» Ni siquiera Demóstenes pudo jamás insinuar en contra de él que quisiera el compromiso con Filipo por algún interés personal; dijo que lo quería por estolidez y vileza. Todo permite creer, en cambio, que Foción comprendía perfectamente los planes de Filipo. Pero entendía también que Grecia no se uniría jamás para combatirlo y que Atenas sola no bastaba. Y tal vez esperaba francamente que la unificación, en vez de «en contra», se hiciese «bajo» Filipo.

No pudiendo atacarle personalmente, Demóstenes atacó a su mayor colaborador, Esquines, que era también su enemigo personal. El pretexto era fútil. Años antes, un tal Ctesifonte había propuesto en la Asamblea que le fuese dada a Demóstenes una corona en recompensa a los servicios prestados por éste a la ciudad. Esquines le denunció por «ultraje a la Constitución». Ahora bien, la causa que se llamó precisamente «Sobre la corona», se veía en el Tribunal, y Demóstenes era el abogado de Ctesifonte. Fue un proceso no menos sensacional que el de Aspasia, y Demóstenes prodigó todo lo mejor de su repertorio: alaridos, «trémolos», llantos, carcajadas, sarcasmos y melancolía. Y, si bien no tenía razón, ganó. Esquines, condenado a una multa exorbitante, huyó a Rodas, donde, dícese, Demóstenes siguió mandándole dinero hasta el fin de su vida.

Mas aquella victoria judicial fue también una victoria política. Demostró que el partido de la guerra había tomado la delantera. Por primera vez en su historia, bajo el estímulo de la oratoria patriótica de Demóstenes, Atenas echó mano de fondos destinados para las fiestas, que eran considerados intocables, para organizar un ejército. En 338, éste se alineó con el de Tebas en Queronea contra Filipo, que derrotó fácilmente a uno y otro.

¿Había, finalmente, encontrado Grecia su amo y unificador en el rey de su región más bárbara y tosca?

Capítulo XLIV

ALEJANDRO

Filipo fue magnánimo en la victoria. Devolvió la libertad a los dos mil prisioneros que había capturado y mandó a Atenas, como mensajeros de paz, a su hijo Alejandro, de dieciocho años, que se había cubierto de gloria en Queronea como general de caballería, y al más sagaz de los lugartenientes, Antípater. El *diktat* era sumamente generoso: Filipo pedía solamente que se le reconociese el mando de todas las fuerzas militares griegas contra el enemigo común persa. Los atenienses, que se esperaban algo mucho peor, aclamaron en él a un nuevo Agamenón. Y en la conferencia de Corinto todos los Estados que mandaron a sus representantes, menos Esparta, aceptaron unirse en una confederación copiada de la beocia, comprometiéndose a suministrarle contingentes militares y a renunciar a las revoluciones.

¿Les empujó finalmente una necesidad de concordia y de unidad? Tal vez alguno lo advertía. Pero la mayoría esperaba solamente que el nuevo amo se embarcase lo más pronto posible en la aventura persa y que posiblemente no volviese. Filipo estaba ya, en efecto, preparándola, cuando entre él y los persas se interpusieron dos adversarios inesperados: su esposa Olimpia y su hijo.

Olimpia era una princesa de la tribu guerrera de los molosos del Epiro que, a diferencia de las numerosas mujeres que él había desposado antes, no toleraba aparcerías. Filipo, al principio, había intentado un experimento de monogamia. Pero a la larga no tuvo éxito. Sus apetitos eran demasiado vigorosos para que una sola mujer, por muy bella y ardiente como Olimpia, pudiese satisfacerlos. Ésta, después de haberle dado a Alejandro, había buscado consuelo en los más desenfrenados ritos dionisíacos. Una noche Filipo la encontró dormida en el lecho al lado de una serpiente. Ella dijo que en la serpiente se encarnaba el dios Zeus –Ammón– y que éste era el verdadero padre de Alejandro. Filipo no protestó: aquel intrépido soldado que no tenía miedo a nadie, lo sentía atroz de su mujer. Pero buscó compensación en otra que le ahorrase las desleales competencias de los dioses. Cuando esta última estuvo encinta, uno de los generales macedonios, Atalo, propuso en un banquete un brindis para el futuro heredero «legítimo» (e insistió en esta palabra). Alejandro, enfurecido, le tiró un cáliz al indiscreto, gritando: «¿Pues yo qué soy? ¿Un bastardo?» Filipo se lanzó espada en mano sobre su hijo, pero, de borracho que estaba, tropezó y se cayó.

«Mirad –le escarneció Alejandro–. ¡No se tiene en pie y quiere alcanzar el corazón de Asia!»

Pocos meses después, otro general, Pausanias, fue a pedir explicaciones por un insulto recibido de Atalo. Y como Filipo no se las diera, le asestó una puñalada, matándole. Nadie ha sabido nunca si lo hizo instigado por Alejandro, por Olimpia, o por los dos. Como fuere, el testamento no se encontró. Y Alejandro fue aclamado sucesor por el ejército, que le idolatraba. Contaba apenas veinte años.

Filipo, que le había querido de pequeño con un amor en el que había también mucho de orgullo, le había dado los tres mejores maestros de la época; el príncipe moloso Leónidas para los músculos. Lisímaco para la literatura y Aristóteles para la Filosofía. El alumno no les decepcionó.

Era bellísimo, atlético, lleno de entusiasmo y de candor. Aprendió de memoria la *Ilíada*, de la cual llevóse desde entonces siempre consigo un ejemplar como libro de cabecera, y eligió como héroe preferido a Aquiles, de quien decíase que descendía Olimpia. A Aristóteles le escribía: «Mi sueño, más que acrecentar mi poderío, es de perfeccionar mi cultura.» Pero también a Leónidas el estoico le daba muchas satisfacciones con su maestría de jinete, de esgrimista y de cazador. Le invitaron a correr en las Olimpíadas. Respondió orgullosamente: «Lo haría si los demás concursantes fueran reyes.» Mas cuando supo que ninguno lograba domar al caballo *Bucéfalo*, acudió, montó en su grupa y no se dejó desarzonar. «¡Hijo mío –gritó Filipo, extasiado–, Macedonia es demasiado pequeña para ti!» Otra vez, habiendo encontrado un león, le afrontó armado de un solo puñal en un duelo «de cuyo éxito –refirió un testigo– parecía depender la decisión de quién entre los dos había de ser el rey». De dónde sacase aquella energía no se sabe, pues era sobrio y abstemio y solía decir que una buena caminata le daba buen apetito para el desayuno, y un desayuno ligero buen apetito para la comida. Por esto, dice Plutarco, tenía el aliento y la piel tan fragantes.

Tal vez, al menos en parte, aquella increíble fuerza vital le derivaba de los reprimidos instintos sexuales. Sentimental y emotivo, pronto a llorar por una canción (tocó el arpa hasta que su padre se mofó de esta debilidad, y a partir de entonces no quiso oír más que marchas militares), Alejandro era, en asuntos de amor, un puritano. Se casó varias veces, pero por razones de Estado. Tuvo paréntesis de homosexualidad. Mas lo poco que hizo, fue siempre a hurtadillas, con el complejo del pecado, y abandonándose a la ira cada vez que los cortesanos le traían a casa o a la tienda jovenzuelos o prostitutas. Los inmensos tesoros de su ternura los reservaba para los amigos y para sus soldados. Plutarco dice que, sobre una nadería, era capaz de escribir largas cartas a un amigo ausente.

Era muy supersticioso, por lo que en su corte, que solía ser una tienda, rebosaba siempre de astrólogos y adivinos, sobre cuyas respuestas redactaba los planes de batalla o los modificaba. ¿Fue verdaderamente un gran general? Desde el punto de vista estratégico y táctico, no resulta que haya aportado ninguna variación a los conceptos de Filipo, que había sido verdaderamente el inventor de un nuevo arte militar. Ignoraba la geografía, no quiso consultar jamás un mapa topográfico, y los reconocimientos los hacía solo, también porque esperaba siempre encontrar algún enemigo o alguna alimaña con la que medirse. Más que un gran capitán a lo Aníbal o a la César, era un buenísimo comandante de regimiento, que, empuñando el arma, alcanzaba irresistibles victorias preparadas por el Estado Mayor que le dejó en herencia Filipo. Su valor no necesitaba de la excitación de la batalla. Una vez, enfermo, alargó a su médico, que le ofrecía un purgante, una carta anónima que le acusaba de estar al servicio de los persas para envenenarle a él. Y sin aguardar el mentís, bebió la poción.

Un día, siendo chico, se había quejado a sus compañeros: «Mi padre quiere hacerlo todo él, y a nosotros no nos dejará nada importante que realizar.» Era su pesadilla. En cambio, cuando Filipo murió, nada de lo que había querido hacer había sido hecho, como demostró la inmediata secesión de todos los más importantes Estados griegos de la Confederación de Corinto. En Atenas, Demóstenes organizó fiestas de agradecimiento y propuso en la Asamblea que decretase un premio para el asesino Pausanias. Y en Macedonia hasta se urdieron complots para matar al nuevo rey. Alejandro no hizo añorar a su padre en cuanto a energía. En un santiamén desenmascaró y liquidó a los conjurados y marchó contra los Estados griegos, que no aguardaron su llegada para mandar de nuevo sus representantes a Corinto para aclamarle general y reconstituir la Confederación. Alejandro volvió sobre sus pasos, atravesó las fronteras de Rumania, dominó allí una rebelión, penetró en Serbia, deshizo el Ejército ilirio que se aprestaba a atacarle, y volvió a descender hasta Grecia, donde habiendo cundido la noticia de su muerte, nuevamente todos habían hecho defección. En Tebas, la guarnición macedonia había sido degollada, y, en Atenas, Demóstenes había reorganizado su partido con el oro persa.

En Alejandro, la crueldad y la generosidad se alternaban imparcialmente. Tebas conoció la primera: todas sus casas fueron arrasadas en represalia, menos la de Píndaro. Atenas conoció la segunda. Alejandro, que tenía una debilidad por ella, amnistió a todos, hasta a los que hoy se llamarían «criminales de guerra», empezando por Demóstenes. Alimentaba para con esta ciudad un complejo de inferioridad, herencia de sus estudios filosóficos y literarios. Una vez, a dos amigos atenienses que habían ido a verle a Pella, les preguntó señalando a sus conciudadanos: «Vosotros que venís de allá, ¿no tenéis la impresión de hallaros entre salvajes?» Y cuando, más tarde, fue a guerrear en Asia, después de cada victoria mandó a Atenas, para que adornase su Acrópolis, los tesoros de arte que habían caído en sus manos.

Naturalmente, por tercera vez, mas siempre con la misma sinceridad, los Estados griegos reconstituyeron la Confederación, con la esperanza de que finalmente él se decidiese a partir hacia Oriente. Por lo que no le regatearon los veinte mil hombres que pidió de refuerzo a sus propios diez mil infantes y cinco mil jinetes. Con treinta y cinco mil hombres en total se aprestó, pues, a marchar contra el ejército de Darío, que contaba con un millón. Pero no se los llevó a todos consigo. Dejó un tercio de ellos a las órdenes de Antípater en Grecia, pues ya había comprendido qué concepto había de tener de la fidelidad de ésta. Y en 334 antes de Jesucristo, o sea dos años después de su advenimiento al trono, emprendió el camino para aquella especie de cruzada.

¿Es cierto que se proponía unir Asia a Europa en un único reino y refundirlo en la civilización griega? Alejandro es uno de los personajes que más han cosquilleado la fantasía de biógrafos y novelistas, cada uno de los cuales ha acabado prestándole las ideas e intenciones propias. Quisiera poner en guardia de esos árbitros a los lectores.

Alejandro no sabía qué era el Asia por la sencilla razón de que en aquel tiempo nadie lo sabía. Y, de haberlo sabido, no creo que se hubiese propuesto conquistarla y someterla con veintitrés mil hombres. En aquel momento no estaba aún tan loco como para acometer semejante empresa.

Yo creo que sus verdaderos móviles se deben deducir de la ceremonia con que coronó la primera etapa. Mientras que sus hombres embarcaban para Abidos, en el Helesponto, él desembarcaba en el cabo Sigeo, donde la *Ilíada* decía que Aquiles había sido sepultado. Alejandro cubrió de flores la que era considerada como la tumba del héroe, y se puso a correr desnudo en torno a ella gritando: «¡Afortunado Aquiles, que fuiste querido por un amigo tan fiel y celebrado por un gran poeta!»

Esto es. Lo que movió a Alejandro contra Asia no fue un plan estratégico ni político. Fue un sueño de gloria detrás del cual corrió durante once años, sin despertar.

Capítulo XLV

«¿FUE GLORIA VERDADERA?»

Las victorias de Alejandro fueron fulgurantes y han suscitado la incondicional admiración de sus contemporáneos y de la posteridad. Mas nosotros no sabemos si adscribirlas más a su valentía que a la absoluta inconsistencia de los persas, que por lo demás jamás habían ganado una batalla, ni siquiera cuando habían sido trescientos contra uno.

Un primer contingente de aquéllos fue derrotado en el río Gránico, donde Alejandro fue salvado de la muerte por su lugarteniente Clito. Todas las ciudades de la Jonia fueron liberadas; Damasco y Sidón se rindieron; Tiro, que quiso resistir, fue literalmente destruida, y Jerusalén abrió sus puertas dócilmente. A través del desierto de Sinaí, el conquistador penetró en Egipto, y lo primero que hizo fue un acto de homenaje en el oasis de Siwa al templo de Ammón que, según Olimpia, era su padre. Los sacerdotes le creyeron sin más y le coronaron faraón. Para compensarles de tanta complacencia, Alejandro ordenó la construcción en el delta de una nueva ciudad, Alejandría, de la que él mismo trazó un plano, dejando la ejecución a su arquitecto Dinócrates. Y reanudó su marcha hacia Asia.

El encuentro con el grueso del ejército de Darío tuvo lugar cerca de Arbelas. Al ver aquella multitud de seiscientos mil persas, Alejandro tuvo una vacilación. Y sus soldados, gritaron: «¡Adelante, general! Ningún enemigo podrá resistir el hedor a carnero que traemos encima.» No sabemos si fue propiamente el hedor lo que derrotó aquel heterogéneo y políglota ejército. Sea como fuere, hubo derrota, caótica e irremediable. Darío fue muerto cobardemente por sus generales, y su capital, Babilonia, se sometió sin resistencia a Alejandro, que encontró en ella un tesoro de cincuenta mil talentos, algo así como doscientos mil millones de liras, lo repartió equitativamente entre sus soldados, su propia caja y la de Platea para resarcirla de su valerosa resistencia ante los persas en 480, ordenó la inmediata reconstrucción de los templos sacros dedicados a los dioses orientales, a los que ofrendó suntuosos sacrificios, y anunció orgullosamente en una solemne proclama al pueblo griego su definitiva liberación del vasallaje persa.

Los objetivos de la guerra habían sido alcanzados, mas no los de Alejandro, que sabía concretamente cuáles eran. Reemprendió la marcha sobre Persépolis y, enfurecido por encontrar prisioneros griegos con miembros cortados, ordenó la destrucción de la estupenda ciudad. Y siguió adelante hacia Sogdiana, Ariana, Bactriana y Bujara, donde capturó al asesino de Darío. Le hizo atar a dos troncos de árbol acercados con cuerdas. De modo que, cuando las cuerdas fueron cortadas, al enderezarse los troncos, le despedazaron las carnes. Y adelante aún, a través del Himalaya, en ruta hacia la India, donde oyó hablar del Ganges y quiso verlo. El rey Poros, que trató de oponérsele, fue vencido.

Pero aquí los soldados comenzaron a dar muestras de impaciencia. ¿Adónde quería conducirles su rey en aquella loca carrera de miles y miles de kilómetros en el corazón de tierras desconocidas, cuya extensión se ignoraba? Alejandro, que no podía responder porque tampoco lo sabía él, se retiró –como su héroe Aquiles– desdeñosamente a su tienda y durante tres días se negó a salir. Luego, a desgana, se rindió, volvió atrás, y en un combate se encontró solo, dentro de una ciudadela enemiga, porque las cuerdas con las que se escalaban las murallas se habían roto bajo los pies de los que le seguían. Se batió como un león hasta caer desangrado por las heridas. Pero justo en aquel momento llegaron los suyos, que habían trepado con las uñas. Mientras le llevaban a la tienda, los soldados se arrodillaron a su paso para besarle los pies. Convencido de haber reconquistado su favor, el rey, tras tres meses de convalecencia, les recondujo hacia el Indo y les hizo descender hasta el océano Índico. Aquí hizo preparar una flota que, bajo el mando de Nearco, devolvió a la patria, por vía marítima, a los heridos y enfermos. Con los supervivientes remontó el río, abriéndose el camino de retorno a través del desierto de Beluchistán.

Hará falta llegar a la retirada de Rusia por Napoleón para hallar algo comparable a una marcha tan desastrosa. El calor y la sed mataron e hicieron enloquecer a miles de hombres. Cada vez que se encontraba un pozo de agua, Alejandro bebía el último, después de todos sus soldados. Pero es como para preguntarse si su cerebro estaba completamente en orden, admitiendo que alguna vez lo hubiese estado, cuando al fin, con los pocos supervivientes de aquella matanza, llegó a Susa.

Allí reunió a sus oficiales y les expuso en términos perentorios un nebuloso programa de dominio mundial empernado sobre los intercambios matrimoniales. Él se casaría simultáneamente con Statira, la hija de Darío, y con Parisatis, la hija de Artajerjes, uniendo así las dos ramas de la familia real persa. Ellos le ayudarían desposándose a su vez y haciendo casar a sus subalternos con otras señoritas locales, a cuyas respectivas dotes proveería él poniendo a disposición veinte mil talentos, algo así como ochenta mil millones de liras. Así –dijo–, tras haberla sancionada en el campo de batalla, se consumaría en la cama la unión entre el mundo grecomacedonio y el oriental, mezclando su sangre y su civilización.

Lo creyeran o no, aquellos toscos guerreros, tras diez

años de alejamiento de sus familias hallaron cómodo fundar otra con las mujeres persas que, encima de todo, hasta eran guapotas. Así, en una noche de festejos, fueron celebradas aquellas grandes bodas colectivas. Alejandro las presidió, flanqueado por sus dos esposas y con un traje de su invención, que Plutarco describe como de corte mitad griego mitad persa. Acto seguido proclamó su propio origen divino como hijo de Zeus-Ammón; los sacerdotes de Babilonia y de Siva lo reconocieron, los Estados griegos lo aceptaron carcajeándose, y sólo Olimpia, que había inventado aquella fábula y que todavía vivía en Pella, comentó escépticamente: «¿Cuándo dejará ese chico de calumniarme como adúltera?»

No se ha sabido jamás, y no se sabrá nunca, si Alejandro era tan desequilibrado como para creer en aquella fábula, o si la avalaba sólo por diplomacia. Una vez, alcanzado por una flecha, había dicho a sus amigos, mostrando la herida: «¿Veis? ¡Es sangre, sangre humana, no divina!» Pero ahora sentábase sobre un trono de oro, llevaba en la cabeza dos cuernos que eran el símbolo de Ammón y exigía que todos se prosternasen ante él. El abstemio adolescente de un tiempo ahora bebía, y en las borracheras perdía la cabeza. Cuando Clito, que le había salvado la vida, le dijo que el mérito de sus grandes victorias correspondía no a él, sino a Filipo que le había dejado un gran ejército (y era verdad), le mató en un acceso de furor. Una conjura le hizo recelar. Filotas, bajo la tortura, denunció a su propio padre, Parmenio, el general más estimado por Alejandro. También le condenó a muerte. El paje Hermolao, torturado a su vez, denunció como cómplice a Calístenes, sobrino de Aristóteles, que el rey se había llevado en su séquito como cronista de las expediciones y que no quiso prosternarse ante él, afirmando que todas aquellas empresas un día se habrían convertido en históricas porque Calístenes las había escrito, no porque Alejandro las hubiese llevado a cabo. El impertinente fue metido en la cárcel, donde murió. Estalló una sedición entre los soldados, que le pidieron ser licenciados «visto que tú, Alejandro, eres un dios, y que los dioses no necesitan tropas». Alejandro respondió enojado: «Marchaos, pues; así, de ahora en adelante, seré rey de aquellos de quienes os he hecho vencedores.» Los soldados rompieron a llorar, le pidieron perdón, y él, reanimado, concibió la empresa de conducirles a nuevas conquistas en Arabia.

Pero en aquel momento murió Efestión, a quien él consideraba su Patroclo y quería con un amor que jamás había sentido por ninguna mujer: hasta el punto de que cuando la viuda de Darío, venida a hacer acto de sumisión en su tienda, les había confundido uno con otro, el rey dijo sonriendo: «No hay ningún mal en ello. Efestión es también Alejandro.» Aquella muerte le afectó de manera irreparable. Hizo matar al médico que no supo evitarla, rehusó la comida durante cuatro días seguidos, ordenó honras fúnebres en las que gastó cuarenta mil millones de liras, mandó a preguntar al oráculo de Ammón, que naturalmente se apresuró a concedérselo, el permiso de venerar al pobre difunto como a un dios, y como sacrificio expiatorio ordenó el degüello de una tribu entera de persas.

Era claro ya que el conquistador venido a Oriente para grecizarlo se había orientalizado hasta convertirse en un verdadero sátrapa. Cada vez más enfermo de insomnio, buscaba en el vino ese sucedáneo del descanso que es el aturdimiento. Cada noche hacía con sus generales concursos de resistencia. Una noche fue derrotado por Promacos, que ingirió tres litros de licor fortísimo, y al cabo de tres días murió. Alejandro quiso batir el *récord* e ingirió cuatro litros. Al otro día le dio una fuerte fiebre. Quiso seguir bebiendo. Desde la cama, en las pausas de delirio, siguió dando órdenes a gobernadores y generales. Luego, el undécimo día, entró en agonía. Cuando le preguntaron a quién se proponía dejar el poder, respondió en un soplo: «Al mejor.» Pero se olvidó de decir quién era el mejor. Era en 323 antes de Jesucristo, y Alejandro debía cumplir en aquellos días treinta y un años. Hay que preguntarse qué habría llegado a hacer si hubiese tenido tiempo. La breve aventura de su vida había sido tan intensa y tan plena de sensacionales empresas, que se comprende muy bien la sugestión que ha ejercido sobre sus biógrafos. Yo creo, empero, que todas las intenciones que se le han atribuido carecen de fundamento. No pueden achacarse a una idea política, como en el caso de Filipo, que sabía perfectamente lo que quería. Alejandro no siguió su plan y, más que artífice, se nos aparece como el esclavo de un destino. Lo que nos impresiona en él es una fuerza vital tan abrumadora y desenfrenada como para trocarse en defecto. Fue un meteoro que, como todos los meteoros, deslumbró el cielo y se disolvió en el vacío, sin dejar tras sí nada constructivo.

Pero acaso por ello interpretó y concluyó del modo más adecuado el ciclo de una civilización como la griega, condenada por sus fuerzas centrífugas a fenecer de dispersión.

Capítulo XLVI

PLATÓN

Mientras Alejandro se ilusionaba en conquistar el mundo en nombre de la civilización griega, esta civilización difundía sus últimos fulgores. La literatura languidecía, transformada ya en un mal subproducto: la oratoria, exclusiva de los varios Demóstenes, Esquines, etc. La tragedia había muerto y en su lugar iba tirando una comedia burguesa, hilvanada con mediocres motivos de adulterio y de vida cara. La Escultura producía aún obras maestras con Praxíteles, Escopas y Lisipo. La ciencia, más que a nuevos experimentos y descubrimientos, se dedicaba a la clasificación escolástica de lo ya realizado. Pero la Filosofía alcanzaba precisamente entonces su cenit.

Era la herencia de Sócrates, en cuya escuela había nacido un poco de todo. Entre sus continuadores tal vez el más superficial, pero asimismo el más pintoresco, fue Arístipo, elegante estafador e infatigable trotamundos. El hedonismo fue para él no tan sólo una teoría, sino también una práctica de vida. Todo lo que hacemos, decía, lo hacemos sólo para procurarnos placer, aun cuando inmolamos la vida por un dios o un amigo. Nuestra llamada «sapiencia» nos engaña. Los únicos que nos dicen la verdad son los sentidos, y la filosofía sólo sirve para afinarlos.

Arístipo era un guapo hombre de modales exquisitos y de conversación fascinante, que jamás tuvo necesidad de trabajar para vivir. Una vez, náufrago en aguas de Rodas, hechizó totalmente a sus salvadores, quienes, después de alimentarle y vestirle, hasta le abrieron una escuela a sus expensas. «¿Veis, muchachos? –dijo Arístipo en su exordio–. Vuestros progenitores deberían proveeros solamente de aquello que se puede salvar hasta en un naufragio.» Cuando estaba sin blanca, se iba de huésped a casa de Jenofonte, en Escila, o bien a Corinto, en la de la célebre hetaira Laide, que despojaba a sus clientes, y que a Demóstenes, por una noche de amor, le había pedido cinco millones, pero que tenía una debilidad por Arístipo y le recibía gratis en casa. Había estado también en Siracusa con Dionisio que una vez le escupió en la cara. «Bah –dijo Arístipo, enjugándosela–, un pescador ha de mojarse más para capturar un pez más pequeño que un rey.» El tirano le obligaba a que le besara los pies. Arístipo se excusaba de ello ante los amigos diciendo: «No es culpa mía si los pies son la parte más noble de su cuerpo.» No tenía nunca dinero, pero todos le querían por la generosidad con que gastaba el de los demás. Y murió diciendo que lo dejaba todo a la virtud, pero aludía solamente a su hija que se llamaba precisamente así («Areté») y que tradujo en cuarenta libros la amable filosofía de su padre mereciendo el título de «Luz de la Hélade».

Otro curioso maestro era Diógenes, jefe de escuela de los cínicos, llamada así por Cinosarge donde tenían su *gimnasio*. Lo había fundado Antístenes, alumno de Sócrates, que una vez, mirándole, le dijo: «A través de los agujeros de tu vestido, Antístenes, veo tu vanidad.» Era verdad. Antístenes compensaba con la humildad su orgullo, que era inmenso. También él, originario de siervos, había instituido aquella escuela para los pobres, y de buenas a primeras rechazó la inscripción a Diógenes porque era banquero, aunque en quiebra. Decidióse a acogerle sólo cuando vio que dormía en el suelo en compañía de mendigos y que andaba por las calles pidiendo limosna también.

Diógenes fue acaso el que más escarbó según predicaba. Habiendo afirmado que el hombre no es más que un animal, hacía, como los animales, sus necesidades en público, negaba obediencia a las leyes y no se reconoció ciudadano de ninguna patria. Fue el primero en usar, para sí, el término *cosmopolita*. En uno de sus muchos viajes, los piratas le capturaron y le revendieron como esclavo a un tal Xeníades de Corinto, quien le preguntó qué sabía hacer. «Gobernar a los hombres», contestó Diógenes. Xeníades le confió sus propios hijos y después, poco a poco, hasta sus propios negocios. Le llamaba «el genio bueno de mi casa».

También en Diógenes, como en Antístenes y en todos los demás que profesaban la humildad, había una infinita ambición. Le importaba mucho su dilatada fama de dialéctico ingenioso y mordaz. Una vez, al ver a una mujer prosternada ante una imagen sagrada: «Cuidado –le dijo–, con tantos dioses en circulación, puede haber también uno detrás al que estés enseñando las posaderas.» El gran rey y el pobre filósofo murieron, según algunos, el mismo día. El primero tenía treinta y un años, el segundo noventa.

Platón conoció a Antístenes y quedó un poco contagiado por la filosofía cínica, como se manifestaba en su *República*, donde anhela un estado comunista fundado sobre las leyes de la Naturaleza. Mas era un pensador demasiado grande y profundo para pararse ahí. Procedía de una noble y antigua familia que hacía remontar sus orígenes en el cielo al dios del mar Poseidón, y en la tierra a Solón. Su madre era hermana de Cármides y sobrina de Critias, el jefe de la oposición aristocrática y del Gobierno reaccionario de los Treinta. Su verdadero nombre era Arístocles, que significaba «excelente y renombrado». Más tarde le llamaron Platón, o sea «ancho», debido a sus fuertes espaldas y atlética corpulencia. Era, en efecto, un gran deportista y un supercondecorado de guerra. Pero hacia los veinte años encontró a Sócrates y en su escuela se convirtió en un intelectual puro.

Fue acaso el más diligente alumno del Maestro, a quien amó apasionadamente, como estaba, por lo demás, en su naturaleza. Por razones de familia se halló complicado en los grandes acontecimientos que se produjeron a la muerte de Pericles: el terror oligárquico de Critias y de Cármides, su fin, la restauración democrática, el proceso y la condena de Sócrates. Todo esto le afectó y le hizo expatriarse. Refugióse primeramente en Megara en casa de Euclides, luego en Cirene y finalmente en Egipto, donde buscó el sosiego y el olvido en las Matemáticas y la Teología. Volvió a Atenas en 395, pero de nuevo huyó para ir a estudiar la Filosofía pitagórica en Tarento, donde conoció a Dión, quien le invitó a Siracusa y le presentó a Dionisio I. El tirano, que alimentaba un complejo de inferioridad hacia los intelectuales y no alcanzaba a quererles más que a cambio de mortificarles, creyó poderles tratar como a Arístipo y un día le dijo: «Hablas como un estúpido.» «Y tú como un prepotente», respondió Platón. Dionisio le hizo detener y le vendió como esclavo.

Fue un tal Aníceres de Cirene quien desembolsó las tres mil dracmas para su rescate, rehusando después hacérselas restituir por los amigos de Platón que, entretanto, las habían reunido ya. Así, con aquel capital, fue fundada la *academia*. Que no fue la primera Universidad de Europa, como alguien ha dicho. Había existido ya la de Pitágoras en Crotona y la de Isócrates en Atenas. Pero fue ciertamente un gran paso adelante en la organización escolástica moderna. Los libelistas de la época hablan de ella como hoy se habla de Eton, o sea como de la incubadora de muchos esnobismos y sofisticaciones. Los alumnos vestían elegantes capas y tenían un modo muy peculiar de accionar, de hablar y de llevar el bastoncillo. No pagaban matrícula. Pero dado que eran seleccionados únicamente entre las familias más conspicuas (Platón era un franco negador de la democracia) existía entre ellos la costumbre de entregar espléndidos donativos.

En el frontón de la puerta estaba escrito: *Medeis ageometretos eisito*, que era como decir: «Demostrad vuestros conocimientos geométricos al ingresar.» Debía de ser un recuerdo pitagórico. La Geometría tenía, en efecto, gran parte en la enseñanza, junto con las Matemáticas, las Leyes, la Música y la Ética. Platón era secundado por ayudantes que enseñaban con diversos métodos: conferencias, diálogos, debates públicos. Las mujeres también eran admitidas: Platón era un feminista encarnizado. Y los temas eran, por ejemplo: «Buscad las reglas que regulan el movimiento, en apariencia desordenado, de los planetas, confrontándolas con las que gobiernan las acciones de los hombres.»

Uno de los grandes subvencionadores de la academia fue Dionisio II quien, apenas ocupó el puesto de su padre, mandó ochenta talentos, algo así como trescientos millones de liras, tal vez por sugerencia de Dión. Lo que contribuye a explicarnos la gran pasión que con aquel caprichoso soberano tuvo Platón, cuando fue invitado por él en Siracusa. El filósofo debía de ser un hombre valeroso, para volver a la ciudad y a casa del hijo de aquel que les había hecho correr la ruin aventura de ser vendido como esclavo. Mas también le espoleó la esperanza de realizar allí aquella república ideal de la igualdad, en la que creía férreamente. Presuponía un gobierno autoritario en manos de un rey-filósofo. Dionisio II no era filósofo, pero era rey, y Platón esperaba, con la ayuda de Dión, hacer de él su instrumento para la instauración de un Estado al modo de Esparta, de una ascética moralidad.

Acabó como se ha dicho ya. Intimidado por aquel maestro célebre y animado por una fe mesiánica, Dionisio se puso animosamente a estudiar. Luego se cansó de la Filosofía, prestó oídos a Filisto y alejó a Dión. Platón protestó, y dado que Dionisio se mantuvo firme pese a confirmarle su confiado y reverente afecto, presentó la dimisión de la academia que fundara también en Siracusa, y se reunió con el amigo refugiado en Atenas.

No se movió de ella sino raramente. Y parece ser que

tuvo una vejez bastante feliz, o al menos sosegada. La escuela le absorbía completamente. Cuando no enseñaba, llevaba de paseo a sus alumnos en pequeños grupos para seguir ejercitándoles en el arte de argumentar. Platón era un hombre cándido, sin mal humor ni engreimiento. Al contrario, irradiaba un gran calor de simpatía humana; además de exponer elevadas ideas sabía contar los más divertidos chistes y, como todos los hombres profundamente serios, tenía mucho *sense of humour*.

Un día uno de los escolares le invitó a ser su padrino de boda. A pesar de los ochenta años cumplidos, el Maestro acudió, participó en la fiesta, bromeó con los jóvenes hasta bien entrada la noche comiendo y tal vez empinando un poco el codo. En determinado momento se sintió un poco fatigado y, mientras seguía la comilona, se retiró a un rincón para descabezar un sueño.

A la mañana siguiente le encontraron sin vida. Había pasado del sueño momentáneo al eterno sin darse cuenta. Todo Atenas se movilizó para acompañarle en masa al cementerio.

Capítulo XLVII

ARISTÓTELES

Entre los alumnos de la academia, el que más lloró la muerte del Maestro fue Aristóteles, que, no bastándole con llevar luto, elevó un altar en su honor. Mas, ¿le fue esto sugerido por el afecto o por un poco de mala conciencia?

Había venido a Atenas de Estagira, pequeña colonia griega en el corazón de Tracia. Pertenecía también a una buena familia burguesa: su padre había sido, en Pella, el doctor de confianza de Amintas, padre de Filipo y abuelo de Alejandro. Y por él había sido iniciado en los estudios de medicina y de anatomía. Pero, al conocer a Platón, le ocurrió lo que a éste al conocer a Sócrates: su vocación cambió de rumbo, sin que, empero, su temperamento lo siguiera.

Aristóteles siguió siendo discípulo de Platón durante veinte años, siendo probable que los primeros los hubiese pasado bajo la fascinación del Maestro, el cual tenía lo que a él le faltaba: la poesía. Platón no seguía un riguroso sistema científico ni como método de enseñanza ni como doctrina. Era, más que un pensador, un artista que, pese a su manía de encuadrar las ideas en un orden geométrico y en una jerarquía determinada, no llegó jamás a dominar su propio carácter pasional, que le llevaba invariablemente a las contradicciones. Amaba las Matemáticas precisamente porque en ellas buscaba el rigor del que carecía. Mas el que quiera estudiar sus teorías debe filtrarlas, como las pepitas de oro en el fango, de su prosa cenagosa y elaborada, llena de divagaciones literarias y de ilustraciones poéticas. Él mismo reconocía ser incapaz de escribir un «tratado». Prefería los «diálogos» porque se prestaban más a la improvisación y a las digresiones. Hasta como cronista no se fija mucho en la sutileza. El retrato que nos ha dejado de Sócrates es ciertamente «verdad», pero es una verdad obtenida por medio de anécdotas que el mismo retratado reconoce como inventadas de raíz. Platón es un escritor, y como tal describe sus personajes con un vivacísimo sentido dramático, que, claro, se da de bofetadas con la realidad.

Es imposible, dada su vastedad, resumir la doctrina de Platón. Pero resulta bastante claro qué clase de hombre fue. Nietzsche le llamó «un precristiano» por algunas de sus anticipaciones teológicas y morales. Tuvo, naturalmente, una religiosidad peculiar, pero muy confusa, en la cual el concepto del pecado y de la purificación se mezclan a extrañas creencias pitagóricas y orientales sobre la transmigración de las almas. En el terreno moral, es un acérrimo puritano. Y en política un totalitario que, de vivir hoy, recibiría el «premio Stalin». Propugna la censura en la Prensa, el control del Estado sobre los matrimonios y la educación, proclama la disciplina como más importante que la verdad. Sus últimos *Diálogos* son descorazonadores: el heredero de la gran cultura ateniense entona himnos a Esparta y aprueba el apartamiento a que ésta había sometido la poesía, el arte y la propia filosofía. Como coherencia, por parte del antiguo discípulo de Sócrates, no estaba mal.

Nadie tal vez ha tenido nunca más que Aristóteles, el sentido exacto de las confusiones y de las contradicciones en que incurría Platón, cuando, con los años, aprendió a mirarle con ojos desapasionados y críticos. No es que le hubiese faltado jamás al respeto. Antes bien, por lo que cuenta Diógenes Laercio, se hizo notar por el Maestro no sólo como el más inteligente, sino también el más diligente de los discípulos. Pero bajo aquella aparente docilidad, estaba preparando ya sus refutaciones.

Muerto Platón, Aristóteles emigró a la Corte de Hermias, un tiranuelo del Asia Menor, con cuya hija Pitia se casó. Y se disponía a fundar allí una escuela propia bajo los auspicios del dictador, que había estudiado con él en la academia, cuando los persas lo mataron y se anexaron el Estado. Aristóteles logró huir a Lesbos, donde Pitia murió después de haberle dado una hija. El viudo volvió a casarse más tarde, o al menos convivió, con Erpilis, célebre hetaira de aquel tiempo. Pero el recuerdo de Pitia le atormentó siempre, y al morir pidió ser sepultado a su lado: patético detalle que contrasta un poco con su leyenda de hombre seco y frío, todo cerebro razonador, incapaz de pasiones y de sentimientos.

En 343, Filipo, que probablemente le conocía como hijo del médico de su padre, le llamó a Pella para confiarle la educación de Alejandro. Y si esto fue, para el filósofo, un gran honor, fue también el comienzo de sus desdichas. Alejandro sintió mucha veneración por su maestro. Durante las vacaciones le escribía cartas devotas, casi apasionadas, jurándole que, una vez hubiese heredado el poder, lo ejercería sólo en beneficio de la cultura. No sabemos si Aristóteles, por su lado, soñaba hacer de Alejandro lo que Platón había soñado hacer de Dionisio II: el instrumento de su filosofía. Pero creemos que no: era un hombre demasiado desencantado para entregarse a semejantes ilusiones. Sin embargo, desempeñó su cometido de tal modo que Filipo, como premio, le hizo gobernador de Estagira, donde su obra fue tan apreciada que a partir de entonces la fecha de su onomástica fue celebrada como un aniversario festivo.

Terminada su misión, volvió a Atenas, donde fundó, en competencia con la academia, el famoso liceo que, a diferencia de aquélla, notoriamente aristocrática, reclutó sus alumnos entre la clase media. Pero el contraste no se limitaba ahí; afectaba también a la sustancia y los métodos de enseñanza. Aristóteles apuntó sobre todo a la ciencia y modeló sus criterios sobre las exigencias de los estudios científicos.

Con un sentido muy claro de la división del trabajo, reunió a sus alumnos en grupos, a cada uno de los cuales confió un concreto cometido escolástico. Unos tenían que recoger y catalogar los órganos y las costumbres de los animales, otros los caracteres y la clasificación de las plantas, otros más compilar una historia del pensamiento científico. El hijo del médico había heredado de su padre y de sus primeros estudios de Anatomía en Pella el gusto por la noción exacta sobre lo particular concreto. Su pensamiento no procedía, como el de Platón, por líricas ilustraciones y adivinaciones poéticas, sino por inducciones razonadas sobre hechos experimentales. Su *Organon*, que quiere decir «instrumento», es un documento de apiñamientos. Antes de formular una teoría, Aristóteles quiere que se haya aclarado también el sentido de las palabras con las cuales se dispone a enunciarla. Nos explica que son las «definiciones», las «categorías», etc. Es, en suma, el verdadero «profesor».

Es muy probable que no suscitase ni entre sus alumnos ni entre sus amigos –si es que los tuvo– el afecto y la simpatía que inspiraba Platón. Era hombre reservado, casi impenetrable, una trabajador metódico, sujeto al horario como un burócrata. De sus jornadas, todas iguales, dedicaba la mañana a las lecciones para los estudiantes regulares. Pero no las daba desde la cátedra, sino paseando con ellos a lo largo de los *peripatoi*, o sea los pórticos que circundaban el colegio y que precisamente dieron el nombre a la escuela *peripatética*, o sea «paseante». Por la tarde abría también las puertas al público profano a quien daba conferencias sobre problemas más elementales. Pero el máximo empeño lo ponía en el cuidado de la biblioteca, del parque zoológico y del museo natural. Para organizarlos, había tenido, naturalmente, ayuda financiera de Alejandro, quien ordenó además a todos sus cazadores, pescadores y exploradores que mandasen todo cuanto de interés científico encontraran.

En realidad Aristóteles era más bien un científico que llegó a la Filosofía inductivamente, especialmente por la biología. Fue el primero en intentar una clasificación de las especies animales dividiéndolas en «vertebrados» e «invertebrados», en esbozar la teoría de la generación, y en intuir los caracteres hereditarios. Llegó a los problemas biológicos del alma pasando a través de los anatómicos del cuerpo, y los afrontó con el mismo escrúpulo de exactitud y de observación. Solamente sobre una cosecha impresionante de datos y de experiencias, a las que dedicó su vida propia y la de una generación entera de estudiosos, construyó su sistema filosófico, destinado a permanecer como un insuperable ejemplo de «planificación». Escribía mal. Su prosa es fría, sin palpitación, sin la dramática vivacidad de la de Platón. Se repite y se contradice. Este maestro del razonamiento a menudo razona a despropósito. Especialmente cuando se enfrenta con la Historia cae en errores garrafales, porque, creyéndola fruto de la Lógica, no recoge en ella los motivos pasionales, que son en cambio los que la determinan. Mas eso no es óbice para que su obra permanezca acaso la más grande y rica construcción de la mente humana.

No se sabe casi nada de su vida privada, tal vez porque fuera de la escuela no la tuvo. Se conoce tan sólo una flaqueza suya: la de los anillos, de los que se llenaba los dedos hasta ocultarlos todos. De política no se ocupó más que en un plano teórico, propugnando una *timocracia*, es decir, una combinación de aristocracia y de democracia, que garantice las competencias y reprima los abusos de la libertad sin caer en la tiranía. Era, como se ve, mucho menos radical que Platón y, por tanto, se nos hace difícil atribuir a esas doctrinas la causa de su desgracia.

El hecho es que Aristóteles no era popular en Atenas, un poco por su carácter austero y huraño, pero sobre todo por sus vínculos con el amo macedonio. Y, encima, existía la rivalidad entre el liceo y la academia, que le creaba antipatías.

Cuando Alejandro murió, Aristóteles fue acusado de «impiedad». Era la acostumbrada excusa a la que se recurrió en el caso de Sócrates. De sus libros fueron entresacadas algunas frases que, tomadas aisladamente, podían sonar a irreverentes: método que, desde entonces, no ha caído jamás en desuso. Entre otras cosas, le echaron en cara también los honores que él había tributado siempre a la memoria de su suegro Herméiades, no tanto porque éste se había vuelto un rano, cuanto porque había nacido esclavo.

Aristóteles comprendió que era inútil defenderse y a escondidas abandonó la ciudad. «No quiero –dijo– que Atenas se manche con otro delito contra la filosofía.» El tribunal le condenó a muerte por contumacia y tal vez pidió su extradición al gobierno de Cálcida, donde se retiró en casa de sus parientes maternos. Sea como fuere, no hubo incidente diplomático, pues Aristóteles murió repentinamente, no se sabe si de una dolencia de estómago o, como Sócrates, por ingerir cicuta.

Su cuerpo se sumió en la fosa casi al mismo tiempo que el de su ex alumno Alejandro.

QUINTA PARTE

EL HELENISMO

Capítulo XLVIII

LOS DIÁDOCOS

La mayor parte de los historiadores cierran con la muerte de Alejandro la historia de Grecia, y se comprende por qué: a partir de entonces, o sea durante el llamado «período helenista», que va hasta la conquista de Roma, resulta muy difícil de relatar por la vastedad de los horizontes en que se pierde. El rey macedonio no conquistó el mundo con su increíble marcha hasta el océano Índico, sino que rompió sus barreras, abriendo el Oriente de par en par a la iniciativa griega que se derramó en él con ímpetu torrencial. A Grecia siempre le había faltado una capacidad de coagulación nacional. Mas entonces los centros sobre los cuales gravitaba aquel fragmentado pueblo –Esparta, Corinto, Tebas y sobre todo Atenas– no tuvieron ya una fuerza centrípeta que oponer a la centrífuga. Y como hoy día las naciones europeas han abandonado a Asia y a América el papel de protagonistas de la Historia, así entonces las ciudades de Grecia hubieron de cederlo a los reinos periféricos que se conformaron con la herencia de Alejandro.

Éste, como he dicho, murió sin dejar heredero ni de-

323

signar sucesor. Fueron, pues, sus lugartenientes, llamados *diádocos*, quienes se repartieron el efímero pero inmenso Imperio sobre el que el pequeño ejército macedonio había plantado su bandera. Lisímaco tuvo Tracia; Antígono, el Asia Menor; Seleuco, Babilonia; Tolomeo, Egipto, y Antípater, Macedonia y Grecia. Éstos procedieron al reparto sin consultar a los Estados griegos en nombre de los cuales Alejandro había realizado su empresa de conquista y que, además, le habían proporcionado un contingente de soldados. Esto demuestra precisamente lo poco que contaban ya entonces aquellos Estados.

Es materialmente imposible seguir las vicisitudes de los nuevos reinos grecoorientales que de tal suerte se formaron a lo largo de todo el arco del Mediterráneo. Nos limitaremos, pues, a resumir las de Antípater y sus sucesores, únicas que tienen relación directa con Grecia y Europa, hasta el advenimiento de Roma.

Plutarco cuenta que, cuando la noticia de la muerte del gran rey llegó a Atenas, la población se echó a las calles enguirnaldadas de flores, cantando himnos de victoria, como si hubiesen sido ellos quienes le mataron. Una delegación se apresuró a buscar a Demóstenes, el glorioso desterrado, la gran víctima del fascismo macedonio, que, en realidad, tras haberle condenado por el hecho comprobado de haber estado a sueldo del enemigo, le había dejado huir a un cómodo exilio. La Historia, como veis, es monótona como las miserias de los hombres que la hacen. Demóstenes volvió espumante de rabia y de oratoria contenida, arengó al pueblo en fiestas predicando la guerra de liberación contra Antípater el opresor, organizó un ejército con la ayuda de otras ciudades del Peloponeso y lo lanzó contra Antípater, que lo derrotó en una batalla de pocos minutos.

Antípater era un viejo y bravo soldado que no alimentaba, hacia la civilización y la cultura de Atenas, los complejos de Filipo y de Alejandro. Impuso crecidas reparaciones a las ciudades rebeldes, dispuso en ellas una guarnición macedonia y deportó, privándoles de la ciudadanía, a doce mil perturbadores del orden público, entre los cuales debía de hallarse también Demóstenes. Éste se fugó a un templo de Calauria. Pero al verse descubierto y rodeado, se envenenó.

Después de aquella lección, los atenienses se mantuvieron un poco tranquilos, bajo el gobierno de un hombre de confianza de Antípater o, como se diría hoy, de un Quisling: el habitual hombre de bien Foción, que obró como mejor no se hubiera podido en aquellas circunstancias. Pero esto no le salvó de ser linchado cuando murió Antípater, y los atenienses se convencieron, una vez más, de haber sido ellos quienes lo mataron. Casandro, el nuevo rey, volvió a intervenir, deportó otra cantidad de gente, dispuso otra guarnición y confió el gobierno a otro Quisling que, por casualidad, fue también un hombre de Estado ejemplar por su honestidad y moderación: el filósofo Demetrio Falareo, alumno de Aristóteles.

Mas aquí sobrevinieron complicaciones entre los diádocos, cada uno de los cuales, naturalmente, soñaba con reunir en sus manos el Imperio de Alejandro. Antígono, el del Asia Menor, creyó tener fuerza para ello, pero fue batido por la coalición de los otros cuatro. Su hijo Demetrio Poliorcetes, que quiere decir «conquistador de ciudades», fue acogido como «liberador» en Atenas, y se acuarteló en el Partenón transformándolo en una *garçonnière* para sus amores de ambos sexos. Los atenienses consideraron democrático y liberal su régimen, que tan sólo era licencioso. En efecto, Demetrio no perseguía más que a quienes trataban de eludir sus galanterías. Uno de ellos, Damocles, para escapar de ellas, se tiró a un caldero de agua hirviendo, suscitando, más que la admiración, el estupor de sus conciudadanos, poco avezados a semejantes ejemplos de pudor y de esquivez.

Después de doce años de orgías, Demetrio reemprendió la guerra contra Macedonia, la derrotó, proclamóse rey, mandó a Atenas otra guarnición que puso fin al intermedio democrático y se aventuró en otra larga serie de campañas contra Tolomeo de Egipto, luego contra Rodas y finalmente contra Seleuco, quien, tras haberle derrotado y capturado, le obligó a suicidarse.

Sobre este caos cayó del Norte en 279 antes de Jesucristo, una invasión de galos celtas. Atravesaron Macedonia presa de la revolución y, por tanto, carente de ejército. Guiados por algunos traidores griegos que conocían los pasos, rebasaron las Termópilas, saqueando ciudades y aldeas.

Después, rechazados hasta Delfos por un ejército constituido de cualquier manera entre todos, se arrojaron sobre Asia Menor, degollaron a la población, y sólo comprometiéndose a pagarles un tributo anual, Seleuco llegó a persuadirles de que se retiraran más hacia el Norte, aproximadamente en la actual Bulgaria.

Afortunadamente, en aquel momento Antígono II llamado Gonatas, hijo de Poliorcetes, lograba sofocar la revolución en Macedonia, y a la cabeza de su ejército barrió los restos de la invasión. Fue un soberano excelente, que entre otras cosas tuvo también la fortuna de permanecer en el trono treinta y siete años seguidos, durante los cuales, con sabiduría y moderación, ejerció con mucho tacto su poder sobre Grecia. Pero Atenas, con la ayuda de Egipto, se rebeló contra él. Gonatas, tras haber vencido sus tropas con irrisoria facilidad, no se mostró riguroso. Limitóse tan sólo a restablecer el orden, dejando para garantizarlo una guarnición en El Pireo y otra en Salamina.

En aquel momento se estaban haciendo en toda la península tentativas para adaptarse a la nueva situación y hallar un equilibrio estable que conciliase el orden con la libertad. Se habían formado dos ligas, la etolia y la aquea, cada uno de cuyos Estados miembros había renunciado a una pizca de su soberanía en favor de la colectiva ejercida por un *strategos* regularmente elegido.

Era un noble y sensato esfuerzo para superar finalmente los particularismos, pero eran los griegos de siempre quienes lo llevaron a cabo. En 245, el *strategos* aqueo, Arato, persuadió con su habilidad oratoria a todo el Peloponeso –excepto Esparta y Élida, que se mantuvieron al margen– a entrar en la Liga. Luego, sintiéndose lo bastante fuerte, organizó una expedición de sorpresa contra Corinto, expulsó a la guarnición macedonia y por fin repitió el golpe en El Pireo, donde los macedonios, previa propina, se fueron por su cuenta.

Era de nuevo, para toda Grecia, la liberación del extranjero como siempre había sido considerada, injustamente, la Macedonia, que sin embargo, hablaba su lengua y había absorbido su civilización. Pero algunos Estados, no reconociendo en ellos más que la supremacía aquea, se apretaron en torno a la Liga etolia, incluyendo Esparta y Élida. Y de nuevo se encendió una guerra fratricida, de la que Macedonia podía haberse aprovechado fácilmente si su «regente», Antígono III, que aguardaba la mayoría de edad de su hijastro Filipo para cederle el trono, hubiese querido hacerlo.

Así Grecia continuó marchitándose en las discordias intestinas y en las revueltas sociales. Estas últimas tocaron finalmente también a Esparta, la ciudadela del conservadurismo, que parecía a resguardo de toda subversión.

La concentración de la riqueza en manos de pocos privilegiados había ido acentuándose cada vez más. El catastro de 244 demuestra que las 250.000 hectáreas de Laconia eran monopolio de sólo cien propietarios. Dado que no había industrias ni comercio, todo el resto de la población era pobre. Un intento de reforma surgió de los dos reyes que, como de costumbre, se repartían el poder en 242: Ágides y Leónidas. El primero propuso una distribución de tierras sobre el modelo de Licurgo. Pero Leónidas urdió un complot con los latifundistas y le hizo asesinar con su madre y su abuela que, grandes propietarios a su vez, habían dado el ejemplo del reparto. Fue una tragedia de mujeres del viejo molde heroico. La hija de Leónidas, Quilónides, se puso de parte de su marido Cleómbroto, que a su vez era partidario de Ágides, y le siguió voluntariamente al exilio.

Leónidas echó mal sus cuentas dando por mujer a su hijo Cleómenes, por razones de dote, la viuda de Ágides.

Cleómenes, subido al torno al lado de su padre, se enamoró en serio de su mujer (ocurre, a veces), compartió sus ideas, que eran las del difunto marido, se rebeló contra Leónidas y le mandó al destierro. Cleómbroto fue llamado. Pero Quilónides, en vez de seguir a su esposo triunfante, se reunió con el padre.

Cleómenes operó la gran reforma restableciendo el ordenamiento semicomunista de Licurgo. Luego, identificándose con aquel papel de justiciero, acudió a liberar todo el proletariado griego que le invocaba. Arato marchó contra él con el ejército aqueo y fue derrotado. Toda la burguesía griega tembló por su propia suerte y llamó a Antígono de Macedonia, quien llegó, vio y venció, obligando a Cleómenes a refugiarse en Egipto.

Pero una vez desencadenada, la lucha de clases no remitió, complicando la que ya se desarrollaba por el predominio político y mezclándose con ésta. Despierto ya, el proletariado de los pobres ilotas volvió a insurreccionarse y, de revuelta en represión, no hubo ya paz hasta el advenimiento de Roma.

Olvidábamos decir que cuando Leónidas volvió al trono, Quilónides no le siguió a Esparta. Se quedó en su confinamiento en espera del marido, Cleómbroto, que, en efecto, se reunió con ella.

Capítulo XLIX

LA NUEVA CULTURA

No se infiere de ningún testimonio que los griegos de la época helenística tuviesen la sensación de que con la muerte de Alejandro hubiese comenzado su decadencia. Al contrario, el bienestar material les dio la impresión de una vigorosa resurrección. El advenimiento de las nuevas dinastías grecomacedonias en los tronos de Seleucia, Egipto, etc., abrió los mercados de estos países, necesitados un poco de todo: el comercio mediterráneo no había sido nunca tan floreciente.

El largo aprendizaje hecho desde los tiempos de Pericles situó a los banqueros de Atenas en una posición preeminente. Instalaron sucursales en las nuevas capitales y monopolizaron todas sus transacciones. Uno de ellos, Antímenes, organizó en Rodas la primera compañía de seguros, que creada en principio como salvaguardia de la fuga de esclavos, se extendió después también a los naufragios y los saqueos de los piratas. La prima era del ocho por ciento. Los tesoros hallados en las cajas de los vencidos y de los sátrapas derrotados, puestos en circulación masivamente, provocaron una espiral inflacionista, a la cual los salarios no podían adaptarse, si bien, al finalizar el siglo III, se utilizase una especie de «escala móvil». Poco a poco, los desniveles económicos que todavía distanciaban los ciudadanos pobres de los esclavos, disminuyeron, confundiendo los unos con los otros en un proletariado miserable y anónimo.

El empadronamiento efectuado en Atenas por Demetrio Falereo en 310 antes de Jesucristo, arrojaba estas increíbles cifras: veintiún mil ciudadanos, diez mil metecos y cuatrocientos mil esclavos. Aproximadamente en el mismo período, en Mileto, según las inscripciones halladas sobre las tumbas, cien familias tenían un promedio de ciento dieciocho hijos. En Eretris, sólo una familia de cada veinte tenía dos. No se daba ya el caso de un matrimonio con dos hijas: cuando no las dos, al menos una estaba «expuesta», o se arrojaba por la puerta, a morir de frío.

Esta grave crisis de natalidad era principalmente consecuencia de la del campo, entonces casi totalmente despoblado. El campo, no pudiendo defenderse, estaba más sujeto a las devastaciones durante las guerras. Además los costes de los productos agrícolas se habían vuelto antieconómicos, pues que a la sazón llegaba el trigo de Egipto mucho más barato. La tala de bosques había hecho el resto, especialmente en el Ática, cuyas colinas, dice Platón, semejaban un esqueleto descarnado. Las minas de Laurium eran abandonadas, pues la plata se importaba, a precios más convenientes, de España: y las de oro de Tracia estaban en manos de los macedonios.

¿De qué vivían, pues, los griegos? Principalmente del artesanado y del comercio. Es más, hasta tal punto dependían de ello, que muchos Estados, para sustraerles a los caprichos y las inseguridades de la iniciativa privada nacionalizaron las principales industrias, como hizo Mileto con la textil, Priene con las salinas, Rodas y Cnido con la alfarería. Pero la parte principal de los ingresos eran, un poco como hoy, los envíos de los emigrantes, la mayoría de los cuales no eran en absoluto unos pobres diablos, aun cuando como a tales hubiesen partido, sino unos Niarcos o unos Onassis, propietarios de flotas y de bancos.

Eran éstos los conquistadores del nuevo mundo, abierto a su iniciativa por el ejército de Alejandro. Los jóvenes Estados que se formaban necesitaban técnicos y sólo la vieja Grecia podía proporcionarlos. Un pequeño agente de cambio, llegado a Bizancio, recibía el encargo de organizar el Banco de Estado. Un modesto empresario marítimo, sólo con que tuviese un poco de práctica en fletes, se veía confiar el mando de la flota mercante. Éstos ganaban mucho, robaban otro tanto y se preparaban para la vejez tranquila en la patria, donde invertían sus ahorros en palacios y villas. Pero cuando volvían a ella, no podían traerse consigo ni el banco ni la flota, los cuales se quedaban en el país de la inmigración que con ellos competía con los bancos y las flotas griegas. Es la eterna historia de todos los colonialismos, destinados a matarse por propia mano al convertirse los súbditos en rivales.

En esta situación no sorprende que la vida en las ciudades griegas se hiciese cada vez más refinada. A la sazón, los hombres se rasuraban. Y las mujeres, casi completamente manumitidas, participaban activamente en la vida pública y cultural. Platón les había admitido en su universidad. Una de ellas, Aristodama, tornóse en la más famosa «fina recitadora» de poesías e hizo *tournées* por todos los países del Mediterráneo. Naturalmente, para hacer frente a estos nuevos cometidos, la mujer tenía que abandonar el de la maternidad. El aborto era castigado solamente cuando era hecho en contra de la voluntad del marido. Mas la voluntad de los maridos ha sido siempre la de sus esposas. La homosexualidad se propagaba. Siempre había sido practicada, aun en los tiempos heroicos, mas ahora se había convertido en cosa corriente en todas las clases sociales. Aquellos griegos, un tiempo célebres por su sobriedad, reclutaban en Oriente a los más famosos cocineros, cuya cocina, rica en grasas y especias, les hacía engordar. Los «deportistas» no eran ya atletas –como en tiempos, cuando cada joven estaba obligado a demostrarlo y competía en los estadios por la bandera de su ciudad o de su club–, sino los espectadores que, como hoy día, hacían de «hinchas» sentados y jugaban a las quinielas.

Las dos industrias que más florecían eran las del vestir, sea masculino o femenino, y la de los jabones catalogados en ciento ochenta y tres variedades de perfumes. Demetrio Poliorcetes impuso a Atenas un tributo de algo así como quinientos millones de liras, justificándolo precisamente como «gastos de jabón» para su amante Lamia. «¡Caramba, qué sucia debe ser!», comentaron los guasones atenienses.

Otro artículo que absorbía entonces muchos recursos privados eran los libros. Acaso más por esnobismo que por verdadero afán de cultura, pero sobre todo porque la lengua griega se había tornado oficial incluso en Egipto, Babilonia, Persia, etc. La producción comenzó a realizarse en serie, empleando a millares de esclavos especializados. El papiro importado de Alejandría proporcionaba un excelente material. Y para hacer más corriente el trabajo de escritura, se inventó una nueva y más sencilla grafía, o sea una especie de taquigrafía.

Las vicisitudes de la biblioteca de Aristóteles muestran hasta qué punto llegaba esta pasión bibliófila. A la muerte de Platón, Aristóteles había comprado cierto número de volúmenes de aquél por más de diez millones de liras y los había añadido a los suyos que debían de ser muchos más. Al huir de Atenas, los dejó a su alumno Teofastro, que a su vez los dejó a Neleo, el cual se los llevó a Asia Menor y, para sustraerlos a la codicia del rey de Pérgamo, que era goloso de ellos, los enterró. Un siglo después fueron descubiertos por puro azar, desenterrados y adquiridos por el filósofo Apelicón, que los copió todos intercalando texto, a su juicio, donde la humedad había roído las páginas. Con qué inteligencia lo hiciera no se sabe. Acaso la prosa de Aristóteles nos parecería menos aburrida sin aquellos retoques. El tesoro cayó en manos de Sila cuando éste conquistó Atenas en 86 antes de Jesucristo, siendo finalmente llevados a Roma, donde Andrónico recopiló y publicó los textos.

Otros apasionados fueron los Tolomeos. En su corte,

el cargo de bibliotecario era uno de los más elevados, porque llevaba también aparejado el de tutor del heredero del reino. Por él, los nombres de los que lo ostentaron han pasado a la Historia como Eratóstenes, Apolonio, etc. Tolomeo III reunió más de cien mil volúmenes, que requisó en todo el reino, compensando a sus propietarios con copias redactadas a costa suya. Alquiló en Atenas, por casi cien millones de liras, los manuscritos de Esquilo, de Sófocles y de Eurípides. Y también de éstos devolvió tan sólo las copias, guardándose los originales.

Poco a poco, la caligrafía convirtióse en un arte tan prestigioso que procuró a muchos esclavos la ciudadanía. Las «tiendas de escritura» se multiplicaron y perfeccionaron hasta alcanzar la eficiencia de verdaderas y propias casas editoriales. Nació un «anticuariado» para la autenticación y el acopio de los manuscritos antiguos, por los cuales los aficionados pagaban cifras fabulosas. El filólogo Calímaco compiló el primer catálogo de todos los originales existentes en el mundo y de sus primeras ediciones. Aristófanes de Bizancio inventó las letras mayúsculas, la puntuación y los «aparte». Aristarco y Zenódoto reordenaron la *Ilíada* y la *Odisea*, que sobreviven precisamente según su presentación.

Todo eso nos dice qué cosa fue la «cultura» del período helenístico. No era ya la inventiva de poetas y de pensadores, que la intercambiaban en el *ágora* y en los salones de Pericles, dejando a sus discípulos el cuidado de transcribir después lo que en ellos había sido dicho. Había perdido de hecho aquel tono de conversación y de improvisación que le daba un perfume de cosa inmediata y sincera y se había vuelto un hecho técnico, de estudiosos especializados, tan buenos en lo tocante a crítica y bibliografía como pobres en inspiración creadora. Éstos compilaban catálogos y biografías, se peleaban por las interpretaciones, se dividían en escuelas, pandillas y sectas. Pero escribían solamente para leerse entre ellos; y sacaban a relucir prosa y hasta poesías profesorales, perfectas en cuanto a métrica, pero desprovistas de calor.

De bueno y de útil hicieron solamente la gramática y los diccionarios. La lengua griega, al mezclarse con las orientales, se corrompía en eso que hoy llamaríamos un *petit nègre*. Son fenómenos que no se pueden parar, y de hecho tampoco los filósofos griegos lo consiguieron. Pero debemos estarles agradecidos de haber salvado el griego clásico y habernos proporcionado la clave de él, aunque los estudiantes de Instituto de hoy lo maldigan precisamente por eso.

En los palacios y en las villas de los señores atenienses de aquel período era de obligada elegancia hablar la lengua antigua, subrayando incluso los arcaísmos, como hacen los alumnos de Eton en Inglaterra, y plantear interminables discusiones sobre este u otro fragmento de Homero o de Hesíodo. Y también éste era un signo de inactualidad y de progresivo despego de una vida que ya había encontrado otros centros y que palpitaba más vigorosamente en los de Asia y de Egipto.

Capítulo L

PEQUEÑOS «GRANDES»

Ya que el teatro es el espejo más inmediato de una sociedad, la helenística halló el suyo en las comedias de Menandro, que se comenzaron a representar precisamente el mismo año de la muerte de Alejandro. Fueron ciento cuatro y no quedan más que algunos fragmentos; lo que basta, sin embargo, para hacernos comprender cómo eran los pequeños y los grandes de aquel tiempo. Escuchando una exclamó un crítico: «Oh, Menandro, oh, Vida, ¿quién de vosotros imita al otro?» No lo sabemos. Sabemos tan sólo que ambos se contentaban con poco: poner los cuernos a la mujer o al marido, eludir los impuestos y arramblar con la herencia del tío rico. Mas no podemos culpar a Menandro si, en su época, eran ésos los grandes problemas de la vida ateniense.

Menandro vivió igual que escribió, o sea sin tomarse las cosas demasiado en serio. Guapo, rico y de educación señoril, tomó el placer donde lo encontró, y lo encontró sobre todo en las mujeres, con gran desesperación de Glicerias, su esposa, que tuvo la desgracia de amarle apasionadamente y de ser celosa. Como autor, el público prefería a Filemón, del cual no ha quedado nada, pero de quien se sabe, por los cronistas de entonces, que era un habilísimo organizador de *claques*. Al decir de los competentes, Menandro valía mucho más que él, especialmente por su estilo elegante y limpio. De cualquier modo, fue Menandro a quien el romano Terencio tomó por modelo. De vez en cuando también escribía poesías. Y en alguna de ellas, extrañamente, presintió su propia muerte en el mar. Ahogóse, en efecto, a los cincuenta y dos años, a causa de un calambre, mientras nadaba en aguas de El Pireo.

Otro autor, mas no de teatro, que representa muy bien la refinada y lánguida sociedad helénica, fue el poeta Teócrito, que trajo a la lírica griega una gran innovación: el sentimiento de la Naturaleza. Los griegos, como todos los meridionales, italianos incluidos, no lo habían tenido nunca y la inspiración la habían buscado siempre, si acaso, en la Historia, es decir, en los hechos humanos, aunque se los atribuyeran a los dioses. En Teócrito, por primera vez, se advierte el susurro de las aguas y el rumor de los árboles.

Había nacido en Sicilia, pero hizo carrera en Alejandría –donde entonces se iba con preferencia a Atenas–, componiendo un panegírico para Tolomeo II, que se lo llevó a la corte. Pero seguramente el éxito de sus *Idilios* fue debido a las damas, que los encontraron «exquisitos» y ciertamente lo eran en cuanto a lenguaje y a estilo. Teócrito lo tenía todo para gustar a las mujeres: la gentileza, la melancolía y la homosexualidad. Mas sobre todo a tono con la época, tenía eso que los portugueses habrían llamado *saudade*, o sea esa mezcla de nostalgia, de lamento y de veleidosas aspiraciones en las que él zambullía su pena y que es lo típico de una sociedad en decadencia.

Pero más que el literario, es el recuento del pensamiento filosófico lo que nos da el sentido y la medida del lento deslizamiento de Grecia hacia posiciones, por decirlo así, periféricas y de su renuncia a buscar las respuestas a los grandes porqués de la vida, de la justicia y de la moral. En este terreno, Atenas mantuvo la preeminencia. Gracias a las dos grandes escuelas que siguieron floreciendo en ella después de la desaparición de los dos fundadores y maestros: la academia y el liceo.

El liceo había sido confiado por Aristóteles, cuando huyó de la ciudad, a Teofrasto, que lo rigió ininterrumpidamente durante treinta y cuatro años. Venía de Lesbos y su verdadero nombre no se sabe, o acaso lo había olvidado también él, una vez acostumbrado al que le diera Aristóteles y que significa «elocuente como un dios». Diógenes Laercio le describe como un hombre tranquilo, benévolo y afable, tan popular entre los estudiantes, que llegaban a dos mil los que asistían a sus lecciones. No era un gran pensador: la Filosofía propiamente dicha le debe bien poco. Acentuó la tendencia científica y experimental del liceo, o sea su carácter empírico, dedicándose sobre todo a la Historia Natural. Era un profesor ejemplar con su claridad, llaneza y eficacia expositiva. Escribió un libelo, superficial y desenfadado, contra el matrimonio, que más tarde hizo montar en cólera a Leoncia, la amante de Epicuro, que le contestó con otro libelo. Pero la obra que de él ha quedado y que todavía hoy se lee con gusto, es la que él tal vez daba menos importancia y que escribió como pasatiempo: *Los caracteres*, libro digno del memorialismo francés del siglo XVIII.

Teofrasto se mantuvo al margen de la política, lo que no impidió a un tal Agónides denunciarle acusándole de la consabida «impiedad». Como su maestro, Teofrasto no quiso afrontar los riesgos de un proceso y, con gran sigilo, abandonó Atenas. Pero pocos días después, los comerciantes del barrio se manifestaron tumultuosamente delante de la Asamblea: Teofrasto había sido seguido en su exilio por centenares de alumnos, todos clientes de los establecimientos de aquéllos, que ya no sabían a quién vender. Así, no por escrúpulo de justicia o por amor a la Filosofía, sino para que no se estropeasen salchichones y quesos sicilianos, fue retirada la acusación y Teofrasto volvió en triunfo a su liceo, donde permaneció hasta la muerte, que le llegó a los ochenta y cinco años.

Después de él, la escuela, precisamente por su especialización científica, decayó. Era un campo nuevo, en el cual Atenas no podía jactarse de tener una gran tradición que oponer al moderno instrumental de Alejandría, encaminada ya a convertirse en la capital de la técnica. Siguió floreciendo, por el motivo opuesto, la academia, que después de Platón había pasado por poco tiempo a manos de Espeusipo y luego a las de Xenócrates, que la dirigió durante veinticinco años.

Como Teofrasto, Xenócrates fue un maestro ejemplar, que contribuyó mucho a realzar en la opinión pública el prestigio de una categoría que los sofistas habían desacreditado mucho. El ya citado Laercio dice que cuando pasaba por la calle, hasta los descargadores del muelle le hacían sitio con respeto porque le confundían con un potentado. Xenócrates era más pobre que Job, no había aceptado nunca estipendios y hubiese acabado en la cárcel por renuencia al fisco, si Demetrio no hubiese intervenido en persona. Una vez, Atenas le mandó con otros embajadores a Filipo de Macedonia quien, terminada la misión, dijo confidencialmente a sus amigos: «Es el único que no he logrado corromper.» Llena de curiosidad, y acaso irritada por su aureola de virtud, la cortesana Friné quiso ponerle a prueba y una noche llamó a su puerta fingiéndose perseguida por un sicario, y le pidió hospitalidad. Xenócrates le ofreció cortésmente su propio lecho y se acostó a su lado en él. Al alba, la mujer se fue llorando de rabia por su derrota.

Después de su muerte también la academia comenzó a decaer. O, mejor dicho, comenzó a decaer en ella el estudio de aquellas disciplinas que había tenido en común con el liceo en tiempos de Platón y de Aristóteles, los cuales estaban de acuerdo en un punto: en considerar que era posible alcanzar el conocimiento de la verdad. Ahora ya nadie lo creía. Muchas hipótesis se habían formulado a ese propósito y muchas escuelas habían discutido los métodos. ¿Y qué quedaba sino un montón de palabras?

Pirrón fue el intérprete de ese estado de ánimo. Era de

Élida y había seguido a Alejandro a la India, donde probablemente había asimilado algo de la filosofía hindú. Sea como fuere, volvió de allí persuadido de que la sabiduría consistía en renunciar a la búsqueda de la verdad, que era inalcanzable, y en contentarse con la serenidad, más fácil de obtener conformándose a los mitos y a las convenciones del propio ambiente: falsos ciertamente, pero no mucho más de lo que son las teorías de los filósofos. Por su parte, lo hizo aceptando las leyes y costumbres de su ciudad, y renunciando hasta a curarse un resfriado, «porque –decía– la vida es un bien incierto y la muerte no es un mal cierto». Y acaso por eso vivió muy sano hasta los noventa años.

Pero los más grandes adalides de esa filosofía de renunciación fueron Epicuro y Zenón. El primero era de Samos y fue uno de los pocos filósofos formados lejos de Platón y de Aristóteles. Llegó a Atenas ya hecho, por decirlo así, e instituyó una escuela por su cuenta en el jardín de su casa. Aparte el concubinato con Leoncia, que le amó apasionadamente pese a seguir haciendo la mundana y que él jamás desposó, era un hombre de costumbres sencillísimas, que sólo comía pan y queso y vivía apartado, respetuoso de las leyes y de los dioses. Lo que la gente común llama «epicúreo» nada tiene que ver con su vida privada ni con sus ideas, que él condensó en trescientos libros. Su «credo» moral, en la escéptica y licenciosa Atenas de aquel tiempo, destaca por su honestidad. La sabiduría, decía, no consiste en explicar el mundo, sino en fabricarse un refugio de tranquilidad con las pocas cosas que la pueden dar: la modestia, el respeto a los demás, la amistad. Las amistades de Epicuro, en efecto, fueron proverbiales. Cuando murió, a los setenta y un años tras haber pasado treinta y seis enseñando a sus discípulos y amándoles, su último esfuerzo, en los terribles sufrimientos que le producían los cálculos renales, fue dictar una carta para uno de ellos recomendándole a los hijos de Metrodoro, otro discípulo suyo.

Zenón era un millonario de Chipre que lo perdió todo,

menos la vida, en un naufragio, en aguas de El Pireo. Habiéndose sentado, desconsolado, en una librería, abrió por azar los *Memorables* de Jenofonte por las páginas que hablaban de Sócrates y preguntó dónde podían hallarse hombres semejantes. «Sigue a ése», le respondió el librero indicándole a Crates, que pasaba por allí. Crates era un tebano que había renunciado a su fabulosa fortuna para vivir como cínico, o sea, de mendigo. Zenón le siguió y, tras haber escuchado sus lecciones, dio gracias a su dios de haberle arrojado náufrago y pobre en aquella ciudad. Estudió ahincadamente también en la academia de Xenócrates y después instituyó una escuela por su cuenta que, por los pórticos de Stoas bajo los cuales daba las lecciones, se llamó *estoica*.

Durante cuarenta años, dando el ejemplo con su vida franciscana, enseñó las ventajas de la sencillez y de la abstinencia a sus alumnos, entre los cuales se contaba Antígono de Macedonia quien, al ser rey, le invitó en Pella. Pero Zenón, para mantenerse fiel a la escuela y a la pobreza, mandó en su lugar a su discípulo Perseo. A los noventa años aún enseñaba. Un día se cayó fracturándose un pie. Dio unas palmadas en el suelo y dijo: «¿Por qué me llamáis así? Heme aquí.» Y con sus propias manos se estranguló.

Capítulo LI

PASO A LA CIENCIA

La decadencia de la Filosofía, ahora ya reducida sólo a la busca de normas morales y de conducta, favoreció a la Ciencia, que, en efecto, alcanzó en los siglos III y II su máximo florecimiento. Es una vieja historia que dura desde siempre: el hombre, cada vez que abandona la esperanza de descubrir por raciocinio los grandes porqués de la vida y del universo, que constituyen precisamente la meta de la Filosofía, se refugia en el estudio del «cómo», que es el cometido de la Ciencia. También nosotros, los contemporáneos, vivimos precisamente en una de estas coyunturas.

Mas a ésta se sumaban también otras causas. En primer lugar, la instauración, en el lugar de los viejos regímenes democráticos, de los autoritarios, que profesan la manía de los progresos técnicos y que son más capaces de llevar a cabo su organización. Después, la proliferación de escuelas, libros y museos. Y, por fin, la consolidación de una lengua común, la griega, como medio de intercambio para la difusión de las ideas.

Euclides, que durante dos mil años estaba destinado a

quedar como sinónimo de geometría, escribió, en efecto, en sus famosos *Elementos*, que todo su trabajo había consistido en reunir y condensar los descubrimientos de todos los estudiosos griegos, de los cuales la Universidad de Alejandría constituía el centro aglutinante. No se sabe de él más que vivió solamente para enseñar, que sus discípulos se convirtieron en grandes maestros de la época, que no tenía un céntimo y que no se preocupó jamás de ganarlo.

De su escuela, en efecto, salió también Arquímedes, el cual, sin embargo, no llegó a conocerle. Venía de Siracusa, era hijo de un astrónomo y gozaba de la protección de Gerón, el ilustrado y benévolo tirano de la ciudad, del cual también era pariente lejano. Era hombre distraído y divertido, como casi todos los científicos, que, de vez en cuando, para dibujar esferas y cilindros en la arena, como se hacía entonces, se olvidaba de comer y de lavarse. Sus investigaciones procedían de una observación atenta de los fenómenos naturales. Un día, por ejemplo, Gerón, le dio a examinar una corona, que el cincelador le cargó en cuenta como toda de oro, pero con orden de no hacerle ni un arañazo. Arquímedes estuvo semanas buscando un sistema. Pero una mañana, en la bañera, se dio cuenta de que el nivel del agua subía a medida que el cuerpo se sumergía y que cuanto más se sumergía el cuerpo menos pesaba. Así fue como llegó a formular el famoso «principio», según el cual un cuerpo, al sumergirse, pierde un peso equivalente al del agua que desplaza. Mas en seguida le relampagueó también la sospecha de que, una vez sumergido, este cuerpo desplazaría una cantidad proporcional al propio volumen. Y, recordando que un objeto de oro tiene menos volumen que un objeto de plata del mismo peso, hizo un experimento con la corona y comprobó que desplazaba, en efecto, más agua que la que habría desplazado si hubiese sido toda de oro. Vitrubio cuenta que estuvo tan contento de aquel descubrimiento que, para correr a comunicárselo a Gerón, olvidó vestirse y se precipitó desnudo por la calle gritando: «Eureka, Eureka», que quiere decir: «Lo he encontrado, lo he encontrado.»

Gerón solicitó de Arquímedes, que construía trastos diversos por el solo gusto de estudiar su funcionamiento y descubrir las leyes mecánicas que lo regulaban, que los hiciera para usos bélicos. Pero no los empleó nunca, porque jamás puso a Siracusa en situación de necesitarlos. Desgraciadamente, al desaparecer él, sus sucesores, en vez de seguir su sabiduría política de fiel alianza con Roma, desafiaron el poderío de ésta y se concitaron la ira del cónsul Marcelo, que los sitió por mar y por tierra. Arquímedes inventó toda suerte de ingenios para ayudar a su patria: enormes grúas para enganchar a las naves y volcarlas, así como catapultas para hundirlas bajo huracanes de piedras. Los romanos, despavoridos, comenzaron a sospechar de algún sortilegio y atribuyeron su origen a algún dios que había volado en socorro de Siracusa. Pero Marcelo sabía de qué dios se trataba. Y cuando la inexpugnable ciudad, tras ocho meses de asedio, se rindió por hambre, dio órdenes a las tropas de que se respetase a Arquímedes. Éste estaba, como de costumbre, dibujando figuras en la arena, cuando un soldado romano le reconoció y le ordenó que se presentase inmediatamente al señor cónsul. «Apenas haya terminado», contestó el anciano. Pero el celoso hombre de armas, avezado a la disciplina romana, le mató. Arquímedes, en aquel momento, tenía setenta y cinco años y la ciencia había de esperar mucho tiempo, más de mil setecientos años para encontrar en Newton un descubridor de la misma grandeza.

Otro gran paso adelante hizo en este período la Astronomía, que los griegos de la edad clásica habían más bien descuidado. Se comprende de dónde, a la sazón, venía el impulso: de Babilonia, que había tenido siempre el monopolio en esos estudios. No se hicieron grandes descubrimientos porque faltaban los medios de observación. Pero por primera vez se comenzó a dudar de que la Tierra fuese el centro inmóvil del universo, como hasta entonces siempre se había creído. Arquímedes atribuye a Aristarco de Samos la hipótesis de que el centro del universo fuera el Sol, en torno al cual la Tierra giraba con movimiento circular. Nació de ello una polémica de la cual no conocemos particularidades, pero que nos hace pensar que una especie de Santo Oficio existiese también entonces, visto que se concluyó con la retractación de Aristarco, el cual, en definitiva, volvió a la vieja teoría geocéntrica. Evidentemente, no quería sufrir las desdichas que dieciocho siglos después habría de pasar Galileo.

Hiparco de Nicea se mantuvo prudentemente al margen del candente problema, limitándose a perfeccionar los únicos instrumentos de la época –astrolabios y cuadrantes– y fijar el método para determinar las posiciones terrestres según los grados de latitud y de longitud. Él fue quien dio finalmente al mundo griego un calendario sensato y racional, tras haber fijado el año solar en trescientos sesenta y cinco días y un cuarto, menos cuatro minutos y cuarenta y ocho segundos, apartándose solamente en seis minutos de los cálculos de hoy.

Hiparco fue el verdadero fundador del sistema tolemaico. Hasta Copérnico, la Astronomía ha vivido de él. Descubrió la oblicuidad de la elipse y llegó a calcular la distancia de la Luna, equivocándose sólo en veinte mil kilómetros.

Si no el más original teórico, él fue sin duda el más agudo observador de la Antigüedad. Una noche, como de costumbre, explorando con sus pobres medios el cielo, descubrió una estrella que la noche anterior no creyó haber visto. Para ponerse a cubierto de toda duda en el futuro, dibujó un mapa del cielo con la posición de mil ochenta estrellas fijas. Es el mapa sobre el cual se ha estudiado hasta Copérnico y Galileo. Confrontándolo con el que Timócrates había compilado unos cuarenta años antes, Hiparco calculó que las estrellas se habían desplazado en dos grados. Así llegó a su descubrimiento más importante, el de los equinoccios, de los cuales calculó la anticipación año tras año, en treinta y seis segundos (mientras que según nuestros cálculos es de cincuenta).

Alguien se preguntará tal vez cómo lo hicieron los griegos para obtener mediciones tan exactas con unas matemáticas rudimentarias. Pero es que también éstas habían hecho grandes progresos, pues del mundo griego también formaba parte Egipto, donde siempre aquéllas habían alcanzado gran honor. Nosotros hemos dejado a los atenienses con Pericles, cuando contaban solamente con los dedos. Ahora contaban con las letras del alfabeto, usando las nueve primeras para las unidades, la siguiente para las decenas, la siguiente para la centena, etc. Pero había también los acentos que indicaban las fracciones. Resultaba de ello una taquigrafía rápida, pero complicada, que favoreció la formación de especialistas para descifrarla. Y fueron éstos quienes después la perfeccionaron.

Dado que los estudios científicos son siempre interdependientes, era natural que estos programas se reflejasen también en las Ciencias Naturales y en la Medicina. Aristóteles y su liceo habían constituido las premisas y proporcionado las condiciones de compilación y catalogación de materiales. Teofrasto, que tenía la pasión de la jardinería, compuso una *Historia de las plantas*, que fue durante varios siglos el manual de todos los botánicos. Aquel mediocre filósofo fue el más grande naturalista de la Antigüedad, sobre todo en cuanto a rigorismo de métodos.

Los Tolomeos fueron «salutistas» y dieron un constante impulso a la Medicina. Ya no dependía de las geniales intuiciones de hombres aislados, sino que se había vuelto un hecho de escuela, de laboratorio y de investigaciones colectivas. Esto no impidió a Herófilo destacar con sus estudios sobre la materia cerebral. Los desarrolló sobre cerebros disecados, descubrió el funcionamiento de las meninges y trazó una primera y rudimentaria distinción entre el sistema nervioso cerebral y el espinal. Halló la diferencia entre venas y arterias y proporcionó a la diagnosis el más elemental, pero asimismo el más necesario de todos los elementos: la medición de la fiebre mediante el pulso, cuyos latidos contaba con una clepsidra de agua. Fue él quien bautizó al duodeno y quien echó los cimientos de la obstetricia.

Sólo tuvo un rival en Hetisístrato, que fue una especie

de Pende (1) por la importancia que atribuyó al sistema glandular. Tuvo una vaga intuición del metabolismo basal y anticipó las grandes leyes de la higiene. Estos científicos y sus colegas menores confirieron a la Medicina un altísimo prestigio, que hacía casi sagrado a quien la practicaba. Al siglo de los dramaturgos y de los filósofos seguía el de los doctores.

(1)   Médico endocrinólogo italiano contemporáneo.

Capítulo LII

ROMA

Para Grecia, que tras la conquista doria, se había dado una ordenación definitiva, el «enemigo» había sido siempre el Oriente. Lo que ocurría en Occidente no la había interesado más que casualmente. Salvo los marineros que frecuentaban sus puertos, tal vez nadie en Atenas sabía qué grado de desarrollo habían alcanzado las colonias griegas de la Italia meridional y de Sicilia, y acaso por esto se decidió con tanta ligereza la expedición de Nicias contra Siracusa. La catástrofe probablemente contribuyó a acrecentar el desinterés. Y las conquistas de Alejandro lo hicieron total, al monopolizar definitivamente la atención de los griegos hacia el Este.

La ascensión de Rodas en el siglo III es una de las pruebas. Fue debido precisamente a la geografía, que hacía de la isla una etapa obligada y el punto de apoyo de todos los intercambios grecoorientales. Tras haber resistido heroicamente a Demetrio Poliercetes, Rodas reunió en una Liga a otras islas egeas, y las mantuvo sabiamente en una línea neutral. Su política fue tan sagaz que, cuando en 225

347

antes de Jesucristo la ciudad fue destruida por un terremoto, toda Grecia mandó ayuda en dinero y mercancías por ver en ella un pilar insustituible de su economía.

Nadie, en cambio, se había movido cuando, años antes, Tarento se había encontrado en mala situación con Roma. También los tarentinos eran griegos y también ellos se dirigieron en busca de ayuda a sus connacionales de la madre patria. Pero sólo hallaron uno dispuesto a acudir en socorro suyo: Pirro, rey del Epiro, del mismo linaje moloso del que descendía Olimpia, la madre de Alejandro. Pirro desembarcó en Italia con veinticinco mil infantes, tres mil jinetes y veinte elefantes, que a la sazón, los griegos importaban de la India. Era un buen caudillo, que acaso pensaba repetir en Occidente las empresas que su pariente Alejandro había llevado a cabo en Oriente, y que como Alejandro, estaba infatuado de gloria y de Aquiles, del cual también él estaba convencido que descendía. Derrotó en Heraclea a los romanos, empavorecidos por los «bueyes lucanos», como llamaron a los elefantes, que jamás habían visto. Pero perdió medio ejército, se dio cuenta de que Roma no era Persia y, tras otra sangrienta victoria en Ascoli, se desvió hacia Sicilia para liberarla de los cartagineses, esperando que a costa de éstos le sería más fácil ganar la gloria. Les derrotó también, pero halló tan escasa colaboración entre los griegos del país que, abandonándoles a su destino, cruzó de nuevo el estrecho de Mesina, se hizo derrotar por los romanos en Benevento y, descorazonado, abandonó Italia, murmurando proféticamente: «¡Qué hermoso campo de batalla dejo entre Roma y Cartago!»

Pirro murió poco después en Argos. Y Grecia no hizo caso de su desaparición, como no había hecho caso de sus aventuras occidentales. Epiro era una comarca periférica y montañosa, que todos consideraban bárbara y casi forastera. En el mismo año (272), Roma se anexionó Tarento, como ya se había anexionado Capua y Nápoles, y de todas las colonias griegas de la Italia del Sur no quedó nada. Poco después, Roma inició su duelo mortal con

Cartago y la conclusión fue que, en 210, hasta las colonias griegas de Sicilia cayeron en sus manos.

Si esa vez Grecia se sacudió de su sopor, no fue porque hubiese visto en aquel episodio una catástrofe nacional y se diese cuenta de la amenaza que se perfilaba al Oeste, sino sólo porque advirtió en él un pretexto para rebelarse contra su amo macedonio, que en aquel momento era Filipo: éste había subido, a los diecisiete años, a un trono que durante su minoría de edad se mantuvo firme por su padrino y tutor Antígono III. Era tan extraordinario, en aquellos tiempos, que un regente, en vez de matar al legítimo heredero para seguir en el poder, se lo entregase, que Antígono fue llamado *dosona*, el prometedor que mantiene; como se decía en la Argentina de Perón: *que cumple* (1).

Desgraciadamente, en la historia, no siempre la honestidad paga. Y en este caso hubiese sido mucho mejor que Antígono hubiese tenido menos honradez. Filipo era un muchacho valeroso y no carente de capacidad política, pro tenía ambiciones desenfrenadas y absolutamente amorales. Hizo envenenar a Arato, el brillante *estrategos* de la Liga aquea, mató a su propio hijo que sospechaba le traicionaba y enredó toda Grecia en una telaraña de intrigas. Mas cometió un error fatal: el de creer que, después de la victoria de Aníbal en Cannas, Roma estaba ya en la agonía. Y como Mussolini, que después de la derrota de Francia se puso al lado de Hitler, así Filipo se puso al lado de Cartago y convocó en Neupactos a los representantes de todos los Estados griegos para una cruzada en Italia. Agelao, delegado de la Liga etolia, saludó en él al adalid de la independencia helénica, mas alguien, ocultamente, hizo circular entre los congregados una copia, más o menos apócrifa, del tratado estipulado por Filipo, según el cual Cartago se comprometía a ayudarle una vez ganada la guerra, para someter a Grecia. ¿Era verdad? Tito Livio dice que sí. Pero algunos sostienen, en cambio, que fue una invención de emisarios romanos, facilitada por el de-

(1)   En español en el original.

seo de creerla que animaba a los griegos. Como fuere, surgieron tales desórdenes que la proyectada expedición hubo de quedar aplazada indefinidamente, o sea hasta que la retirada de Aníbal la convirtió en totalmente inútil.

Roma no se vengó en seguida. Al revés, en 205 firmó un tratado con Filipo, que creyó haber salido de apuros con él. Después, Escipión llevó la guerra a África y derrotó a Aníbal en Zama. Y sólo después de haberse librado definitivamente de aquel mortal enemigo, Roma se hizo mandar por Rodas un llamamiento que la invitaba a liberar la isla de Filipo. Y, naturalmente, lo acogió.

Pagado con su misma moneda, Filipo se defendió como una fiera, destruyendo las ciudades griegas que se negaban a ponerse a su lado. En Abidos, todos los habitantes, antes de rendirse, prefirieron suicidarse con sus mujeres e hijos. Pero su ejército no pudo nada contra el de Quinto Tito Flaminio, que en 197 le aplastó en Cinoscéfalos.

Hubiera podido ser el fin de Grecia como nación si Flaminio hubiese sido un general romano como los demás, que dondequiera pasaban instalaban a un gobernador y un prefecto con un buen cuerpo de policía, introducían su lengua y sus leyes, proclamaban romana la provincia conquistada y la anexionaban. En cambio, era un hombre culto y muy respetuoso de Grecia, cuya lengua conocía y cuya civilización admiraba. No sólo respetó la vida de Filipo, sino que le devolvió el trono. Y, convocados los representantes de todos los Estados griegos en Corinto, proclamó que Roma retiraba de sus territorios las guarniciones y les dejaba en libertad de gobernarse con sus leyes. Plutarco dice que esta declaración fue acogida con tales gritos de entusiasmo, que una bandada de cuervos migratorios se desplomó desde el cielo, muriendo del susto.

La gratitud no es lo fuerte de los hombres, y aún menos de los pueblos. Pocos años después, la Liga etolia llamó a Antíoco de Babilonia para que fuese a liberarla. No se sabe de qué, visto que los romanos se habían marchado. Pero el hecho de que éstos eran más fuertes bastaba para hacerles sospechosos de imperialismo, como hoy sucede en Europa con los americanos. Empero, Lámpsaco y Pérgamo no estuvieron de acuerdo; antes al contrario, pidieron ayuda a Roma, que mandó otro ejército a las órdenes de Escipión *el Africano*, el triunfador de Zama. Arrolló a Antíoco en Magnesia y luego, convergiendo al Norte, deshizo a los galos que aún viajaban a Macedonia. Grecia no había sido tocada, pero se encontraba aislada en la marea de las conquistas de Roma, que a la sazón se había anexionado toda la costa asiática.

Filipo murió en 179 antes de Jesucristo, y subió al trono de Macedonia, tras otra pequeña matanza en familia, su hijo Perseo. Éste casó con la hija de Seleuco, sucesor de Antíoco, e hizo una liga con él, a la que se unió también Rodas, para hacer la guerra contra Roma, a la que nuevamente lanzó una llamada Pérgamo. Sólo Epiro e Iliria osaron alinearse con Perseo. El resto de Grecia se limitó a aclamarlo como «libertador» cuando, en 168, salió al campo contra el cónsul Emilio Pablo. Éste le aniquiló en Pidna, destruyó setenta ciudades macedonias, devastó el Epiro, deportando como esclavos a cien mil ciudadanos, y transfirió a Roma un millar de «notables» de las otras ciudades griegas que se habían comprometido en aquel suceso. Entre ellos estaba el historiador Polibio, que después se convirtió en uno de los inspiradores del liberalismo romano.

Tampoco esta admonición valió. En 146 toda Grecia, excepto Atenas y Esparta, proclamó la guerra santa. Esta vez el Senado romano confió la represión a un soldado chapado a la antigua, que no alimentaba ningún complejo para con la civilización griega. Mumio conquistó Corinto, capital de la rebelión, y la trató como Alejandro había tratado a Tebas, o sea que la arrasó. Todo lo que era transportable fue mandado a Roma. Grecia y Macedonia fueron unidas en una provincia bajo un gobernador romano. Sólo a Atenas y Esparta les fue permitido gobernarse con sus leyes.

Grecia había encontrado al fin la única paz de la que era digna: la del cementerio.

Capítulo LIII

EPÍLOGO

No podemos, sin embargo, sepultar el cadáver sin unas palabras necrológicas.

En realidad, lo que aquí termina es tan sólo la historia política de un pueblo que no había alcanzado a convertirse en nación. Las razones de su bancarrota las conocemos ya. No pudo remontar el limitado horizonte de la ciudad-estado y en torno de ella no supo conciliar el orden con la libertad. El desenfrenado individualismo y las guerras insensatas fueron sus dolencias.

En compensación, elaboró una civilización que no murió, que no podía morir por el simple hecho de que, como dice Durant, las civilizaciones no mueren nunca. Emigran tan sólo, cambian de lengua, latitudes y costumbres. Emilio Pablo, que deportó a Roma dos mil intelectuales griegos, y Mumio que transfirió a ella todas las obras de arte de Corinto, seguramente no se daba cuenta de que estaban transformando en victoria la derrota de Grecia. Y, sin embargo, fue propiamente así. Los mismos romanos se dieron cuenta poco después y lo dijeron: «*Graecia capta ferum victorem cepit...*», la Grecia conquistada conquistó al bárbaro conquistador. En esta especie de carrera de relevos que es la Historia, la antorcha de la civilización queda confiada por los pueblos refinados y decadentes a los jóvenes y toscos que tienen la fuerza de llevarla hacia nuevas metas.

Es imposible extender aquí un inventario de lo que el mundo debe a Grecia. El historiador inglés Maine ha dicho que todos nosotros somos aún colonia de ella porque, salvo las ciegas fuerzas de la Naturaleza, todo lo que en la vida de la Humanidad evoluciona es de origen griego. Tal vez hay un poco de énfasis en esta y otras afirmaciones similares. Tal vez exista una «retórica de Grecia», como existe una de Roma, que altera un poco las proporciones de su contribución. Mas nadie podrá negar que haya sido inmensa y, sobre todo, que hayan sido variados, vivaces y fascinadores sus protagonistas.

Espero que lo hayan permanecido también en mi modesta prosa.

CRONOLOGÍA

Siglos XX-XI antes de J. C. – Civilización minoica y micénica.

Siglo IX (?) antes de J. C. – Licurgo.

Siglo IX-VIII (?) antes de J. C. – Homero.

776 antes de J. C. – Primera Olimpíada desde la cual los griegos contaron los años hasta el 426 después de J. C.

Siglo VII antes de J. C. – Hesíodo.

640-548 (?) antes de J. C. – Tales de Mileto.

Siglo VI (?) antes de J. C. – Pitágoras.

637-559 (?) antes de J. C. – Solón.

620 – Primeras reformas de Dracón en Atenas.

612-568 (?). – Safo.

594 – Arcontado de Solón.

561-527 – Pisístrato, tirano de Atenas.

560 – Craso ocupa Jonia.

550-480 antes de J. C. – Heráclito.

546 – Jonia es ocupada por Ciro, rey de Persia.

527-514 – Tiranía en Atenas de Hipias y de Hiparco.

514 – Sublevación en Atenas de Armodio y Aristogitón. Muerte de Hiparco.

510 – Exilio de Hipias.

508 – Reformas de Clístenes en Atenas.
492 – Comienzan las guerras persas contra Grecia.
490 – El ejército persa de Darío es derrotado en Maratón por los atenienses de Milcíades.
485 – Muerte de Darío. Jerjes, rey de Persia.
480 – Batalla de las Termópilas. Combate naval de Salamina. Los siracusanos baten en Himera a los cartagineses.
479 – El ejército persa queda deshecho en Platea.
   – Otra derrota naval de los persas en Micala.
461 – Muerte de Efialtes.
449 – Muerte de Temístocles.

ERA DE PERICLES

470-399 – Sócrates.
467-428 – Pericles, *strategos* de Atenas.
Siglo V – Fidias.
         – Georgias.
         – Parménides.
         – Zenón.
         – Demócrito.
         – Empédocles.
         – Anaxágoras.
         – Protágoras.
         – Hipócrates.
525-456 – Esquilo.
490-406 – Sófocles.
480-406 – Eurípides.
450-385 – Aristófanes.
522-442 – Píndaro.
484-425 – Heródoto.
460-400 – Tucídides.
477 – Liga dolio-ática.

367 – Muerte de Dionisio *el Viejo*, tirano de Siracusa.

364 – Muerte de Pelópidas.

362 – Victoria y muerte de Epaminondas en Mantinea.

358 – Filipo III rey de Macedonia.

357 – Filipo toma Anfípolis y Pidna.

356-346 – La guerra sacra.

356-323 – Nacimiento y muerte de Alejandro.

353 – Filipo ocupa Metón.

352 – Filipo conquista Tesalia.

348 – Filipo destruye Olinto.

338 – Atenas y Tebas son derrotadas por Filipo en Queronea.

336 – Asesinato de Filipo. Alejandro se convierte en rey de Macedonia.

335 – Alejandro destruye Tebas.

334 – Alejandro ataca a Persia y vence en Gránico.

332 – Alejandro destruye Tiro y conquista Egipto.

331 – Darío es derrotado en Arbelas.

330 – Muerte de Darío.

330-325 – Marcha de Alejandro hacia el interior de Asia.

323 – Muerte de Alejandro en Babilonia.

323-311 – Lucha entre los diádocos.

286-275 – Expedición de Pirro, rey de Epiro, a Italia.

270 – Invasión de Grecia por los galos celtas.

245 – Arato dirige la sublevación griega contra los macedonios.

242 – Reforma constitucional de Ágides y Leónidas en Esparta.

227 – Reforma de Cleómenes en Esparta.

221-170 – Filipo V de Macedonia.

217 – Paz de Neupactos entre los griegos.

210 – Las colonias griegas de Sicilia caen bajo los romanos.

205 – Tratado entre Roma y Filipo de Macedonia.

197 – El cónsul Flaminio derrota a Filipo de Macedonia en Cinoscéfalos.

196 – El cónsul Flaminio proclama libres a las ciudades griegas.

175-164 – Antíono Epífanes, rey de Siria.
170 – Muerte de Filipo de Macedonia. Sube al trono Perseo.
168 – Perseo es vencido por los romanos en Pidna.
148 – Macedonia se convierte en colonia romana.
146 – Destrucción de Corinto.

ÍNDICE

TERCERA PARTE

LA EDAD DE PERICLES

CUARTA PARTE

EL FIN DE UNA ERA

QUINTA PARTE

EL HELENISMO